Dr. Torsten K. Keppner
Dipl.-Ing. Gerontologe (FH) AAL-Fachberater
Safety Engineering - Interdisziplinare Beratung
Epfenbergstr. 2 - 4
D-74937 Spechbach

Kohlhammer

Die Autorinnen

Prof. Dr. Simone Kauffeld hat den Lehrstuhl für Arbeit-, Organisations- und Sozialpsychologie an der TU Braunschweig inne. In Forschung und Praxis leistet sie Beiträge zu den Themen Kompetenz, Teams und Führung, Karriere und Coaching sowie der Gestaltung von Veränderungsprozessen in Organisationen.

Dr. Sina Gessnitzer leitet bei der 4 A-SIDE GmbH ein Team aus sieben Psychologen im Bereich HR, arbeitet als Coach und Trainerin und hat am Lehrstuhl für Arbeits-, Organisations- und Sozialpsychologie an der TU Braunschweig zum Thema Coaching promoviert.

Simone Kauffeld &
Sina Gessnitzer

Coaching

Wissenschaftliche Grundlagen und
praktische Anwendung

Verlag W. Kohlhammer

Dieses Werk einschließlich aller seiner Teile ist urheberrechtlich geschützt. Jede Verwendung außerhalb der engen Grenzen des Urheberrechts ist ohne Zustimmung des Verlags unzulässig und strafbar. Das gilt insbesondere für Vervielfältigungen, Übersetzungen, Mikroverfilmungen und für die Einspeicherung und Verarbeitung in elektronischen Systemen.

Die Wiedergabe von Warenbezeichnungen, Handelsnamen und sonstigen Kennzeichen in diesem Buch berechtigt nicht zu der Annahme, dass diese von jedermann frei benutzt werden dürfen. Vielmehr kann es sich auch dann um eingetragene Warenzeichen oder sonstige geschützte Kennzeichen handeln, wenn sie nicht eigens als solche gekennzeichnet sind.

Es konnten nicht alle Rechtsinhaber von Abbildungen ermittelt werden. Sollte dem Verlag gegenüber der Nachweis der Rechtsinhaberschaft geführt werden, wird das branchenübliche Honorar nachträglich gezahlt.

1. Auflage 2018

Alle Rechte vorbehalten
© W. Kohlhammer GmbH, Stuttgart
Gesamtherstellung: W. Kohlhammer GmbH, Stuttgart

Print:
ISBN 978-3-17-030179-5

E-Book-Formate:
pdf: ISBN 978-3-17-030180-1
epub: ISBN 978-3-17-030181-8
mobi: ISBN 978-3-17-030182-5

Für den Inhalt abgedruckter oder verlinkter Websites ist ausschließlich der jeweilige Betreiber verantwortlich. Die W. Kohlhammer GmbH hat keinen Einfluss auf die verknüpften Seiten und übernimmt hierfür keinerlei Haftung.

Danksagung

Wir danken Ben Langhans, Maria Schneider, Sarah Brandl und Philine Kortenkamps für Ihre Unterstützung bei der wissenschaftlichen Recherche für dieses Buch. Darüber hinaus danken wir Stefanie Jordan, Theresa Will und Patrizia Ianiro für ihren Einsatz bei der Zusammenstellung von praxisnahen Exkursen.

Vorwort zur Buchreihe

Ökonomische, technologische und gesellschaftliche Entwicklungen tragen dazu bei, dass unsere Arbeitswelt sich in einem stetigen Veränderungsprozess befindet. Dies hat Auswirkungen auf das Erleben und Verhalten des einzelnen arbeitenden Menschen genauso wie auf gesamte Organisationen und größere wirtschaftliche Zusammenhänge.

Die vorliegende Buchreihe soll einen fundierten Einblick in verschiedene Forschungs- und Anwendungsfelder innerhalb der Arbeits-, Organisations-, Personal- und Wirtschaftspsychologie geben – einem der wichtigsten Bereiche der angewandten Psychologie. Aktuelle, praxisrelevante und an wichtigen Trends orientierten Themen werden vorgestellt und die Reihe dabei sukzessive um neue Bände erweitert.

Die Reihe richtet sich vor allem an Studierende der (Wirtschafts-) Psychologie und sich weiterbildende Personen. Durch die fachübergreifende Bedeutung sind die Inhalte der Bücher jedoch auch für Studierende angrenzender Bereiche, wie z. B. der Wirtschaft, Soziologie und Pädagogik von hoher Relevanz. Als besonders interessierte Zielgruppe können bereits erwerbstätige Personen aus dem Personalbereich (z. B. Coaches, Beraterinnen und Berater, Personalentwicklerinnen und Personalentwickler) identifiziert werden, die sich z.B in einem Aufbaustudium weiterbilden. Die konsequente Verbindung von Theorie und Praxis bietet darüber hinaus Führungskräften die Möglichkeit, sich wissenschaftlich fundiert mit praxisrelevanten Themen wie z. B. Kompetenzmanagement in Unternehmen, Coaching, Change Management oder Gesundheit im Arbeitskontext auseinanderzusetzen.

Simone Kauffeld
Braunschweig, Oktober 2017

Vorwort

Coaching ist in den letzten Jahren zu einem komplexen Sammelbegriff geworden, der viele verschiedene Interventionen, Zielgruppen und Themenschwerpunkte unter einem Namen vereint. Mit der gesellschaftlichen Bedeutung von Coaching stiegen auch die Publikationen zu diesem Thema. Derzeit gibt es allein im deutschsprachigen Raum über 6000 Bücher, die sich, mehr oder weniger detailliert, einzelnen Aspekten, Techniken, Tools oder Modellen im Coaching widmen. Die meisten Bücher, die aus der Sicht von Praktizierenden geschrieben sind, weisen eine Präferenz bestimmter theoretischer Schulen und Ansätze auf. Das vorliegende Buch möchte einen wissenschaftlich fundierten, kritischen aber auch praxisnahen Blick auf die Coaching-Thematik ermöglichen.

Das Buch richtet sich primär an Personen, die einen objektiven und umfassenden Überblick über das Thema Coaching aus der Sicht praxisorientierter Wissenschaft erhalten wollen. Demnach ist das Buch als Einstiegs- oder auch als Grundlagenlektüre geeignet, die keiner einzelnen theoretischen Schule oder Anwendungsform folgt, sondern die Vielseitigkeit von Coaching aufzeigt. Darüber hinaus wird der Leserschaft ermöglicht, wissenschaftlich fundierte Methoden und Ansätze zu erkennen: Sowohl dem Thema der Diagnostik als auch dem Thema Evaluation und wissenschaftliche Forschung zu Coaching werden Abschnitte gewidmet. Neben Beispielen für standardisierte und wissenschaftlich validierte Coaching-Tools, wird der Lesende diesen Kapiteln mit dem immer wichtiger werdenden Gegenstand der Qualitätssicherung vertraut gemacht.

Neben der Theorie wird jedoch auch die praktische Anwendung thematisiert: Nach der Lektüre dieses Buches wissen die Lesenden, wie Coaching-Prozesse in der Regel gestaltet sind und in welche Phasen sich

Coaching-Sitzungen gliedern lassen. Elementare Fähigkeiten und Verhaltensweisen von Coaches werden vorgestellt und es wird ein Einblick in die beruflichen Realitäten von Coaches gegeben. Darüber hinaus erfahren sie, warum sich die Beliebtheit von Coaching in den letzten 20 Jahren kontinuierlich gesteigert hat und welche Ziele mit Coaching verfolgt werden können.

Die Kapitel sollen sowohl grundlegendes als auch weiterführendes Wissen vermitteln. Es werden anhand aktueller Forschungsergebnisse Implikationen für die Praxis abgeleitet und weiterführende Forschungs- und Praxisfelder aufgezeigt. Auch aktuelle Entwicklungen wie E-Coaching und Selbstcoaching oder auch zielgruppenspezialisierte Coaching-Programme werden vorgestellt. Zu jedem inhaltlichen Thema werden weiterführende Literaturtipps gegeben, Exkurse vertiefen das theoretische Wissen und Fallbeispiele zeigen die praktische Relevanz auf. Damit bietet sich das Buch sowohl als Begleitwerk zu einer Coaching-Weiterbildung wie auch als Überblicksliteratur zum aktuellen Stand von Coaching-Forschung und -Praxis an.

Sina Gessnitzer, Braunschweig, Oktober 2017

Inhalt

Danksagung 5

Vorwort zur Buchreihe 7

Vorwort 9

1 Relevanz und Entwicklung von Coaching 15
   1.1 Der Coaching-Boom 15
   1.2 Abgrenzung von anderen Professionen 19
       1.2.1 Beratung 20
       1.2.2 Supervision 22
       1.2.3 Mentoring 24
       1.2.4 Psychotherapie 26
       1.2.5 Mediation 28
       1.2.6 Training 30
       1.2.7 Überblick 32
   1.3 Zusammenfassende Definition von Coaching 37
   1.4 Ziele von Coaching 39
   1.5 Fazit 44

2 Theoretische Fundierung von Coaching 46
   2.1 Klientenzentrierter Ansatz 47
   2.2 Systemischer Ansatz 52
   2.3 Lösungs- und ressourcenorientierter Ansatz 57
   2.4 Kognitiv-Behavioraler Ansatz 60
   2.5 Weitere Ansätze 62
       2.5.1 Positive Psychologie 62
       2.5.2 Motivational Interviewing (MI) 65

	2.6	Integration verschiedener Ansätze	70
	2.7	Fazit	73
3	**Formen des Coachings**	75
	3.1	Auftraggeber von Coaching	76
	3.2	Das Setting im Coaching	80
		3.2.1 Selbst-Coaching	81
		3.2.2 Peer-Coaching	82
		3.2.3 Team-Coaching	84
		3.2.4 Gruppen-Coaching	85
	3.3	Inhaltlicher Fokus von Coaching	91
	3.4	Medieneinsatz im Coaching	100
	3.5	Fazit	104
4	**Struktur von Coaching**	106
	4.1	Phasen im Coaching-Prozess	107
	4.2	Phasen in der Coaching-Sitzung	118
	4.3	Fazit	125
5	**Diagnostik im Coaching**	127
	5.1	Grundlagen und Anwendung von diagnostischen Verfahren	128
	5.2	Psychometrische Diagnostikverfahren im Coaching	132
	5.3	Nicht-psychometrische Diagnostikverfahren im Coaching	146
	5.4	Fazit	149
6	**Methoden im Coaching**	151
	6.1	Allgemeine Techniken	152
		6.1.1 Fragetechniken	152
		6.1.2 Aktives Zuhören und Schweigen	160
		6.1.3 Paraphrasieren und Zusammenfassen	162
	6.2	Spezifische Coaching-Übungen	168
	6.3	Fazit	173
7	**Qualitätssicherung und Forschung im Coaching**	175
	7.1	Praxis-Forschungs-Lücke	176

7.2	Wirksamkeitsstudien (struktur- und ergebnisbezogene Evaluation)	179
7.3	Prozessbezogene Forschung	182
7.3.1	Act4consulting: Analyse von verbalem Verhalten von Coach und Coachee	186
7.3.2	Analyse von nonverbalem Verhalten von Coach und Coachee	192
7.4	Fazit	196

8	**Professionalisierung von Coaching**	**198**
8.1	Beruflicher Hintergrund von Coaches	198
8.2	Coaching-Qualifizierungen	202
8.3	Verdienstmöglichkeiten im Coaching	209
8.4	Coaching-Verbände	210
8.5	Fazit	214

Literaturverzeichnis	**216**
Stichwortverzeichnis	**235**

1 Relevanz und Entwicklung von Coaching

Das folgende Kapitel soll einen verständlichen und umfassenden Einstieg in das Thema Coaching ermöglichen. Hierzu sollen im ersten Schritt die gesellschaftlichen Veränderungen zusammengefasst werden, die maßgeblich zur Entstehung von Coaching und seinem anhaltenden Erfolg beigetragen haben. Nachdem die Entstehungsgeschichte von Coaching nachvollzogen wurde, werden im Anschluss verwandte Professionen von Coaching beleuchtet. Als eine relativ neue Unterstützungsform hat sich Coaching aus verschiedenen anderen Bereichen entwickelt und aus diesen auch Methoden adaptiert: Beispielsweise aus Psychotherapie, Supervision, Beratung und Mediation. Durch eine detaillierte Abgrenzung sollen die Besonderheiten von Coaching als autonome Unterstützungsform herausgestellt werden, um eine Definition zu ermöglichen. Zum Abschluss des Kapitels wird eine Gliederung von Zielen im Coaching vorgestellt, die eine Einordnung von Schwerpunkten dieser Intervention erleichtern soll.

1.1 Der Coaching-Boom

Der Begriff »Coaching« wurde das erste Mal Mitte der 1980er/Anfang der 1990er Jahre einer breiteren Öffentlichkeit bekannt (Böning, 2005; Feldman & Lankau, 2005). Zu dieser Zeit wurde Coaching insbesondere in den USA als Maßnahme angewendet, um Probleme in der Leistung »schlechter« Manager zu beseitigen (Joo, 2005). Aus diesem Grund hatte

Coaching damals einen eher schlechten Ruf: »Gecoacht« zu werden war das Zeichen, dass man als Führungskraft nicht die Leistung lieferte, die das Unternehmen sich wünschte. Coaching war oftmals die letzte Chance auf »Rettung« für Manager-Karrieren (Joo, 2005). Eine solche Sichtweise entstand auch aus dem damaligen Führungsbild: In den 1990er Jahren war der Druck auf das obere Management insbesondere in den USA sehr hoch. Manche Verfassende berichten davon, dass bis zu 50 % der Karrieren im oberen Management scheiterten (DeVries, 1992). Diese Zahlen bedeuteten nicht nur großen Druck für das Individuum, sondern auch einen großen ökonomischen Druck für Unternehmen. Auf der Suche nach Gründen für den Misserfolg von Managern wurde meist das Führungsverhalten verantwortlich gemacht: Coaching sah man als Möglichkeit, dieses Problem zu »beseitigen« (Feldman & Lankau, 2005).

Spätestens zu Beginn des neuen Jahrtausends änderte sich jedoch die Wahrnehmung von Coaching für Führungskräfte: Auf Grund des Erfolgs und der Verbreitung von Coaching in den ständig komplexer werdenden Organisationsabläufen (Böning, 2005; Höpfner, 2006), entwickelte es sich mehr und mehr von einer »Bestrafung« bzw. einem Stigma für schlechte Leistungen hin zu einer Möglichkeit der gezielten Potenzialentwicklung (Joo, 2005). Unternehmen erkannten, dass Coaching einen Weg bietet, *Lernprozesse* bei ihren Führungskräften zu unterstützen und es damit guten Führungskräften ermöglicht, sich zu exzellenten Führungskräften entwickeln zu können (Feldman & Lankau, 2005). Diese Entwicklung wurde auch durch ein neues Führungsverständnis unterstützt, welches eine Abkehr von der hierarchischen Macht einer Führungskraft propagierte und damit stärker auf Kooperation, Selbstreflexion und sozial-interaktive Kompetenzen der Führungskraft setzte (Böning, 2005). Coaching wurde in diesem Zuge die »neue« Intervention für diese neuerlichen Anforderungen. Auf Grund der Kosten für Coaching (▶ Kap. 8), setzten es Unternehmen verstärkt bei »High Potentials« ein, wodurch sich Coaching mehr und mehr zu einer begehrten Bonusleistung entwickelte (Joo, 2005).

Wenn man jedoch heute auf den Coaching-Markt schaut, wird deutlich, dass Coaching nicht mehr nur für Führungskräfte zur Anwendung kommt. Seit den 1980er Jahren erfreute sich der Begriff immer stärkerer Beliebtheit und findet sich schließlich heute in jedem Lebens-

1.1 Der Coaching-Boom

bereich: Sowohl in dem ursprünglichen Bereich der Personalentwicklung als auch im Privaten gibt es Coaching für jeden Anlass und jede Gelegenheit (Böning, 2005). Bei der Betrachtung dieser inflationären Nutzung des Begriffes wird klar, dass Coaching ein »Modewort« geworden ist, welches nicht zwangsläufig für seriöse und qualitativ-hochwertige Interventionen steht. Die grundsätzliche Tatsache, dass es mittlerweile eine breitere Anwendung findet, beruht jedoch auf denselben Entwicklungen, die in den 1980ern zu einem Anstieg von Coaching in Unternehmen beigetragen haben: Zunächst einmal ist der Wunsch nach idealer Performance und Optimierung nicht mehr nur in den Chefetagen zu finden. Der Druck innerhalb der Gesellschaft, ein »erfolgreiches« Leben zu führen, erstreckt sich über einen sicheren Job hinaus: Sowohl die berufliche Karriere als auch das Privatleben, Freunde, die Beziehung oder der Lebensstil müssen einen weit höheren Standard erfüllen (Ebner & Kauffeld, 2015; Tractenberg, Streumer & Zolingen, 2002). Eine steigende Individualisierung der Gesellschaft führt dazu, dass sich jeder auf der Suche nach »Besonderheit« und »Abgrenzung« befindet. Diese Anforderungen an die eigene Person, absolut einzigartig und individuell, gut gelaunt, glücklich, erfolgreich und schön zu sein, haben seit den 1980er Jahren dazu beigetragen, die Beratungs- und Selbsthilfebranche zu einem großen Wachstumsmarkt zu machen (vgl. Ebner & Kauffeld, 2015; Tractenberg, Streumer & Zolingen, 2002).

Als weiterer Punkt hatten die Veränderungen im Arbeitsumfeld auch Auswirkungen auf andere Hierarchieebenen als nur die obersten Führungsebenen. Auch wenn die zunehmende Globalisierung und der technische Fortschritt ihre Wirkungen zuerst im Management entfalteten: Bald waren auch Beschäftigte und Führungskräfte aus dem mittleren und unteren Management mit ständigen Veränderungen und immer komplexeren Organisationsabläufen konfrontiert (Böning, 2005). Seien es neue Technologien, neue Führungskonzepte oder immer dezentralere Arbeitsbedingungen (vgl. Höpfer, 2006; Tractenberg, Streumer & Zolingen, 2002): Veränderungsprozesse waren nicht mehr die Ausnahme, sondern entwickelten sich zu einer ständigen Notwendigkeit für Unternehmen, um wettbewerbsfähig zu bleiben (vgl. Kauffeld & Endrejat, 2016). Der Druck, den der gestiegene internationale Wettbewerb ausübte, manifestierte sich daher auch immer stärker im Stresslevel jedes einzelnen

Beschäftigten, was zu Burn-Out-Erscheinungen führen konnte (Tractenberg, Streumer & Zolingen, 2002). Für das Individuum stiegen somit die Anforderungen im organisationalen Kontext, aber auch darüber hinaus: Mit den veränderten Arbeitsbedingungen entstanden ebenfalls eine größere Unsicherheit und die Notwendigkeit zur Flexibilität auf dem Arbeitsmarkt. Während Beschäftigte früher den Großteil ihres Arbeitslebens in einer Firma gearbeitet hatten, gehörten nun temporäre Arbeitsverträge und häufigere Jobwechsel zur Normalität (Tractenberg, Streumer & Zolingen, 2002; Gruber, 2015). Für die Beschäftigten bedeuteten diese Veränderungen eine größere Flexibilisierung in ihren Karrieren: Es wird zu einer Notwendigkeit, sich regelmäßig umzuorientieren und hierbei auch eine Veränderung des Wohnorts in Kauf zu nehmen. Durch diese Abkehr von klassischen »Normalbiographien« (d. h. einem Verbleib in einem Beruf- oder Tätigkeitsfeld während der gesamten Erwerbsbiographie) ergeben sich zirkuläre und damit wiederkehrende Prozesse der Berufsfindung. Für diese ist es notwendig, dass Personen immer wieder eine Exploration ihrer beruflichen Möglichkeiten vornehmen. Dazu gehört unter anderem das Einholen von Informationen zu Beschäftigungsmöglichkeiten sowie die Einschätzung der Passung zwischen individuellen Fähigkeiten, Bedürfnissen, Berufsinteressen und Werthaltungen. Anlässe für dieses berufliche Explorationsverhalten können sein: Einschnitte oder Übergänge in der beruflichen Laufbahn beim Übergang von der Schul- oder Berufsausbildung in die Berufslaufbahn, bewusste oder erzwungene Neuorientierungen (bspw. durch organisationale Veränderungen oder Verlust des Arbeitsplatzes) oder auch Exploration von Aktivitäten für die Zeit nach Ausscheiden aus dem Berufsleben (vgl. Lent & Brown, 2013). Diese höhere Instabilität in beruflichen Lebensläufen stellt jedoch häufig eine Belastung dar, da Angestellte sich immer wieder einer solchen Exploration stellen müssen. Damit verbunden, müssen sie auch immer wieder ihre individuelle Attraktivität auf dem Arbeitsmarkt unter Beweis stellen und stehen damit in der Verantwortung, dass diese Attraktivität erhalten bleibt (Ebner & Kauffeld, 2015; Hall & Moss, 1998; Tractenberg, Streumer & Zolingen, 2002). Diese Aufrechterhaltung der eigenen Arbeitsfähigkeit wird auch als »Employability« bezeichnet. Diese Fähigkeit, die eigene Karriere bewusst voranzutreiben und immer wieder strategisch auszurichten, muss dabei von einigen Personen erst entwickelt und erlernt werden (Tractenberg, Streumer & Zolingen, 2002).

Immer mehr Lebensbereiche erforderten daher eine individuelle Unterstützung: Sei es bei der Planung der eigenen Karriere, dem Verwirklichen persönlicher Ziele, der Optimierung des eigenen Lebens, dem Finden von Sinn oder der Steigerung von Erfüllung, Zufriedenheit und Gesundheit. Coaching etablierte sich immer mehr im beruflichen Kontext als individuelle Unterstützungsmaßnahme, so dass nach und nach Führungskräfte, aber auch Personen aus anderen Zielgruppen begannen, Coaching auch für Probleme und Anliegen außerhalb ihres organisationalen Umfeldes zu nutzen (vgl. Böning, 2005).

1.2 Abgrenzung von anderen Professionen

Auch wenn Coaching in der Führungskräfteentwicklung eine Innovation darstellte (Böning, 2005), als Intervention hat es sich nicht aus dem »Nichts« entwickelt. Als der Bedarf für die gezielte Unterstützung von Führungskräften in den 1980er Jahren immer weiter anstieg, formierte sich eine kleine Riege aus Expert/inne/n, die aus ihrem eigenen Erfahrungswissen und Methoden aus verschiedenen Bereichen wie Beratung, Training und Therapie eine erste Coaching-Methodik entwickelte. Der Coaching-Begriff wurde hierbei aus dem Bereich des Sports entlehnt: Der Sport-Coach als professioneller und individueller Trainer, der als Experte auf seinem Gebiet nur an der Leistungssteigerung seines Schützlings Interesse hat, schien hierbei das richtige Bild für die neue Intervention zu liefern. Im Folgenden werden wir auf relevante und verwandte Professionen eingehen, die Methoden oder Rollenbilder für das heutige Verständnis von Coaching geliefert haben. Die Abgrenzung von diesen Interventionen ermöglicht ein differenziertes Verständnis von Coaching, welches im Anschluss in einer Definition zusammengefasst wird.

1.2.1 Beratung

Beratung wird häufig als übergeordnete Begrifflichkeit zu Coaching angesehen (vgl. Mohe, 2015). Dabei besitzt der Beratungsbegriff eine sehr große Reichweite und umfasst zu viele verschiedene theoretische und praktische Modelle sowie inhaltliche Schwerpunkte, um sie in der Kürze dieses Abschnittes zu umschreiben (zur vertieften Lektüre siehe bspw. Hörmann & Nestmann, 1988; Mohe, 2015). Auch im allgemeinen Sprachgebrauch wird der Begriff »Beratung« in vielfältiger Weise benutzt: So nehmen viele die Expertise eines Steuerberaters in Anspruch, lassen sich im Fachhandel beraten oder greifen im Unternehmenskontext auf sogenannte Unternehmensberater zurück. Als eine grobe Unterteilung hat sich in der Beratungsforschung die Unterscheidung zwischen Inhalts- und Prozessberatung etabliert (Jonas, Kauffeld & Frey, 2007; König & Volmer, 2012). In der Inhaltsberatung wird dabei von einem Expertenstatus des Beraters ausgegangen: Dieser verfügt über Wissen und Fähigkeiten, die dem Ratsuchenden zur Verfügung gestellt werden. Das Eigeninteresse des Beraters besteht dabei in einem monetären Ausgleich (bspw. durch eine Vergütung beim Steuerberater oder eine Provision bei einem Verkäufer). In der Prozessberatung bleibt der Ratsuchende (im Folgenden »Coachee« genannt) in der Rolle des Experten: Prozessberatung wird häufig nicht bei dem Fehlen von konkretem Wissen, sondern zur Unterstützung eines Prozesses eingefordert (Hoppe, 2013). Der Berater unterstützt hierbei durch gezielte Fragen und Eingaben den Problemlöseprozess. Zur Prozessberatung sind beispielsweise die Psychosoziale Beratung oder das Coaching zu zählen (Hoppe, 2013). Zwischen diesen beiden Formaten gibt es jedoch Abstufungen, was eher für ein Kontinuum zwischen Inhaltsberatung auf der einen und Prozessberatung auf der anderen Seite spricht: Wo manche Beratungsformate klar dem einen oder anderen Typus zuzuordnen sind, befinden sich andere zwischen diesen beiden Formaten und sind höchstens eher dem einen als dem anderen Format zuzuordnen (Hoppe, 2013). Der Begriff des Beraters impliziert jedoch im normalen Sprachgebrauch noch immer primär einen Inhalts- oder auch Fachberater: Von einer Beratung wird eine sachorientierte Situationsanalyse und passgenaues Expertenwissen erwartet (vgl. Rauen, 2014). Dies bedeutet für die Rolle des Beraters, dass Spezialwissen in

1.2 Abgrenzung von anderen Professionen

einem bestimmten Themenbereich eine Grundvoraussetzung für eine erfolgreiche Tätigkeit darstellt (Hörmann & Nestmann, 1988). Dabei ist der Bereich des Spezialwissens genauso breit gefächert wie die unzähligen Zielgruppen für Beratung: Für jeden klar umrissenen Bereich, in dem Wissen oder Expertise einen Vorteil darstellen, kann mittlerweile Beratung in Anspruch genommen werden (Hörmann & Nestmann, 1988; Jonas, Kauffeld & Frey, 2007). Dabei variiert das Entgelt hierfür stark zwischen den Beratungsthemen, je nachdem wie »wertvoll« und »selten« Expertenwissen jedoch ist, sind bisweilen horrende Preise zu zahlen (Rauen, 2003, 2014). In diesem Zusammenhang von Interesse ist die Tatsache, dass der Begriff des Beraters in der Regel nicht geschützt ist: Jeder kann sich selbst als einen solchen bezeichnen (Nissen, 2007). In den meisten Fällen sind Berater dabei für subjektiv schlechte Ratschläge rechtlich nicht haftbar zu machen: Eine Ausnahme hiervon stellen in Teilen die Dienstleistungen von Steuerberatern und Juristen dar (Bales, 2010). Oftmals bleibt der Coachee verantwortlich, inwiefern er die Ratschläge oder das Expertenwissen des Beraters einsetzt oder nutzt (Hörmann & Nestmann, 1988).

Im Vergleich zu Coaching liegt der Unterschied insbesondere in der Kompetenz der beratenden Person verglichen mit der des Coaches: Während von einer beratenden Person implizit Expertenwissen erwartet wird (auch wenn es bei einer Prozessberatung nicht zwangsläufig erforderlich ist), muss ein Coach nicht zwingend über umfassende Expertise in dem Gebiet des konkreten Coacheeanliegens verfügen (Jones et al., 2015; Moen & Skaalvik, 2009; Schreyögg, 2008). Zwar benötigt der Coach eine gewisse inhaltliche Erfahrung oder Feldkompetenz (▶ Kap. 8; Schreyögg, 2012), eine umfassende Expertise, die der des Coachees überlegen ist, ist bei individuellen Coaching-Anliegen wie einer Berufs- und Lebensplanung jedoch vermutlich gar nicht möglich: Der Coachee muss die individuelle Expertise für seine persönliche Situation einbringen, der Coach kann nur eine unterstützende Rolle in dem Prozess einnehmen. Vorläufig kann demnach festgehalten werden, dass es sich bei Coaching um eine Prozessberatung handelt, in welcher der Coach den Coachee bei der persönlichen Zielerreichung und Entwicklung unterstützt (Bono et al., 2009; Jones et al., 2015; Kilburg, 1996; Smither, 2011). Demzufolge ist es korrekt, Beratung als Überbegriff zu Coaching zu verwenden, da es sich beim Coaching um eine Form der Prozessberatung handelt (Hoppe, 2013; Jonas, Mühlberger, Böhm & Esser, 2018). In der umgangssprachlichen Verwendung des Beratungsbegriffes kann es jedoch zu Missverständnissen und Problemen führen Coaching als Beratungsform zu bezeichnen, da an eine beratende Person Erwartungen gestellt werden, die dem klassischen Coaching-Begriff widersprechen.

1.2.2 Supervision

Gegenüber der Beratung nimmt Supervision eine grundsätzlich prozessorientierte Haltung ein: Während die Entstehung von Coaching aus der US-amerikanischen Unternehmenskultur schon kurz dargestellt wurde, hat sich die Supervision aus der US-amerikanischen Sozialarbeit entwickelt (Schreyögg, 2015). Eine „Supervisorin" oder ein »Supervisor« hatte zu Beginn des 20. Jahrhunderts in US-amerikanischen Sozialorganisationen die Aufgabe, die Arbeit von Helferinnen und Helfern zu koordinieren, aber auch fachlich anzuleiten und zu unterstützen (Schreyögg, 2015). Heute versteht sich Supervision nicht mehr als administrative Aufgabe, sondern vielmehr als eine Unterstützung bei der anspruchsvollen Arbeit in sozialen Dienstleistungsberufen. Im Vergleich zu Coaching widmet sich Supervision daher der unterstützenden Beratung von Therapeutinnen und Therapeuten und Sozialarbeiterinnen und Sozialarbeitern, die ihre Arbeit mit den Coachees überprüfen, verbessern oder reflektieren wollen (Schreyögg, 2015). Bezogen auf das Beispiel aus der US-amerikanischen Sozialhilfe geht es daher bei Supervision zum einen darum, Sozialarbeiterinnen und Sozialarbeiter als Individuen zu stärken, damit sie ihrer Arbeit, der teilweise schwierigen sozialen Interaktion mit Hilfesuchenden, psychisch gewachsen sind. Dies geschah insbesondere in der Vergangenheit auch mit klassischen therapeutischen Methoden (Schreyögg, 2015). Zum anderen geht es jedoch auch darum, das berufliche System des Beschäftigten als Ganzes einzubeziehen: Gegenüber Coaching findet Supervision in der ursprünglichen Form in der Gruppe statt und greift daher auch auf die Gruppe als unterstützendes System zurück. So ist es möglich, auch von Erfahrungen aus dem Kollegium zu profitieren oder eigene Lösungsvorschläge einzubringen. Aus diesem Setting entwickelte sich Supervision von einer Intervention, die sich ausschließlich auf die Verbesserung von Interaktionen zwischen organisationsinternen mit organisationsexternen Personen beschränkte, zu einer Möglichkeit auch interne Probleme/Anliegen/Beziehungen zu bearbeiten (Schreyögg, 2015). Durch den Fokus auf Reflektion (gegenüber Instruktion) ist Supervision daher auch zu einem Mittel der Teamentwicklung geworden (Bamberg et al., 2006).

Supervision wird derzeit von den Bereichen der Therapie und Sozialarbeit auf weitere Arbeitsfelder ausgedehnt, in denen ebenfalls Personen arbeiten, die Unterstützung bei der Betreuung oder Beratung von Menschen benötigen und dementsprechend über eine hohe soziale Kompetenz verfügen müssen (Bamberg et al., 2006; Schreyögg, 2004). Es wird sogar angestrebt, Supervision als übergeordnete Form der Beratung für die »Auseinandersetzung mit jedweder beraterischen Interaktion« (Schreyögg, 2015, S. 106) anzusehen und sie zu diesem Zweck in allen beraterischen Bereichen einzusetzen. Der Versuch, Supervision im klassischen organisationalen Umfeld zu etablieren, ist jedoch bislang gescheitert: Da der Begriff eines »Supervisors« insbesondere in seiner englischsprachigen Bedeutung (engl. Supervisor = Leiter, Vorgesetzter) äußerst missverständlich ist, konnte sich dieses Konzept nicht durchsetzen. Darüber hinaus haftet Supervision der Charakter von Psychotherapie an: Auf Grund der Herkunft dieser Intervention ist dies zwar nachvollziehbar, passt jedoch auch nicht in die Selbstwahrnehmung von klassischen Unternehmen (Schreyögg, 2015). Des Weiteren ist eine Übertragung aus dem Non-Profit-Bereich in den Profit-Bereich oftmals mit Schwierigkeiten behaftet.

Als Supervisoren werden verschiedene Personen eingesetzt: Häufig wird hierbei auf externe Supervisorinnen und Supervisoren zurückgegriffen oder es werden organisationsintern ein Vorgesetzter oder ein Aus-/Fortbilder als Supervisor eingesetzt (Schreyögg, 2004). Wichtig aus Sicht eines Vorgesetzten (und in dieser häufig schwierig umzusetzen) ist eine Kombination aus Unabhängigkeit und vertrauensvoller Beziehung gegenüber der Supervisionsgruppe (Rauen, 2003). Eine Supervisorin oder ein Supervisor sollte darüber hinaus über entsprechende Kompetenz in den erforderlichen klinisch-psychologischen Bereichen verfügen (Schreyögg, 2015) und im besten Fall an einer fachverbandlich anerkannten Aus- oder Weiterbildung in Supervision teilgenommen haben (Bamberg et al., 2006). Insbesondere der Aspekt der erforderlichen psychologischen Fachkompetenz unterscheidet Supervision von Coaching: Auch wenn psychologisches Wissen immer wieder als besondere Kompetenz bei Coaches gefordert wird (Berglas, 2002), gehört es bei diesen doch nicht zu einem erwiesenen Erfolgsfaktor (Bono, Purpanova, Towler & Peterson, 2009). Im Gegensatz dazu stellt psychologisches Fachwissen einen grundlegenden Bestandteil von Supervision dar (vgl. Schreyögg, 2015). Jedoch handelt es sich bei Supervision, genauso wie bei Coaching, nicht um einen geschützten Begriff. Trotzdem sind viele Coaching-Weiterbildungen noch weit von dem Professionalisierungsgrad von Supervisions-Weiterbildungen entfernt.

Zusammengefasst handelt es sich bei Supervision heute um ein Beratungsformat, in dem Supervisorinnen und Supervisoren Personen bei der Selbstreflexion im Beruf unterstützen. Dabei werden Anliegen im Zusammenhang mit professionellen Beziehungen reflektiert (vgl, Jonas, Mühlberger, Böhm & Esser, im Druck).

1.2.3 Mentoring

Mentoring ist ein Konzept, welches in der Begrifflichkeit bereits auf Homers »Odyssee« zurückgeht: Hierin nimmt die Göttin Athena die Gestalt eines alten Mannes namens Mentor an, um auf diese Weise den jungen Telemachus anzuleiten und ihm durch weise Ratschläge durch eine schwierige Phase zu helfen (Schmeh, 2007). Dieses Bild beschreibt auch noch heute gut die wichtigsten Elemente von Mentoring: Die Anleitung eines unerfahrenen Beschäftigten durch einen erfahreneren und meist älteren Beschäftigten (Rauen, 2003). Der Begriff »Mentoring« erlangte größere Beliebtheit im Zuge der Veränderungen im Management in den USA der 1990er Jahre: Eine Zeit, in der auch Coaching immer beliebter wurde. Grundsätzlich sind sich Mentoring und Coaching in einigen Bereichen ähnlich: Unter beiden versteht man eine vor allem dyadische und auf persönliche Weiterentwicklung ausgerichtete Interaktion (Jones et al., 2015). Jedoch besteht die Rolle eines Mentors vor allem darin, den sogenannten »Mentee« von den eigenen Erfahrungen und dem eigenen

Wissen profitieren zu lassen. Ähnlich wie bereits in der dargestellten Fachberatung, weckt die Rolle des Mentors demnach die Erwartung, in den Bereichen Erfahrung und spezifischer Expertise überlegen zu sein, was für einen Coach nicht zutrifft (Jones et al., 2015). Daher verfügt ein Mentor über eine sehr hohe berufliche Expertise, insbesondere in der jeweiligen Organisation: In den meisten Fällen wird Mentoring als unternehmensinterne Intervention durchgeführt, d. h., Mentee und Mentor entstammen der gleichen Organisation. Anlass für die Bildung einer Mentoring-Beziehung ist hierbei z. B. der Eintritt des Mentees in die Organisation, ein Wechsel der Abteilung oder der Übertritt auf eine neue Hierarchieebene (vgl. Lippmann, 2013a). Zusammengefasst soll der Mentor den Eintritt/Übergang eines Mentees erleichtern, jedoch ohne dass der Mentor klassicherweise ein direkter Vorgesetzter ist. Das Beziehungsgefälle zwischen Mentor und Mentee ist dabei trotzdem sehr klar und meist auch durch eine klare Hierarchie gekennzeichnet: Der Mentor befindet sich in der Regel mindestens eine Ebene über dem Mentee, kann aber die Rolle eines vertrauten »Paten« einnehmen, da er keine direkte Weisungsbefugnis hat (Rauen, 2003). Auf diese Weise werden durch Mentoring Unterstützungsbeziehungen gebildet, die über verschiedene Hierarchieebenen funktionieren. Das Ziel von Mentoring liegt insbesondere in der Vermittlung von Normen und Regeln der Organisationskultur (Rauen, 2003): Der Mentor nimmt den Mentee »unter seine Fittiche«, führt ihn hierbei in Abläufe und Prozesse ein und macht ihn mit implizitem Wissen über die Organisation vertraut. Durch eine solche vertrauensvolle Beziehung zwischen Mentor und Mentee, soll die Integration des Mentees in die Organisation besser gelingen und eine langfristige Bindung an diese hergestellt werden (Rauen, 2003). Eine weitere Aufgabe, die teilweise von Mentoren im Rahmen ihrer Beziehungen mit den Mentees wahrgenommen wird, ist eine karrierebezogene Beratungsfunktion (Rauen, 2003) und Unterstützung bei dem Aufbau eines eigenen Netzwerkes (Lippmann, 2013a). Manche Mentoring-Beziehungen sind sogar stark davon gekennzeichnet, dass der Mentor eine steuernde Rolle in der Karriereplanung des Mentees einnimmt und versucht, seinen »Schützling« zu fördern. Dabei handelt es sich jedoch meist um Mentoring-Beziehungen, die durch eigenes Engagement des Mentors aufgenommen oder in diese Richtung entwickelt wurden. Bezüglich einer Befähigung oder Weiterbildung verfügt ein Mentor in der Regel nur über Erfahrungswissen (Lippmann, 2013a). Lediglich in manchen Mentoring-Programmen werden die Mentoren auf ihre Rolle im Rahmen von kleinen Schulungen vorbereitet. Für Unternehmen, die Mentoring einsetzen wollen, entstehen daher lediglich organisationsinterne Kosten durch die Arbeitszeit, die von den Mentoren und Mentees investiert wird (Rauen, 2003).

1.2.4 Psychotherapie

Im Gegensatz zu den bisher dargestellten Ansätzen, liegt bei der Psychotherapie der Fokus auf Personen mit schwerwiegenden persönlichen Problemen, Persönlichkeitsstörungen, Depressionen, Suchterkrankungen, psychisch bedingten Störungen oder anderen psychischen Erkrankungen (Greif, 2008; Schmidt-Lellek, 2015). Eine Therapie ist in diesen Fällen immer indiziert, wenn es zu subjektiven oder objektiven Beeinträchtigungen aufgrund der psychischen Störung kommt (Greif, 2008). Bezogen auf die Zielgruppe ergeben sich keine Einschränkungen: Sowohl Kinder und Jugendliche als auch Personen im hohen Alter können von psychischen Erkrankungen betroffen sein und daher spezielle Therapie in Anspruch nehmen (Lippmann, 2013a). Ziele der Psychotherapie sind im ersten Schritt die Feststellung einer Erkrankung (Diagnose) und anschließend die Heilung oder zumindest Linderung dieser Erkrankung oder derer Symptome (Lippmann, 2013a; Rauen, 2003). Da es sich bei Psychotherapie in den meisten Fällen um eine medizinisch indizierte Therapie handelt, übernehmen die Krankenkassen in der Regel zumindest einen Teil der Behandlungskosten, sofern es sich um Therapieformen und Therapeuten handelt, die unter das »Psychotherapeutengesetz« fallen und somit abrechenbar sind (vgl. PsychThG, 1998, § 12). Als Kostenträger nehmen die Krankenkassen daher oftmals indirekt Einfluss auf die Dauer der Therapie (Lippmann, 2013a). Auf Grund der gesetzlichen Regelung für Psychotherapeuten ist der Professionalisierungsgrad von Psychotherapie sehr hoch: Die Rahmenbedingungen der beruflichen Ausbildung sowie der Berufsausübung sind gesetzlich detailliert geregelt (Greif, 2008). Als Psychotherapeuten dürfen sich demnach nur approbierte psychologische Psychotherapeutinnen und psychologische Psychotherapeuten oder ärzt-

1.2 Abgrenzung von anderen Professionen

liche Psychotherapeutinnen und Psychotherapeuten bezeichnen (vgl. PsychThG, 1998, § 1). »Psychotherapie« dürfen jedoch auch Psychologen oder Heilpraktiker im Rahmen des »Heilpraktikergesetzes« ausüben (vgl. PsychThG, 1998, § 1). Diese Form der Therapie ist nicht ganz so streng geregelt, wird jedoch auch von vielen gesetzlichen Krankenkassen nicht erstattet. Die Beziehung zwischen Patient und Therapeut steht ganz im Zeichen des Vertrauens: der Patient soll sich verstanden fühlen und offen über seine Erkrankung sprechen können (Schnoor, 2006). Diese vermittelte Sicherheit ist extrem wichtig, da oftmals eine psychische Erkrankung als Stigma wahrgenommen wird (vgl. Holm-Hadulla, 2000). Dementsprechend ist Psychotherapie in den meisten Fällen freiwillig (Schnoor, 2006) und die »Therapiebereitschaft« eines Patienten wird als Vorrausetzung für langfristigen Therapieerfolg angesehen (vgl. Schnoor, 2006).

An diesem Punkt ist eine Parallele zum Coaching erkennbar: Auch beim Coaching wird die Bereitschaft des Coachees, an dem Coaching teilzunehmen und an sich zu arbeiten, als Voraussetzung für einen erfolgreichen Prozess verstanden (vgl. Rauen, 2003; Schmidt-Lellek, 2015). Auch wenn es sowohl bei Therapie als auch bei Coaching zu »Verordnungen« kommen kann (im ersten Fall von einem Arzt, im zweiten Fall von einem Vorgesetzten), sind solche »erzwungenen« Prozesse sehr viel schwieriger und versprechen geringere Aussichten auf Erfolg.

Psychotherapie blickt auf eine lange Tradition zurück: Bereits Ende des 19. Jahrhunderts entwickelten sich Therapieformen, die noch heute in der täglichen Praxis angewendet werden (Schmidbauer, 2012). Auf Grund des starken öffentlichen Drucks von Krankenkassen und Gesetzgebern werden diese Therapieformen jedoch auch eingehend beforscht: Im Gegensatz zu den bisher vorgestellten Interventionen (Coaching, Beratung, Supervision, Mediation) gelten Methoden im Bereich der Psychotherapie als sehr gut evaluiert und Theorien als empirisch überprüft (Wissenschaftlicher Beirat Psychotherapie, 2014). Aus diesem Grund haben viele Theorien die Entwicklung neuer Interventionen beeinflusst (zu Coaching ▶ Kap. 2) oder konkrete Methoden wurden für andere Bereiche adaptiert (beispielsweise im Bereich der Supervision: siehe Schreyögg, 2015). Als ein Beispiel kann hierbei auf die Gesprächspsychotherapie nach Rogers (1972) verwiesen werden: Diese Form der Therapie hat eine Therapeutenhaltung (bspw. Wertschätzung gegenüber dem Coachee) und verschiedene Gesprächstechniken (bspw. empathisches Verhalten) geprägt, die heute in verschiedenen Interventionen zu finden sind (▶ Kap. 2.1). Heute wird diese gegenseitige Beeinflussung auch von Coaches weitergeführt, die sowohl als Coach arbeiten, als auch über eine Ausbildung zum Psychotherapeuten verfügen (vgl. Bono et al., 2009).

1.2.5 Mediation

Eine Mediation kann grundsätzlich zur Anwendung kommen, um Konflikte zwischen Konfliktparteien zu schlichten (Steinebach, 2006). Bei diesen Konfliktparteien kann es sich sowohl um Personen als auch um Gruppen oder Organisationen handeln. Mediationen finden immer wieder den Weg in das öffentliche Bewusstsein, wenn sie bei Konflikten öffentlicher Interessen als letzte Möglichkeit zu einer gütlichen Einigung genutzt werden. Ein Beispiel, welches großes öffentliches Interesse ausgelöst hat, ist beispielsweise das Mediationsverfahren zum Ausbau des Frankfurter Flughafens (Meister & Gohl, 2004).

Eine Mediation kommt insbesondere bei festgefahrenen Konfliktsituationen zum Einsatz, wenn bisherige Lösungsversuche gescheitert sind (Steinebach, 2006). Wie in dem Beispiel bereits deutlich wurde, können die Themen eines solchen Konfliktes stark variieren: Häufig eingesetzt werden Mediatoren bei Familien-, Ehe- oder Mietstreitigkeiten, aber auch im wirtschaftlichen oder beruflichen Zusammenhang (Steinebach, 2006) oder bei Auseinandersetzungen zwischen politischen Konfliktparteien (bspw. Kommunen). Ziel soll hierbei immer sein, die außergerichtliche Beilegung eines Konflikts zu erreichen (Heyse et al., 2012; Steinebach, 2006). Daher ist es nicht verwunderlich, dass Mediationen häufig von Gerichten vorgeschlagen werden, um ein langwieriges Verfahren zu vermeiden und eine Lösung zu generieren, die von allen Konfliktparteien getragen wird (Heyse et al., 2012). Jedoch basiert eine Mediation immer auf der Freiwilligkeit aller Beteiligten, die sich bereit erklären müssen, die Mediation zu durchlaufen und das Ergebnis anzuerkennen (Heyse et al., 2012). Die Stärken der Mediation liegen hierbei auch darin, dass die Lösungen von den Parteien in der Regel mit entwickelt werden: Die Mediatoren sind unbeteiligte Personen, die jedoch von allen Parteien

1.2 Abgrenzung von anderen Professionen

respektiert und in ihrer Rolle anerkannt wurden und den Konfliktlöseprozess steuern (Steinebach, 2006). Die Rolle eines Mediators umfasst im engeren Sinne vor allem strukturierende und moderierende Tätigkeiten im Mediationsprozess. Da die Konfliktparteien in einer Mediation gemeinsam »an einem Tisch sitzen«, kann diese auch stark belastete Beziehungen zwischen Konfliktparteien wieder entspannen. Daher wird eine Mediation insbesondere bei Familienstreitigkeiten oftmals einer gerichtlichen Entscheidung vorgezogen. Der Mediator hat in dem Verfahren der Mediation nur begrenzte Macht (Steinebach, 2006): In seiner Rolle verfügt er über keine Entscheidungsbefugnis, sondern lediglich über die Befugnis zur Verfahrenssteuerung (Heyse, Kreuser & Robrecht, 2012). Um eine Lösung zu ermöglichen, muss der Mediator während des gesamten Verfahrens seine Neutralität bewahren, um die Anerkennung der Konfliktparteien nicht zu verlieren (Steinebach, 2006). Ein Mediator wird nicht nur keine Entscheidungen treffen, er wird auch keine Empfehlungen und keine Kompromissvorschläge unterbreiten (im Gegensatz zu einer Schlichtung). Ohne die Mitarbeit und Zustimmung beider Konfliktparteien werden demnach keine verbindlichen Entscheidungen gefällt.

Seit der Entstehung von Mediation in den 1980er Jahren in den USA haben sich zahlreiche Berufs- und Interessensverbände für Mediation gebildet (Robrecht, 2012). Auch Aus- und Weiterbildungsmöglichkeiten sind in diesem Zuge entstanden (vgl. Robrecht, 2012). Grundsätzlich ist die Bezeichnung »Mediator« jedoch nicht geschützt (Steinebach, 2006): Da die Anerkennung durch alle Konfliktparteien gegeben sein muss, handelt es sich daher –insbesondere bei öffentlichkeitswirksamen Mediationen – oftmals um Juristen, Gewerkschafter oder ehemalige Politiker. Von allen vorgestellten Interventionen sind die Zusammenhänge zwischen Mediation und Coaching wahrscheinlich am geringsten: Außer der Freiwilligkeit der Teilnehmenden, der ungeschützten Berufsbezeichnung und der aktuellen Ausbildungssituation gibt es wenig Gemeinsamkeiten. Mediation ist ausschließlich für den Bereich der Konfliktschlichtung gedacht, während sich Coaching im weitesten Sinne auf die individuelle Weiterentwicklung fokussiert. Die Begrifflichkeit »Konflikt-Coaching« ist demnach auch nicht mit einer Mediation zu verwechseln, da im Konflikt-Coaching nur mit einer einzelnen Konfliktpartei gearbeitet wird, um diese optimal durch den Konfliktprozess zu führen und individuell zu unterstützen. Für beide Interventionen gilt jedoch oftmals der Grundsatz »je früher, desto besser« aber auch »lieber spät als nie«, wenn die Entscheidung zu treffen ist, wann ein Einsatz sinnvoll ist.

1.2.6 Training

Training ist eine der meistgenutzten Interventionen im organisationalen Kontext, um einen gezielten Auf- und Ausbau fachspezifischer Fähigkeiten und Verhaltensweisen zu erreichen (Lippmann, 2013a). Es wird im Gruppenkontext durchgeführt und ist daher sehr kosteneffizient. Trainings werden zu verschiedensten Themengebieten durchgeführt, weshalb es keine vordefinierte Zielgruppe gibt (Rauen, 2003): Fast jede berufstätige Person hat bereits an einer Trainingsmaßnahme teilgenommen. Im organisationalen Kontext kann in diesem Zusammenhang zwischen freiwilligen und unfreiwilligen Trainingsmaßnahmen unterschieden werden: Zum einen können Trainings genutzt werden, um neues Wissen (beispielsweise die Benutzung einer neuen Software) an alle Beschäftigten weiterzugeben. Darüber hinaus kann jedoch auch ein individueller Trainingsbedarf durch die Führungskraft erkannt und daher »verordnet« werden. Als letzte Möglichkeit gibt es auch im organisationalen Kontext freie Trainingsangebote, die nach Bedarf und daher freiwillig belegt werden können (Curado, Henriques & Ribeiro, 2015). Unterschiede in der Freiwilligkeit können sich dementsprechend stark auf die Motivation der Teilnehmenden und damit auch auf den Erfolg des Trainings auswirken (Curado, Henriques & Ribeiro, 2015). Erfolg wird in diesem Zusammenhang meist mit »Trainingstransfer« übersetzt: Das Ausmaß, in dem eine Trainingsteilnehme Person im Anschluss an ein Training die gelernten Inhalte umsetzt. Auf Grund der Häufigkeit von Trainings und der damit verbundenen hohen Kosten, hat sich in den letzten Jahren ein großer Forschungsstrang entwickelt, der sich ausschließlich mit Transferfaktoren im Trainingskontext auseinandersetzt (für eine Übersicht siehe Kauffeld, 2016). Der Erfolg von Trainingsmaßnahmen hängt dabei von verschiedenen Faktoren ab, von denen der Trainer einen darstellt. Obwohl es zahlreiche Traineraus- und -weiterbildungen gibt (vgl. Kauf-

1.2 Abgrenzung von anderen Professionen

feld, 2016), ist der Begriff »Trainer« als solcher nicht geschützt. Zwar gibt es in verschiedenen Bereichen (insbesondere im Sportbereich) verstärkt Bemühungen Ausbildungsstandards festzuschreiben, jedoch können die meisten »Trainerbezeichnungen« von jedem getragen werden. Da das grundsätzliche Ziel von Trainings ist, Verhaltens- oder Wissensdefizite abzubauen (Rauen, 2003), hat der Trainer (ähnlich wie der Fachberater) eine Rolle als Expert/in/e: Als Anleiter und Moderator führt ein/e Trainer/in durch eine – zeitlich immer begrenzte – Trainingsmaßnahme und gibt hierbei Input, leitet Übungssequenzen an (Rauen, 2003) und gibt ggf. Feedback (Lippmann, 2013a). Trotz seiner Expertenrolle, sollte hierbei das Beziehungsgefälle zwischen Teilnehmendem und Trainer möglichst gering gehalten werden (Lippmann, 2013a).

Coaching und Training können, je nach verfolgtem Coaching-Ziel, Überschneidungen aufweisen. Wenn ein Coachee im Coaching das konkrete Ziel einer Verhaltensveränderung oder eines Erfahrungserwerbs hat, kann es auch im Coaching zu Feedback-Sequenzen kommen (Feldman & Lankau, 2005). In der Regel findet jedoch Coaching in der dyadischen Interaktion statt, während Training durch den Gruppenkontext meist kostengünstiger als Coaching ist (Rauen, 2003). Natürlich bietet Coaching im Gegenzug eine stärkere Individualisierung und Vertraulichkeit als ein Training: Bei Letzterem kann der Coachee sich nur das bestmögliche Angebot heraussuchen und hoffen, dass es seinem individuellen Wissens- und Erfahrungsstand entspricht. Daher wird insbesondere bei komplexen und individuellen Aufgaben (beispielsweise bei Führungsthemen) und sehr erfahrenen Personen (beispielsweise erfahrenen Führungskräften) häufig auf Coachings zurückgegriffen.

1.2.7 Überblick

Tab. 1.1: Merkmale von Coaching und verwandten Professionen

	Beratung (z. B. Consulting)	Supervision	Mentoring	(Psycho-) Therapie	Mediation	Training	Coaching
Zielgruppe	Keine vorbestimmte Zielgruppe (Rauen, 2003)	Praktizierende in einem Anwendungsfeld (Schreyögg, 2004), primär Beschäftigter (Greif, 2008)	Junge oder neue Organisationsmitglieder (Rauen, 2003)	Keine Einschränkung (Lippmann, 2013a)	Person, Gruppen, Organisationen, Konfliktparteien (Steinebach, 2006)	Keine vorbestimmte Zielgruppe (Rauen, 2003)	Meist Führungskräfte, Manager und Personen mit hochverantwortlichen Aufgaben (Rauen, 2003, 2014)
Gegenstand	Beschäftigung mit rein fachlichen Fragen des Coachees, sachorientiert (Rauen, 2003)	Reflexion und keine Instruktion, personale, interaktive und organisationale Aspekte (Bamberg et al., 2006)	Vermittlung von Normen der Organisationskultur, Bindung des Beschäftigten, tw. auch Karriereberatung (Rauen, 2003) und »Networking« (Lippmann, 2013a)	Behandlung psychischer und psychisch bedingter Störungen (Greif, 2008) Wiederherstellung der psychischen Gesundheit (Rauen, 2003)	Entwicklung von gemeinsam getragenen Lösungen (Heyse et al., 2012)	Beinhaltet Input, Übungssequenzen (Rauen, 2003) und Feedback (Lippmann, 2013a)	Prozessbezogene, individuelle Unterstützung zur Bewältigung verschiedener Anliegen: »Hilfe zur Selbsthilfe« (Rauen, 2003)

Tab. 1.1: Merkmale von Coaching und verwandten Professionen – Fortsetzung

	Beratung (z. B. Consulting)	Supervision	Mentoring	(Psycho-) Therapie	Mediation	Training	Coaching
Anlass	Eingeschränkter Erfahrungs-, Kenntnis- oder Kompetenzstand (Hörmann & Nestmann, 1988)	z. B. als Maßnahme in der Teamentwicklung, Denk- und Reflexionsraum (Bamberg et al., 2006)	z. B. Eintritt in eine Organisation (Lippmann, 2013a)	Beeinträchtigung aufgrund der psychischen Störung (z. B. der beruflichen Leistung) (Greif, 2008)	Auseinandersetzungen, Streitigkeiten, festgefahrene Konfliktsituationen (Steinebach, 2006).	Verhaltensdefizite (Rauen, 2003)	Z. B. neue Aufgaben/Funktionen/Rollen/, Kompetenz-, Persönlichkeits- und Personalentwicklung (Greif, 2008)
Anwendungsfeld	Vielerlei Kontexte (Hörmann & Nestmann, 1988)	Ursprünglich »Non-Profit-Bereich« (Bamberg et al., 2006); heute in vielen Bereichen, die Sozialkompetenz fordern (Bamberg et al., 2006; Schreyögg, 2004)	Organisationen (Rauen, 2003)	Bearbeitung schwerwiegender persönlicher Probleme und psychischer Krankheiten (Lippmann, 2013a)	Familie, Ehe, Miete, Schule, Kommunen, beruflicher Zusammenhang (Steinebach, 2006).	z. B. als eine Maßnahme im Coaching (Rauen, 2003)	Meist Profit-Bereich (Rauen, 2003, 2014)

Tab. 1.1: Merkmale von Coaching und verwandten Professionen – Fortsetzung

	Beratung (z. B. Consulting)	Supervision	Mentoring	(Psycho-) Therapie	Mediation	Training	Coaching
Ziel	Selbstkontrollierte Entscheidung (Hörmann & Nestmann, 1988) oder Lösung des Problems durch den Berater (Rauen, 2003)	Entwicklung von Personal und Personen bezogen auf Kommunikation und Kooperation im Kontext beruflicher Arbeit (Bamberg et al., 2006)	Geringere Fluktuationskosten, Integration neuer Beschäftigter, langfristige Bindung an die Organisation (Rauen, 2003)	Wiedererlangen psychischer Gesundheit (Lippmann, 2013a)	Außergerichtliche (Heyse et al., 2012) Beilegung eines Konflikts (Steinebach, 2006).	Gezielter Auf- und Ausbau fachspezifischer Fähigkeiten und Verhaltensweisen (Lippmann, 2013a)	Verbesserung der Selbstreflexions- und Selbstmanagementfähigkeiten (Rauen, 2003, 2014)
Berater	Spezialist, der den entsprechenden Gegenstands- oder Problembereich beherrscht (Hörmann & Nestmann, 1988)	Möglich: Vorgesetzter, Aus-/Fortbildner, freier, organisationsinterner oder -externer Supervisor (Schreyögg, 2004)	Erfahrenes und meist älteres Organisationsmitglied, Mentor (Rauen, 2003)	Approbierter psychologischer Psychotherapeut oder ärztlicher Psychotherapeut (Greif, 2008)	Unbeteiligte Person (Steinebach, 2006) ohne Entscheidungsbefugnis (Heyse, Kreuser & Robrecht, 2012)	Trainer in der Rolle des Anleiters und Moderators (Rauen, 2003)	Coach (in erster Linie Prozess- und kein Fachberater) (Rauen, 2003, 2014)

Tab. 1.1: Merkmale von Coaching und verwandten Professionen – Fortsetzung

	Beratung (z. B. Consulting)	Supervision	Mentoring	(Psycho-) Therapie	Mediation	Training	Coaching
Beziehung	Hierarchisch unabhängig (Nissen, 2007)	Intimität und Unabhängigkeit wichtig (Rauen, 2003): Häufig externer Supervisor mit Anbindung an Organisation (Bamberg, Hänel & Schmidt, 2006)	Patenschaft, klares Beziehungsgefälle/Hierarchie (Rauen, 2003)	Zentrale Bedeutung z. B. die Vermittlung des Gefühls von Sicherheit und Gewohnheit (Holm-Hadulla, 2000)	Begrenzte Macht des Mediators (Steinebach, 2006).	Versuch, das Beziehungsgefälle zu minimieren (Lippmann, 2013a)	Akzeptanz, Vertrauen und Diskretion (Rauen, 2003), Beziehungsgefälle unerwünscht (Rauen, 2003)
Freiwilligkeit	In der Regel freiwillige Inanspruchnahme (Hörmann & Nestmann, 1988)	In der Regel freiwillige Teilnahme und nur unter besonderen Bedingungen angeordnet (Bamberg et al., 2006)	Nicht immer gewährleistet (Rauen, 2003)	In der Regel freiwillig (Schnoor, 2006)	Für alle Akteure gegeben (Heyse et al., 2012)	Teilweise freiwillige, teilweise »erzwungene« Teilnahme (Curado, Henriques & Ribeiro, 2015)	Gegeben (Rauen, 2003, 2014)

Tab. 1.1: Merkmale von Coaching und verwandten Professionen – Fortsetzung

	Beratung (z. B. Consulting)	Supervision	Mentoring	(Psycho-) Therapie	Mediation	Training	Coaching
Kosten	Kann hohe Kosten verursachen (Rauen, 2003)	Meist kostengünstiger (als Coaching) (Rauen, 2003)	Nur organisationsinterne Kosten durch die Zeit für die Beratung (Rauen, 2003)	Kosten übernimmt meist die Krankenkasse, meist geringer als Coaching-Honorare in der Wirtschaft (Lippmann, 2013a)	Sehr unterschiedlich, meist vergleichbar mit Coaching (vgl. Heyse et al., 2012)	Meist kostengünstiger als Coaching (Rauen, 2003)	Meist hohe Kosten bei der Variante mit externem Coach (Rauen, 2003)
Ausbildung	Es gibt verschiedene Aus- und Weiterbildungen, jedoch keine geschützte Bezeichnung (vgl. Nissen, 2007)	Berufs- und fachverbandlich anerkannte Ausbildung in Supervision, Nachweise über Weiterbildung erforderlich (Bamberg et al., 2006)	Kein professioneller Berater, erfahrungsbasierte Befähigung (Lippmann, 2013a)	Ausbildung in Psychotherapie nötig (Lippmann, 2013a)	Keine geschützte Tätigkeit (Steinebach, 2006).	Es gibt verschiedene Aus- und Weiterbildungen, jedoch keine geschützte Bezeichnung.	Es gibt verschiedene Aus- und Weiterbildungen, jedoch keine geschützte Bezeichnung.

1.3 Zusammenfassende Definition von Coaching

In den letzten Unterkapiteln haben wir verwandte Professionen von Coaching jeweils kurz dargestellt und Gemeinsamkeiten und Unterschiede zu Coaching herausgestellt. Wie dabei bereits erläutert wurde, handelt es sich bei Coaching um eine – in der Regel – dyadische Interaktion zwischen einem Coach und einem psychisch gesunden Coachee, mit dem Ziel der persönlichen Zielerreichung und Entwicklung (Bono et al., 2009; Jones et al., 2015; Kilburg, 1996; Smither, 2011). Auf Basis dieser, bereits in den letzten Abschnitten genutzten, Definition, wollen wir im Folgenden noch einmal detaillierter auf die Elemente von Coaching eingehen.

Grundsätzlich handelt es sich bei Coaching, nicht zuletzt auch auf Grund der meist dyadischen Natur, um eine individuelle und zielgerichtete Interaktion, in welcher der Coachee sein persönliches Anliegen bearbeiten kann. In den meisten Fällen sind diese Anliegen dabei im Bereich der berufs- oder karrierebezogenen Ziele einzuordnen. Häufige Themen im Coaching sind neu hinzugekommene/hinzukommende Aufgaben, Funktionen oder berufliche Rollen, die eine Veränderung und Anpassung auf Seiten des Coachees erwarten (Greif, 2008). Grundsätzlich zielt Coaching auf eine individuelle Kompetenz-, Persönlichkeits- und Personalentwicklung in komplexen Situationen (Greif, 2008).

Im Gegensatz zu Therapie fokussiert sich Coaching ausschließlich auf psychisch gesunde Personen. Auch wenn es Psychotherapeuten gibt, die parallel Coaching anbieten, handelt es sich um distinkte Interventionen mit völlig verschiedenen Zielsetzungen. Während im Coaching eine gleichberechtigte Beziehung »auf Augenhöhe« zwischen Coach und Coachee Basis für eine gemeinsame Arbeit ist, ist dies durch die Erkrankung des Coachees in der Therapie nicht immer gegeben (Rauen, 2003; Schmidt-Lellek, 2015). Der Coach nimmt im Coaching lediglich die Rolle eines Prozesssteuerers ein, während der Coachee den Expertenstatus für sein persönliches Anliegen innehat. Voraussetzung für ein erfolgreiches Coaching ist, dass der Coachee die Bereitschaft hat, an seinen Zielen zu arbeiten. Daher sind Freiwilligkeit und Motivation auf Seiten des

Coachees unabdingbar (Rauen, 2003, 2014). Der Coach unterstützt den Coachee darin, seine Selbstreflexions- und Selbstmanagementfähigkeiten zu verbessern (Rauen, 2003, 2014), um auf diese Weise dem persönlichen Ziel näher zu kommen und erfolgreich eine Veränderung herbeizuführen. Auch wenn Coaching sich einer immer breiteren Anwendung erfreut (Böning, 2005), sind es in den meisten Fällen noch immer Führungskräfte, Manager und Personen mit hochverantwortlichen Aufgaben, die ein Coaching in Anspruch nehmen (Rauen, 2003, 2014). Aus den meist komplexen Systemen, in denen sich diese Personen befinden, hat sich Coaching als »Hilfe zur Selbsthilfe« (Rauen, 2003) entwickelt: Der Coach ist in erster Linie Prozessberatende Person, der den Coachee darin unterstützt die eigene Expertise zur Bewältigung dieser komplexen Situationen zu nutzen. Der Coach verfügt daher über die Fähigkeit den Prozess zu steuern, besitzt umfassende Expertise in Coaching-Techniken, um die Selbstreflexion des Coachees anzuregen, und kann auf eine gewisse Feldkompetenz, eine grundlegende Erfahrung, im Bereich des Anliegens des Coachees zurückblicken (▶ Kap. 8; Schreyögg, 2012). Erfolgreiches Coaching kann nur gelingen, wenn zwischen Coachee und Coach eine große Offenheit, gegenseitige Akzeptanz, Vertrauen und Diskretion herrschen (Rauen, 2003, 2014). Die Individualität von Coaching ist zumeist mit hohen Kosten pro Sitzung verbunden (Rauen, 2003): Dabei kann ein vollständiger Coaching-Prozess in der Dauer zwischen wenigen Sitzungen und dem Aufbau einer langfristigen Beziehung variieren (D'Abate, Eddy & Tannenbaum, 2003).

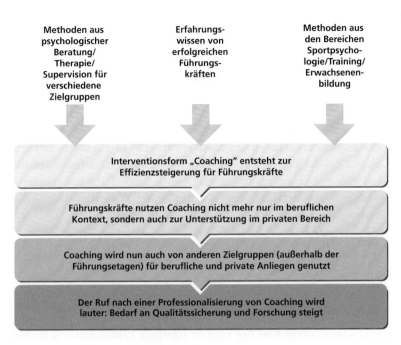

Abb. 1: Entwicklung von Coaching

1.4 Ziele von Coaching

Die Anwendungsgebiete von Coaching sind breit gefächert und können grob nach inhaltlichen Schwerpunkten und Settings unterteilt werden (▶ Kap. 3). Während die globalen Ziele von Coaching sehr leicht zusammenzufassen sind (persönliche Entwicklung und Unterstützung bei der Erreichung individueller Ziele, e.g. Bono et al., 2009; Grant et al., 2010; Jones et al., 2015; Kilburg, 1996; Smither, 2011), gibt es jedoch auch Verfassende, die eine Unterteilung in bestimmte Coaching-Zieltypen vorschlagen. Eine immer wieder zitierte englischsprachige Quelle unterscheidet hierbei zwischen »Skills coaching«, »Performance coaching« und

»Developmental coaching« (Witherspoon & White, 1996). Wir wollen im Folgenden kurz auf diese drei Coaching-Zieltypen eingehen und abschließend die Überschneidungen und Unterschiede aufzeigen. Das sogenannte »Skills-Coaching« oder im deutschen »*Kompetenz-Coaching*« zielt auf das Lernen einer spezifischen Fähigkeit oder Fertigkeit ab. Beispielsweise könnte es sich um Präsentations- oder Verhandlungsfähigkeiten handeln (Grant et al., 2010). Diese Form des Coachings kann am ehesten mit einem individualisierten Training verglichen werden: Der Coach unterstützt den Coachee bei der Erlernung einer konkreten Fähigkeit. Bezogen auf die Merkmale einer Trainingsmaßnahme, erfordert diese Form von Coaching spezifisches und dem des Coachees überlegenes Fachwissen seitens des Coaches. Als Methoden im Coaching sind sowohl Input- als auch Feedback-Instrumente hilfreich. »Performance-Coaching« oder im deutschen »*Leistungs-Coaching*« fokussiert sich auf die Verbesserung konkreter Leistungsparameter über einen spezifischen Zeitrahmen (Grant et al., 2010). Diese Coaching-Form entspricht am ehesten dem, was in der Literatur oftmals als »Coaching durch die Führungskraft« zusammengefasst wird (Kim, Egan, Kim & Kim, 2013). Der Coach legt hierbei gemeinsam mit dem Coachee konkret messbare Leistungsparameter fest und unterstützt ihn beim Setzen realistischer Teilziele. Über einen festgelegten Zeitraum werden nun in Coaching-Sitzungen konkrete Maßnahmen festgelegt, die zur Zielerreichung beitragen sollen (Grant et al., 2010). Die Zwischenziele werden regelmäßig überprüft und evaluiert, um auf diese Weise eine Leistungssteigerung herbeizuführen. Dem Coach kommt hierbei zwar eine begleitende, aber teilweise auch kontrollierende Funktion zu. Diese Form des Coachings wird häufig im direkten zeitlichen Zusammenhang mit Leistungsreviews durchgeführt (Grant et al., 2010). Demgegenüber verfolgt das »Developmental-Coaching« oder zu Deutsch »*Entwicklungs-Coaching*« weiter gefasste Ziele: Hierbei geht es um eine Persönlichkeitsentwicklung des Coachees, bezogen auf individuelle Anliegen. Der Coachee soll mittels gesteigerter Reflexion über sich selbst und sein soziales System zu neuen Erkenntnissen kommen, eigenständig Lösungen generieren und Maßnahmen entwickeln (Grant et al., 2010; Cavanagh & Grant, 2010). Das langfristige Ziel liegt dementsprechend darin, dass der Coachee alle Fähigkeiten erwirbt, um in Zukunft Herausforderungen besser begegnen zu können (Grant et al., 2010).

1.4 Ziele von Coaching

Wie durch die Zusammenfassung dieser Typologie von Coaching-Zielen verdeutlicht werden sollte, verlangen verschiedene Ziele von dem Coach ein jeweils angepasstes Rollenverhalten. Am Beispiel der Direktivität des Coaches (zu direktivem und non-Direktivem Verhalten ▶ Kap. 2.1) zeigt sich dies besonders: Während »Kompetenz-Coaching« von dem Coach direktives Verhalten voraussetzt (durch Anleitung und Feedback), ist es im »Leistungs-Coaching« bereits so, dass der Coachee eine höhere Selbstständigkeit an den Tag legen soll. Der Coach hat hier vor allem die Aufgabe einer kontrollierenden und nachhaltenden Prozesssteuerung mit dem Ziel, möglichst hohe Effizienzsteigerung und die Generierung von Lerneffekten bei dem Coachee zu erreichen. »Entwicklungs-Coaching« verlangt demgegenüber von dem Coach eine streng non-direktive Haltung. Selbstreflexionsfähigkeit und langfristige Entwicklung kann hierbei nur erreicht werden, wenn der Coach dem Wunsch widersteht eigene Lösungen vorzuschlagen oder vorzugeben, sondern der Coachee diese selbst entwickelt. Zwischen »Leistungs-« und »Entwicklungs-Coaching« liegt daher vor allem der Unterschied der Eigenverantwortlichkeit des Coachees: Im »Entwicklungs-Coaching« ist eindeutig der Coachee für seine Entwicklung verantwortlich und der Coach nimmt lediglich eine begleitend unterstützende und keine kontrollierende Haltung ein.

Verschiedene Zielsetzungen im Coaching verlangen nicht nur ein angepasstes Rollenverhalten vom Coach, sie setzen auch eine ständige Reflexion dieses Verhaltens voraus: Die konkrete Zielstellung und das eigene Verhalten müssen immer wieder evaluiert und reflektiert werden. Es gilt dabei, eine Rollendiffusion zu vermeiden und nicht unbeabsichtigt in eine andere Rolle, beispielsweise die eines Trainers, zu rutschen. In einem Coaching-Prozess, der beispielsweise Anteile von »Kompetenz-Coaching« und »Entwicklungs-Coaching« beinhaltet, stellt dies eine reale Gefahr dar: Wenn der Coach einmal damit begonnen hat, Tipps und Ratschläge zu geben, erwartet der Coachee dies häufig auch weiterhin. Daher kann es passieren, dass der Coach den Bereich der eigenen Kompetenz überschreitet und ggf. weiterhin Lösungen vorschlägt, obwohl dies eigentlich weder seinen Fähigkeiten und Erfahrungen entspricht, noch zu seiner eigentlichen Rolle gehört. Demnach muss ein Rollenwechsel, auf Grund verschiedener Zielstellungen, auch gegenüber dem Coachee kommuniziert werden. Selbst wenn der Coach klar trennen kann, wann er im Bereich des »Kompetenz-«

und wann im Bereich des »Entwicklungs-Coachings« ist: wenn die unterschiedlichen Zielsetzungen und resultierenden Rollen für den Coachee nicht transparent sind, wird dieser ggf. von dem Coach weiter das Verhalten aus dem »Kompetenz-Coaching« (Anweisungen und Feedback) einfordern. Aus Sicht des Coachees ist dies nachvollziehbar: Den Coach als Experten anzunehmen und damit selbst eine geringere Verantwortung tragen zu müssen, macht den Coaching-Prozess für den Coachee oftmals »leichter«.

Daher ist es nur natürlich, dass der Coach, sollte er diese Rolle einmal eingenommen haben, oftmals weiter durch den Coachee in die Rolle des helfenden »Experten« gedrängt wird, der einfach sagt, was zu tun ist, statt diese Entscheidung dem Coachee zu überlassen. Die Bearbeitung von verschiedenen Zielstellungen und die daraus resultierenden Rollen von Coach und Coachee, verlangen demnach eine transparente und klare Prozesssteuerung. Insbesondere für unerfahrene Coaches, kann dies eine große Herausforderung darstellen, weshalb eine enge Begleitung durch Supervision in diesen Fällen sehr sinnvoll ist.

Zusammenfassend kann man also zwischen verschiedenen Zielstellungen unterscheiden. Hiernach umfasst das sogenannte »*Kompetenz-Coaching*« eher ein individuelles Training, während »*Leistungs-Coaching*« an vielen Punkten dem Verhalten einer Führungskraft entspricht. Jedoch gibt es bei Letzterem auch Überschneidung zum sogenannten »*Entwicklungs-Coaching*«, insbesondere in den Bereichen Unterstützung, konkreter Zielsetzung und beim Verfolgen von Maßnahmenplänen. Aber: Das »*Entwicklungs-Coaching*« setzt ausschließlich auf die Eigenverantwortung des Coachees. Jede Entwicklung und Entscheidung, die im Coaching erreicht wird, soll der Coachee zum Ende des Coachings nur auf sich und seine eigenen Anstrengungen attribuieren, um langfristig davon überzeugt zu sein, allen zukünftigen Anforderungen gewachsen zu sein und neuen Herausforderungen besser begegnen zu können (diese Überzeugung wird auch als Selbstwirksamkeitserwartung bezeichnet). Bei »*Entwicklungs-Coaching*« handelt es sich um die klassische Form des Coachings, da sich diese am besten von bereits bestehenden Interventionen und Methoden abgrenzen lässt (wie beispielsweise Training oder Führung). Wenn man als Coach nicht ausschließlich eine Form von Coaching praktiziert und dementsprechend verschiedene Rollen einnehmen will, kann die vorliegende Typisierung von Zielen hilfreich sein, dies transparent zu gestalten:

1.4 Ziele von Coaching

Durch eine klare Zieldefinition und -einordnung kann der Coach mit dem Coachee offen absprechen, welche Form des Coachings sich dieser wünscht und ob der Coach in der Lage ist, diese anzubieten. Durch eine zielbezogene Rollendefinition und eine offene Kommunikation kann es so gelingen, innerhalb eines Prozesses eine Coaching-Mischform durch die Bearbeitung mehrerer, distinkter Ziele zu praktizieren (▶ Tab. 1.2).

Tab. 1.2: Ziele und Merkmale von Coaching

Coaching-Zieltypus	Merkmale des Ziels	Merkmale des Coachings
»Skills coaching« oder »Kompetenz-Coaching«	Lernen/Verbessern einer spezifischen Fähigkeit oder Fertigkeit (z. B. Präsentations- oder Verhandlungsfähigkeit).	• Ähnlich einem individualisierten Training • Coach in der Rolle des Experten/Trainers • Coach unterstützt den Lernprozess des Coachees durch fachlichen Input und Feedback • Hohe Direktivität des Coaches, geringe Selbstverantwortung des Coachees
»Performance coaching« oder »Leistungs-Coaching«	Verbesserung konkreter Leistungsparameter über einen spezifischen Zeitrahmen	• Ähnlich dem in der Literatur benannten »Coaching durch die Führungskraft« • Coach und Coachee legen messbare Leistungsparameter und konkrete Ziele/Teilziele fest • Über einen festgelegten Zeitraum werden Maßnahmen zur Zielerreichung festgelegt und die Zwischenziele regelmäßig überprüft und evaluiert • Coach nimmt begleitende, aber auch kontrollierende Rolle ein. • Leistungs-Coaching wird häufig im zeitlichen Zusammenhang mit Leistungsreviews durchgeführt. • Geringere Direktivität des Coaches (im Vergleich zu Kompetenz-Coaching) und höhere Selbstverantwortung des Coachees.

Tab. 1.2: Ziele und Merkmale von Coaching – Fortsetzung

Coaching-Zieltypus	Merkmale des Ziels	Merkmale des Coachings
»Developmental-Coaching« oder »Entwicklungs-Coaching«	Persönlichkeitsentwicklung des Coachees	• Coachee soll mittels gesteigerter Reflexion zu Erkenntnissen kommen, eigenständig Lösungen generieren und Maßnahmen entwickeln • Langfristiges Ziel ist, das der Coachee alle Fähigkeiten erwirbt, um in Zukunft Herausforderungen besser bewältigen zu können • Coach nimmt eine begleitend unterstützende und keine kontrollierende Haltung ein • Coach handelt non-direktiv, um Selbstreflexionsfähigkeit und langfristige Entwicklung des Coachees zu unterstützen. Der Coachee ist für diese Entwicklung jedoch selbst verantwortlich

1.5 Fazit

Insbesondere gesellschaftliche Veränderungen in der Arbeitswelt haben zu der Entstehung von Coaching beigetragen: Aus dem ursprünglichen Coaching für »mangelhafte Managementleistungen« (Joo, 2005), entwickelte sich das heutige Verständnis einer individualisierten Interaktion zur Entwicklungsunterstützung (e.g. Grant et al., 2010). Dabei kann Coaching heutzutage von verwandten Disziplinen wie Beratung (z. B. Consulting), Supervision, Mentoring, (Psycho-) Therapie, Mediation und Training, insbesondere durch die Zielgruppe (gesunde Personen), den Gegenstand (berufliche/lebensbezogene Anliegen) und die Haltung des Coaches (nondirektiv), klar abgegrenzt werden. Innerhalb des Coaching-

1.5 Fazit

Prozesses kann eine Unterscheidung zwischen bestimmten Subzielen eine Eingrenzung der breitgefächerten Anwendungsmöglichkeiten von Coaching veranschaulichen: Während hierbei das »Kompetenz-Coaching« dem Training nähersteht und »Leistungs-Coaching« dem Führungsverhalten, entspricht »Entwicklungs-Coaching« am ehesten dem klassischen Verständnis von Coaching. In den folgenden Kapiteln wird verstärkt auf die theoretische Fundierung von Coaching eingegangen, aus welcher sich die Methodik innerhalb des und Haltung des Coaches im Coaching entwickelt hat und durch welche es noch heute beeinflusst wird.

Weiterführende Literatur

Coaching durch die Führungskraft:
Dehner, U. & Dehner, R. (2004). *Coaching als Führungsinstrument*. Frankfurt/ New York: Campus Verlag.

2 Theoretische Fundierung von Coaching

Wie bereits im letzten Kapitel verdeutlicht wurde, hat sich Coaching als Methode im Laufe der 1990er Jahre entwickelt und etabliert (▶ Kap. 1). Aus den verwandten Professionen Psychotherapie, Supervision, Beratung und Consulting wurden dementsprechend auch theoretische Fundierungen übernommen, die heute, sowohl in ihrer jeweiligen Reinform als auch in verschiedenen Kombinationen, die theoretische Basis von vielen Coachings darstellen. Im Folgenden sollen einige dieser Ansätze vorgestellt werden, die, auf Grund ihrer theoretischen Fundierung und ihrer Nutzung in der Praxis, die Grundlage für aktuelle Strömungen im Coaching bilden: Der klientenzentrierte Ansatz, der systemische Ansatz, der lösungs- bzw. ressourcenorientierte und der kognitiv-behaviorale Ansatz. Im Anschluss wird kurz in die positive Psychologie eingeführt, einer Forschungsrichtung, die in den letzten Jahren verstärkt zur theoretischen Einbettung von Coaching herangezogen wird. Bevor abschließend auf die Integration von Ansätzen eingegangen wird, wird »Motivational Interviewing« vorgestellt, eine Methode, die auch aus dem Bereich der Therapie kommt, jedoch von einigen Coaches und Verfassenden auch für die Nutzung im Coaching vorgeschlagen wird. Das folgende Kapitel erhebt mit der Auswahl der vorgestellten Ansätze keinen Anspruch auf Vollständigkeit: Es sollen vielmehr die einflussreichsten und auch fundiertesten theoretischen Ansätze im Coaching in Kurzform vorgestellt und am Ende in einem Fazit zusammengefasst werden.

2.1 Klientenzentrierter Ansatz

Der von Carl Rogers in den 1950er und 1960er Jahren entwickelte Gesprächsansatz wird als klientenzentriert oder – synonym – personenzentriert bezeichnet. Dieser Ansatz wird der Schule der Humanistischen Psychologie zugeordnet, welche die Ansicht vertritt, dass der Mensch als autonomes Wesen grundsätzlich danach strebt, sich selbst zu verwirklichen, Sinn im Leben zu finden, sich zu entwickeln und optimal zu funktionieren (Joseph, 2006). Dies wird im klientenzentrierten Ansatz als »Aktualisierungstendenz« beschrieben. Jede Person trage demnach alles, was zur Verbesserung der eigenen Situation notwendig sei, bereits in sich. Basierend auf diesem Menschenbild ist der von Rogers entwickelte Ansatz nicht- bzw. non-direktiv (Rogers, 1972): Der Beratende, Therapeut oder Coach dient dem Coachee als Quelle der Reflexion und Ermutigung (McLeod, 2004), während der Coachee als Experte seine eigene Situation analysieren und dafür Lösungen entwickeln kann. Dies widerspricht dem sogenannten medizinischen Modell, in welchem der Therapeut den Expertenstatus hält (Joseph, 2006). Das medizidische Modell entspricht noch heute Arzt-Patienten Interaktionen: Der Coachee (oder in diesem Fall der Patient) leidet an Unzulänglichkeiten, deren Ursache genauso wie deren Lösung ihm jedoch unbekannt sind. Der Arzt diagnostiziert diese Unzulänglichkeiten auf Basis der vom Coachee beschriebenen Symptome und liefert mit der Behandlung direkt eine angemessene Lösung für das Problem. Damit ist der Patient in einer abhängigen Rolle, während der Arzt die Verantwortung für Diagnose und Lösung übernimmt (vgl Jonas, Kauffeld & Frey, 2007). Demgegenüber liegen im klientenzentrierten Ansatz die Rollen völlig anders: Der Coachee bleibt in der verantwortlichen Position und soll nicht in ein Abhängigkeitsverhältnis mit dem Coach geraten.

An dem humanistischen Menschenbild wird bereits deutlich, warum der klientenzentrierte Gesprächsansatz heute nicht nur in therapeutischen Settings, sondern auch im Coaching-Kontext zu einem der meistgenannten theoretischen Ansätze zählt: Die Autonomie des Coachees und die Betonung der Eigenverantwortlichkeit passen in den Kontext einer individuellen, persönlichkeitsentwickelnden Maßnahme, wie dem Coaching. Das Ziel des klientenzentrierten Ansatzes besteht darin, die Selbstbestimmung des Coachees zu fördern, um dem Coachee die Möglichkeit zu geben, sich selbst weiterzuentwickeln und damit auch sich selbst zu helfen (Joseph, 2006). Durch die Gesprächsführung soll dem Coachee ermöglicht werden, Zugang zu eigenen (Veränderungs-) Potenzialen zu finden, während durch das Schaffen einer einfühlsamen und verständnisvollen Atmosphäre erreicht werden soll, dass der Coachee eigenes Wissen und eigene Fähigkeiten zur Problemlösung entdecken kann (McLeod, 2004). Nach dem Entwickler des klientenzentrierten Ansatzes, Carl Rogers, stellen diese verständnisvolle Atmosphäre sowie eine tragfähige therapeutische Beziehung die Voraussetzungen für eine positive Veränderung auf Seiten des Coachees dar. Eine solche Beziehung definiert er durch drei sogenannte »Basisvariablen«: Bedingungslose positive Wertschätzung, Empathie sowie Echtheit und Kongruenz. Aus heutiger Sicht konnten diese Variablen in Studien als bedeutende Determinanten des Therapieerfolgs bestätigt werden und gelten damit als wichtige Grundelemente einer positiven therapeutischen Beziehung (McLeod, 2004).

Das erste Element ist die Akzeptanz oder auch unbedingte Wertschätzung. Hierunter wird die bedingungslose positive Wertschätzung gegenüber dem Ratsuchenden verstanden. Dazu gehören Respekt und Achtung gegenüber der Person mit all ihren Schwierigkeiten und Eigenheiten (Berger, 2006) sowie die Bereitschaft, sich in die Situation des Coachees hineinzuversetzen und sowohl echtes Interesse als auch Anteilnahme zu zeigen. Ein weiterer Vorteil von Rogers Ansatz zeigt sich in den praktischen Handlungsanweisungen, welche sich aus der Theorie ergeben und von Rogers selbst formuliert wurden: So soll sich Akzeptanz in der Interaktion durch vorbehaltlose Annahme von Seiten des Therapeuten zeigen. Denn indem der Therapeut oder Berater alles, was der Coachee formuliert, akzeptiert und ihn dabei sogar ermutigt, sich zu öffnen, soll der Coachee das Gefühl von Solidarität vermittelt bekommen und Vertrauen aufbauen.

Das zweite Element ist die Empathie (auch *einfühlendes Verstehen* genannt). Ein empathischer Therapeut nimmt nicht nur die Sicht des Coachees auf das Problem ein, sondern kommuniziert diese auch erfolgreich. Durch das Nachvollziehen der Probleme des Coachees und

2.1 Klientenzentrierter Ansatz

das Verbalisieren von Verständnis in der Situation soll sich der Coachee bestätigt fühlen und angeregt werden, die Situation weiter zu reflektieren. Der Coachee wird in die Lage versetzt, sein Selbstkonzept oder sein Erleben einer Situation detailliert zu schildern und dadurch emotionale und kognitive Ressourcen zu wecken sowie diese im Folgenden für sich selbst nutzbar zu machen (Waldl, 2004). In der Interaktion wird empathisches Verhalten beispielsweise durch das Wiederholen des Mitgeteilten gezeigt. Eine andere Form wäre das Konkretisieren oder Umformulieren des Gesagten (paraphrasieren), durch welches der Therapeut die weitere Exploration des Coachees fördern und steuern kann. Des Weiteren kann Empathie in Bezug auf das Selbstkonzept oder das Erleben des Coachees geäußert werden.

Das dritte Element wird als Echtheit oder Kongruenz bezeichnet. Unter diesem Begriff wird Wahrhaftigkeit und Authentizität in der Haltung des Therapeuten gegenüber dem Coachee verstanden: Der Therapeut ist, als autonome Person in der Interaktion mit dem Coachee, ebenso eigenen Wahrnehmungen ausgesetzt wie der Coachee. Dieser Aspekt einer erfolgreichen Beziehung birgt die Notwendigkeit, dass der Therapeut sich seines eigenen Erlebens nicht nur bewusst ist, sondern dieses auch offen in die Beziehung mit dem Coachee einfließen lässt und kommuniziert. Dies kann bedeuten, den Coachee zu konfrontieren oder eine Klärung des Beziehungsgehalts mit dem Coachee anzustreben. Echtheit kann aber auch im Sinne der Selbstmitteilung des Therapeutenerlebens gegenüber dem Coachee erreicht werden. Der Therapeut muss in der Kommunikation mit dem Coachee in der Lage sein, offen und frei kommunizieren zu können. Außerdem muss er weitgehend authentisch und selbstkongruent sein (Waldl, 2004). Konkret erreicht der Therapeut dies in der Interaktion mit dem Coachee, indem er seine eigene Perspektive und Wahrnehmung deutlich macht, dem Coachee jedoch die Möglichkeit und Freiheit lässt, sich von dieser Meinung abzugrenzen (Waldl, 2004).

Die Übertragung des klientenzentrierten Ansatzes auf den Coaching-Kontext zeigt sich zunächst einmal in theoretischen Überblicksartikeln, die Rogers Basisvariablen im Kontext von Coaching definieren (vgl. Joseph, 2006). Wertschätzung wird dabei beispielsweise als »Vertrauen« in den Coachee bezeichnet, selbst Lösungen zu finden (König & Volmer,

2012). Andere Quellen orientieren sich enger an der Ursprungsdefinition und definieren Wertschätzung durch den Coach, als Akzeptanz ohne Vorbedingungen, die auch umfasst, immer »auf der Seite« des Coachees zu stehen (Stober, 2006). Empathie wird dabei häufig, mit (Stober, 2006) oder auch ohne direkten Bezug zum klientenzentrierten Ansatz (Will, Gessnitzer & Kauffeld, in prep.), als eine der wichtigsten Eigenschaften eines Coaches bezeichnet, um eine funktionierende und vertrauensvolle Beziehung aufzubauen (Wasylyshyn, 2003). Dabei scheinen insbesondere das Akzeptieren der Wirklichkeit des Coachees und das Nachempfinden seiner Gefühle und Emotionen die wichtigen Kernbotschaften darzustellen (König & Volmer, 2012). Wie eine kürzlich vorgestellte Studie zeigt, ist hierbei insbesondere das Verhalten des Coaches entscheidend: Wenn der Coach erfolgreich Äußerungen des Coachees paraphrasiert und damit sein Verständnis zeigt, wird er als besonders empathisch wahrgenommen und der Coachee reagiert mit positiven Rückmeldungen auf dieses Verhalten (Will, Gessnitzer & Kauffeld, in prep.). Gegenüber der Empathie, die sich ganz auf das Verstehen und Annehmen der Wahrnehmung des Coachees bezieht, ist die Authentizität eines Coaches am ehesten mit der Bewahrung der eigenen Autonomie zu übersetzen: Als Coach bei »sich« und seiner Meinung zu sein und in der Interaktion mit dem Coachee nur diejenigen Dinge zu tun, die auch wirklich dem eigenen Standpunkt entsprechen, wird hierbei als besonders authentisch wahrgenommen (Stober, 2006). Im ersten Moment wirkt es, als könnte diese Authentizität des Coaches in manchen Fällen mit der unbedingten Wertschätzung gegenüber dem Coachee kollidieren. Hierbei ist es wichtig zu betonen, dass das humanistische Menschenbild des klientenzentrierten Ansatzes den Coachee als selbstbestimmtes Wesen in den Mittelpunkt stellt (Joseph, 2006): Auch wenn der Coach in einem Punkt anderer Ansicht ist, wird er dem Coachee nicht zwangsläufig »authentisch« widersprechen, sondern maximal seine eigene Meinung einbringen, dabei aber immer die Rolle des Coachees als »Experten« akzeptieren und wertschätzen. Damit liefert der klientenzentrierte Ansatz ein Menschenbild, welches insbesondere für den Bereich Coaching sehr geeignet scheint (Joseph, 2006). Die Betonung der Selbstbestimmtheit und Eigenverantwortlichkeit des Coachees und seine Rolle als Experte widersprechen dem Ansatz des medizinischen

2.1 Klientenzentrierter Ansatz

Modells (siehe oben), welches noch heute oft im therapeutischen Bereich zugrunde gelegt wird (Joseph, 2006). Damit passt der klientenzentrierte Ansatz zu einer Coaching-Psychologie, welche sich nicht mit Patienten, sondern mit gesunden Coachees beschäftigt (Joseph, 2006). Der Coach ist hierbei in der Rolle des Verstehenden und Wertschätzenden, um dem Coachee den Raum zur Entfaltung eigener Lösungen und Ideen zu geben. Bei der konkreten Umsetzung dieses Ansatzes im Coaching wird häufig bemerkt, dass es sich eher um einen »meta-theoretischen Ansatz« handelt: Ein solcher Ansatz gibt weniger bestimmte Methoden und Handlungen auf Seiten des Coaches vor, als vielmehr eine innere Haltung, die mit vielen handlungsorientierteren Ansätzen kombiniert werden kann (zum Beispiel dem systemischen oder dem ressourcenorientierten Ansatz; Joseph, 2006). Dabei soll die selbstmotivierte Entwicklung des Coachees unterstützt und gefördert werden, ohne jedoch als Coach die »Führung« und die Rolle des Experten zu übernehmen. Mit dieser Haltung war der klientenzentrierte Ansatz im Bereich der Psychotherapie revolutionär, da er die medizinische Vorstellung von hilflosen Patienten und Therapeuten als Experten in Frage stellte. Darüber hinaus, passt das Bild eines »selbstständigen« Coachees, der nach »Entwicklung« strebt, sehr gut in den Bereich von Personalentwicklung und Coaching. Personen, die Coaching in Anspruch nehmen, tun dies in der Regel, weil sie nach Optimierung und Verbesserung streben, womit das humanistische Weltbild sich als sehr passend erweist. Gefahr laufen hierbei nur Coaches, die vermeintlich diesem Ansatz folgen, sich jedoch selbst gerne in der Rolle des »Experten« und »erfahrenen Beraters« sehen und erleben. Derartiges Verhalten unterstützt nicht den Coachee in seiner Selbstständigkeit, sondern schafft ein Abhängigkeitsverhältnis von dem »erfahrenen« und »weisen« Coach. Bei Trainingsmaßnahmen, die dem klientenzentrierten Ansatz zuzurechnen sind, wird daher meist die Selbstreflexion des Coaches in den Fokus gestellt. Es gilt, das eigene Verhalten und die eigene Rolle zu reflektieren und für den Coaching-Prozess zu lernen, dem Coachee die Führung zu überlassen (Joseph, 2006). Wenn Techniken vertieft werden, handelt es sich hierbei meist um aktives Zuhören sowie Reflektions- und Paraphrasierungstechniken (Joseph, 2006).

2.2 Systemischer Ansatz

Der systemische Ansatz betrachtet die Probleme einer einzelnen Person vor dem Hintergrund ihres jeweiligen sozialen Systems (König & Volmer, 2012). Im Fokus steht der Mensch als soziales Wesen, der sowohl im Privat- als auch im Berufsleben in einem Netzwerk von verschiedenen sozialen Beziehungen existiert. Diese Beziehungen mit ihren impliziten Normen und Verhaltensmustern können sowohl eine Ressource als auch eine Ursache von Problemen und Herausforderungen darstellen. Eine Problemlösung wird im systemischen Ansatz daher immer im Spannungsdreieck von Beruf, Organisation und Privatleben angestrebt (Radatz, 2008). Der systemische Ansatz hat seine Wurzeln in der Familientherapie (McLeod, 2004). Insbesondere in diesem Kontext wird das System (sprich: alle involvierten Personen) häufig in den Problemlöseprozess direkt mit einbezogen. Der Ansatz beruht auf der Annahme von Virginia Satir, dass Menschen zwar in Abhängigkeit von ihrem sozialen System leben, aber dennoch die Fähigkeit besitzen, auf diese sozialen Systeme Einfluss zu nehmen und sie zu verändern (vgl. König & Volmer, 2012). Diese Betonung der individuellen Handlungsmöglichkeiten einer Person stellt eine erste Parallele zu dem Ansatz der klientenzentrierten Beratung oder Therapie dar. Insgesamt gibt es eine Vielzahl von systemischen Ansätzen, die sich seit der Entstehung in den 1980er Jahren entwickelt haben. Allen diesen Ansätzen ist jedoch gemein, dass Interaktionen und Wechselwirkungen innerhalb des Systems bewusst in die Lösungsfindung mit einbezogen werden und eben diese Lösungsfindung den Fokus des Ansatzes bildet (Radatz, 2008). Insgesamt steht demnach ein zukunfts-, verhaltens- und zielorientiertes Denken im Fokus dieses Ansatzes. Es lassen sich fünf Grundprinzipien des systemischen Denkens (Radatz, 2008) festhalten: Zum ersten der sogenannte »Konstruktivismus«, welcher davon ausgeht, dass eine objektive Realität nicht existiert, sondern es stattdessen nur subjektive Realitäten gibt. Der Mensch stellt hierbei den »Konstrukteur« der eigenen Realität dar, indem er jede Wahrnehmung vor dem Hintergrund eigener Erfahrungen und Werte selbst interpretiert. Der zweite Grundsatz ist die »Selbsterhaltung des Systems«. Dieser geht davon aus, dass jedes System sich langfristig selbst stabilisiert, um weiter

2.2 Systemischer Ansatz

zu bestehen. Der dritte Aspekt der »Vernetzung« entspricht einer Netzwerkperspektive, nach der alle Teile des Systems untereinander und miteinander auf irgendeine Weise verbunden sind. Das vierte Prinzip, die »Kybernetik 2. Ordnung« (teilweise auch als »Systemtheorie 2. Ordnung« bezeichnet), stellt den Therapeuten oder Beobachter eines Systems in den Fokus: Hiernach wird ein Beobachter bereits durch den Akt der Beobachtung ein Teil des Systems und ist daher nicht mehr objektiv (was wiederum zum ersten Prinzip zurückführt). Dieser Grundsatz macht den Therapeuten zu einem Einflussfaktor, der bewusst oder unbewusst, als Teil der Interaktion mit dem Coacheeen, bestimmtes Verhalten fördert oder hemmt (Bamberger, 2005). Basierend auf diesem Prinzip lässt sich auch eine klassische systemische Intervention, das »Reflecting Team«, betrachten (▶ Exkurs: Reflecting Team). Das letzte Prinzip des systemischen Denkens ist die sogenannte »Zirkularität« (Radatz, 2008). Mit diesem Begriff wird die Annahme beschrieben, dass jede Verhaltensweise eines Menschen immer auch durch Verhaltensweisen anderer Personen bedingt ist. Dementsprechend kann man jedes Verhalten nicht nur unter dem Aspekt der zugrundeliegenden Ursache, sondern auch unter dem Gesichtspunkt der verhaltensbedingten Auswirkungen analysieren (Bamberger, 2005). Zusammengefasst bilden die fünf Prinzipien die grundlegende Vorstellung des systemischen Ansatzes nämlich, dass der Schlüssel für jedes Verhalten (sei es positiv oder negativ) im System zu suchen ist. Jede Lösung, die für ein individuelles Problem entwickelt wird, muss im Anschluss auch in dem sozialen System der Person bestehen und sollte daher auch unter Einbeziehung dessen entwickelt werden.

Exkurs: Reflecting Team

Das »Reflecting Team« ist eine spezielle Übung, welche für den Einsatz in der systemischen Therapie entwickelt wurde. Nach dem vierten Grundsatz des systemischen Ansatzes, der »Kybernetik 2. Ordnung«, wird auch der Beobachter eines Systems durch seine Beobachtung ein Teil des Systems. Dadurch gerät der Therapeut in die Gefahr, durch die Beobachtung selbst die Objektivität zu verlieren und zu einem Einflussfaktor zu werden (Bamberger, 2005). Da dieses Problem nie umgangen werden kann (da jeder Beobachter diesem Prinzip unterworfen ist) bietet die Methode »Reflecting Team« einen anderen Ansatz: Hierbei werden zusätzliche subjektive Meinungen eingeholt, in dem mehrere zusätzliche Therapeuten eine Sitzung beobachten und im Anschluss ihre eigenen, subjektiven Beobachtungen im Beisein von Klient und Therapeut reflektieren. Im besten Fall findet diese Beobachtung durch einen Einwegspiegel mittels Mikrofon statt, um den Einfluss der zusätzlichen Beobachter so gering wie möglich zu halten. Durch diese »Gruppenbeobachtung« der Interaktion und die anschließende Reflektion werden zusätzliche Außenperspektiven eingebracht, die den Einfluss einer einzelnen, subjektiven Beobachtung verringern (von Schlippe & Schweitzer, 2013).

Normalerweise handelt es sich bei dem »Reflecting Team« um drei bis sechs Personen, die durch ihre zusätzliche Beobachtung eine Metaperspektive einnehmen. Sowohl im therapeutischen Kontext, als auch wenn die Methode in andere Kontexte übertragen wird, müssen die Beobachter sich an bestimmte ethische Verhaltensrichtlinien halten. Dazu gehört beispielsweise, dass sie absolute Vertraulichkeit wahren und dem beobachteten Coachee und Therapeuten absolute Wertschätzung gegenüberbringen. Darüber hinaus ist es wichtig, dass die Beobachter ihre eigenen Reflektionen ebenso wie die des beteiligten Therapeuten als subjektive Wahrnehmungen akzeptieren: Denn auch die Beobachter unterliegen dem Grundsatz der »Kybernetik der 2. Ordnung«. Damit sind die Beobachtungen grundsätzlich nur Angebote für den Therapeuten, die dieser im besten Fall nutzen, aber auch verwerfen kann. Das Reflecting Team kommt zwar ursprünglich aus dem therapeutischen Kontext, wird aber – trotz der Ressourcenintensität – mittlerweile auch in anderen Kontexten wie Coaching angewendet. Die höhere Vielfalt der Perspektiven ermöglicht es, Fehler und Einseitigkeiten in Therapie oder Coaching zu verringern und schafft damit eine umfassende Analyse eines Problems

Mit der »personalen Systemtheorie« existiert ein weiterer systemischer Ansatz, der von dem Anthropologen Gregory Bateson begründet wurde (König & Vollmer, 2012). Dieser weist viele Überschneidungen zu dem

2.2 Systemischer Ansatz

bisher dargestellten Ansatz auf und beschreibt ein System hierbei durch folgende Grundsätze: Erstens ist das Verhalten eines sozialen Systems immer durch einzelne Personen geprägt. Zweitens ist das Verhalten eines sozialen Systems durch die subjektiven Deutungen der jeweiligen Personen des Systems beeinflusst. Drittens ist das Verhalten auch immer durch soziale Regeln und viertens durch wiederkehrende Verhaltensmuster bestimmt. Fünftens und letztens wird das Verhalten des Systems auch immer von der materiellen und sozialen Umwelt beeinflusst (für einen tieferen Einblick siehe König & Volmer, 2012). Wie durch diese Aufzählung deutlich wird, beruht auch diese Theorie grundsätzlich auf den gleichen Annahmen wie die bereits ausführlicher dargestellten Prinzipien, nämlich dass Personen innerhalb sozial-regelhafter Systeme existieren, welche sowohl von den Personen und ihren subjektiven Wahrnehmungen beeinflusst werden, als auch diese Personen beeinflussen (König & Volmer, 2012). Darüber hinaus gibt es nicht nur verschiedene »Schulen« innerhalb des systemischen Ansatzes: Im Laufe der Jahre haben sich verschiedene neue Ansätze aus dem systemischen Grundverständnis heraus entwickelt, welche wiederum als eigenständige Ansätze gelten und somit eigene Prinzipien und Grundsätze ergänzt oder neu entwickelt haben (siehe beispielsweise Kapitel 2.3. Lösungs- und Ressourcenorientierter Ansatz).

Auf der Interventionsebene sind aus den systemischen Grundprinzipien verschiedene Methoden entstanden. Mit »Reflecting Team« wurde eine sehr effektive, aber auch sehr ressourcenintensive Technik bereits kurz vorgestellt (von Schlippe & Schweitzer, 2013). Daneben werden jedoch auch Standardtechniken, wie z. B. bestimmte Fragetypen, im systemischen Ansatz angewendet und in Fachbüchern umfassend erläutert (vgl. Radatz, 2008). Beispielsweise sollen sogenannte »Systemische Fragen« zusammengefasst folgende Eigenschaften umfassen: Sie sollten offen formuliert sein (die sogenannten »W-Fragen«) und nicht suggestiv sein, sie sollten die Reflexion fördern, darauf fokussieren, die Zukunft zu optimieren (statt die Vergangenheit zu reflektieren), und sich primär auf die Lösung und die Optimierung des Systems beziehen. Wie in späteren Kapiteln verdeutlicht werden wird, sind Fragen, die diese Eigenschaften haben, jedoch nicht zwangsweise rein systemischer Natur. Bei der Beschäftigung mit diesen Ansätzen werden die Überschneidungen zwischen Fragetechniken oder anderen Methoden ebenso rasch deutlich wie die Gemeinsamkeiten zwischen den Ansätzen selbst. Beispielsweise existieren mehrere Ähnlichkeiten zwischen dem klientenzentrierten und dem systemischen Ansatz. Als erstes werden in beiden Bereichen Anerkennung, Akzeptanz und Wertschätzung des Coaches gegenüber dem Coachee als wichtige Faktoren benannt. Diese zeigen sich zum einen in der positiven Gesprächsatmosphäre, zum anderen aber auch in der inneren Haltung des Coaches oder Therapeuten: Dieser sollte im systemischen Ansatz allen Lösungsideen des Coachees mit großer Wertschätzung begegnen und Vertrauen in die Fähigkeiten des Coachees haben, die eigenen Probleme selbst lösen zu können (Radatz, 2008). Hierbei ist eine klare Parallele zum klientenzentrierten Ansatz zu erkennen, in welchem die Expertenrolle des Coachees immer respektiert werden soll (Joseph, 2006). Auch im systemischen Ansatz wird davor gewarnt, eigene Lösungsideen, Ziele und Hypothesen in den Prozess einzubringen (Radatz, 2008). Der Coach oder Therapeut laufe sonst Gefahr, keine Meta-Ebene im Coaching mehr einnehmen zu können oder den Coachee »retten« zu wollen (Radatz, 2008). In einigen Büchern zum systemischen Coaching wird sogar detailliert auf den klientenzentrierten Ansatz verwiesen als die »Grundhaltung«, die der systemische Coach einnehmen sollte, wenn er dem Coachee gegenübertritt (König & Volmer, 2012).

Ähnlich wie der klientenzentrierte Ansatz blickt der systemische Ansatz auf eine lange Geschichte und umfassende theoretische Fundierung zurück und wurde darüber hinaus im Bereich der Therapie (in diesem Fall primär Familientherapie) bereits jahrzehntelang erfolgreich eingesetzt (König & Volmer, 2012; Radatz, 2008). Dieser Hintergrund suggeriert im Kontext von Coaching eine wissenschaftliche Fundierung, welche insbesondere dazu führt, dass Aus- und Weiterbildungen mit dem Zusatz »systemisch« (beispielsweise »systemischer Coach«) sich großer Beliebtheit erfreuen. Darüber hinaus umfasst der systemische Ansatz sehr viel häufiger konkrete Werkzeuge und Techniken (im Vergleich zum metatheoretischen klientenzentrierten Ansatz) und eignet sich daher insbesondere bei der Ausbildung, da hier konkrete »Handlungsweisen« mitgegeben werden.

2.3 Lösungs- und ressourcenorientierter Ansatz

Die diesem Ansatz zugrundeliegende lösungsorientierte Kurzzeittherapie entstand in den 1980er Jahren als spezielle Form der Gesprächstherapie und entwickelte sich aus den ersten systemischen Ansätzen der Familientherapie (Bamberger, 2005). Der Grundsatz dieser Kurztherapieform ist es, dass Beratung oder Therapie am effektivsten sind, wenn der Fokus von Beginn an nicht auf dem Problem, sondern auf der Entwicklung einer geeigneten Lösung liegt. Die Entwickler des lösungsorientierten Ansatzes, wie Steven de Shazer, Peter de Jong oder Insoo Kim Berg, haben die Vorstellung geprägt, dass das Problem nicht vollständig analysiert sein muss, um eine sinnvolle Lösung zu entwickeln (vgl. Bamberger, 2005). Ferner gäbe es Lösungen, die für viele verschiedene Probleme anwendbar seien und sich als »Basisinterventionen« bewährt haben (Bamberger, 2005). Dem liegt das Prinzip der sogenannten »Trennung« von Problem und Lösung zugrunde: Probleme und Lösungen sind demnach nicht zwangsläufig miteinander verknüpft, was bedeutet, dass auch Lösungen gefunden werden können, obwohl das Problem nicht in der Tiefe verstanden wurde, oder eben eine Lösung für verschiedene Probleme anwendbar ist. Darüber hinaus geht der lösungsorientierte Ansatz davon aus, dass das Nachdenken über Probleme zu weiteren Problemen führt, während nur lösungsorientiertes Denken zur Generierung von Lösungen beiträgt (O'Connell, Williams & Palmer, 2014).

Die Wünsche, Ziele und bereits vorhandenen Ressourcen des Coacheesstehen bei dieser Lösungssuche im Mittelpunkt. Der Berater oder Therapeut hat die Aufgabe, den Coachee darin zu unterstützen, Änderungsmöglichkeiten zu sehen und damit den ersten Schritt des Veränderungsprozesses zu unternehmen. Ziel soll sein, dem Coachee wieder seine Möglichkeiten und Verhaltensoptionen vor Augen zu führen, und damit den Fokus wegzubewegen von den problematischen Umständen. Zugrunde liegt diesem Ziel ein Menschenbild, welches bereits im klientenzentrierten Ansatz dargestellt wurde: Die Überzeugung, dass eine Person alle Fähigkeiten besitzt, die zur Lösung der Probleme notwendig sind, und darüber hinaus diese auch nutzen will. An dieser Lösungsmotivation des Coachees setzt der Coach/Berater/Therapeut an und orientiert sich dabei an fünf Prinzipien (Bamberger, 2007): An erster Stelle steht die bereits genannte Lösungsorientierung. Eine Person begleiten oder beraten, bedeutet in diesem Sinne, nicht die Probleme, sondern ausschließlich Lösungen des Coachees in den Fokus zu stellen und zu finden. Das zweite Prinzip ist die sogenannte »Utilisation«. Demnach ist alles nützlich, was aus Sicht des Coachees oder Beraters als positiv empfunden wird. Das nächste Prinzip wurde bereits im Abschnitt über den systemischen Ansatz erwähnt: Die Konstruktivität im lösungsorientierten Ansatz geht davon aus, dass auch Probleme subjektive Konstrukte unserer Wahrnehmung sind und damit auch verändert, sprich: umkonstruiert werden können. Der vierte Grundsatz der Veränderung betont die Dynamik, die schon ein einzelner Schritt auslösen kann: Durch jede Veränderung wird bereits eine neue Situation geschaffen, die dementsprechend neue Möglichkeiten für Veränderung bietet. Daher kann bereits durch eine scheinbare Kleinigkeit ein Veränderungsprozess gestartet werden, der weitere, sehr viel größere Veränderungen nach sich zieht. Der letzte Grundsatz wird als »Prinzip der Minimalintervention« bezeichnet und passt zum Charakter einer »Kurztherapie«. Demnach soll nur an Zielen gearbeitet werden, die der Coachee als solche bezeichnet. Teilweise wird dieser Grundsatz auch zusammengefasst mit dem Satz: »Repariere nicht, was nicht kaputt ist« (Bamberger, 2007). Gemeint ist hierbei eine Bearbeitung von Problemen, die in der Wahrnehmung des Beraters existieren, von dem Coachee jedoch nicht als solche wahrgenommen werden. Dieses Prinzip baut direkt auf dem Grundsatz der »Utilisation« auf: Was auch immer für den Coachee funktioniert, soll als funktional und damit unantastbar respektiert werden.

Im Coaching-Bereich hat der lösungsorientierte Ansatz nicht zuletzt auf Grund seiner Auslegung auf Effizienz und Sparsamkeit große Verbreitung gefunden. Mit der Entwicklung des »Lösungsorientierten Coachings« (O'Connell et al., 2014), wurden die Prinzipien des lösungs- und ressourcenorientierten Ansatzes direkt auf den Kontext von Business- und Life-Coaching übertragen. Auch hier wird als grundlegendes Prinzip der Fokus auf die funktionalen Aspekte des Coachees gerichtet: Die Aufmerksamkeit sollte auch im lösungsorientierten Coaching auf dem liegen, was im Leben des Coachees bereits gut funktioniert und dementsprechend als Ressource

2.3 Lösungs- und ressourcenorientierter Ansatz

für Veränderung genutzt werden kann. Eine schnelle und effiziente Veränderung wird demnach wahrscheinlicher, wenn Menschen bereits auf vorhandene Ressourcen zurückgreifen und sich diese zunutze machen können (O'Connell et al., 2014). Ein solches Vorgehen verlangt im ersten Schritt die Bewusstwerdung der Ressourcen durch den Coachee. Ohne eine Einsicht über diese Ressourcen, bleiben diese lediglich ungenutzte Potenziale (Bamberger, 2005). Dementsprechend steht an erster Stelle eine Ressourcenaktivierung durch den Coach (Greif, 2008): Dies wird erreicht durch eine Förderung der Selbstreflexion über Probleme, Ziele sowie eigene Stärken und Kompetenzen. Da sie den darauffolgenden Schritten zugrunde liegt, wird die Ressourcenaktivierung als wichtige Wirkvariable im Coaching angesehen. Der Coach muss für eine erfolgreiche Ressourcenaktivierung jedoch Vertrauen in die Ressourcen des Coachees haben. Er muss das zugrundeliegende humanistische Menschenbild verinnerlicht haben und davon überzeugt sein, dass der Coachee selbst in der Lage ist, neue Möglichkeiten zu finden, und dass er sich selbst als Person weiterentwickeln kann (König & Volmer, 2012). Aus diesem grundlegenden Menschenbild lassen sich die konkreten Verhaltensweisen ableiten, welche direkt aus der lösungsorientierten Therapie übernommen wurden: Ein Coach, der nach dem lösungsorientierten Ansatz arbeitet, fokussiert sich nicht auf das Problem, sondern auf den Menschen. Der Coach legt den Schwerpunkt daher nicht auf die Vergangenheit, sondern auf die Zukunft und ist sich bewusst, dass Menschen sehr viele verschiedene Vorstellungen von ihrer Wunschzukunft haben (O'Connell et al., 2014). Ein lösungsorientierter Coach vermeidet Problemanalysen und stellt Fragen, statt Antworten zu bieten. Ein solcher Coach konzentriert sich auf die Stärken und Ressourcen des Coachees und verstärkt diese: Er erinnert daran, das »Funktionierende« auch weiterhin zu tun, und fordert dazu auf, »Nicht-Funktionierendes« sein zu lassen und stattdessen etwas anderes zu tun (O'Connell et al., 2014). Hierbei versucht er, den Coachee zu ermutigen, Lösungen einfach auszuprobieren und sich nicht zu sehr an dem Problem festzuklammern. Obwohl ein Coach, der nach diesem Prinzip arbeitet, an der Optimierung der Situation interessiert ist, wird er grundsätzlich den Coachee entscheiden lassen, woran gearbeitet wird: Er wird nicht versuchen etwas zu verändern, was der Coachee nicht verändern will (O'Connell et al., 2014).

2.4 Kognitiv-Behavioraler Ansatz

Der sogenannte »Kognitiv-Behaviorale Ansatz« im Coaching geht auf die kognitive Verhaltenstherapie (KVT oder »cognitive-behavioral therapy«) zurück. Bei dieser handelt es sich um eine der am besten untersuchten und evaluierten Therapieformen (Wittchen & Hoyer, 2011). Unter Kognitionen versteht man Wahrnehmungen, Einstellungen, Bewertungen und Überzeugungen. Der Therapieansatz der KVT beruht auf drei Prinzipien: Das erste Prinzip geht davon aus, dass kognitive Bewertungen einer Situation das Verhalten, welches wir in der Situation zeigen, beeinflussen. Das zweite Prinzip postuliert, dass unsere Kognitionen veränderbar sind. Das dritte Prinzip baut auf den ersten beiden auf und besagt, dass durch veränderte Kognitionen auch unser Verhalten verändert werden kann (Ducharme, 2004). Zusammengefasst, versucht die kognitive Verhaltenstherapie durch die Veränderungen unserer Wahrnehmungen/Bewertungen von Situationen unser Verhalten in diesen Situationen zu korrigieren. Hierfür wird in der KVT eine Vielzahl an Interventionen genutzt, die man auf einem Kontinuum von »sehr kognitiv orientiert« bis »sehr verhaltensorientiert« einordnen kann (Ducharme, 2004).

Dies soll kurz am Beispiel einer Essstörung – stark vereinfacht – veranschaulicht werden: Eine essgestörte Person hat unter anderem eine sehr negative Wahrnehmung des eigenen Körpers. Die negativen Kognitionen führen dazu, dass ein bestimmtes Verhalten (beispielsweise Hungern oder Erbrechen) gezeigt wird. Durch kognitiv orientierte Interventionen sollen diese Wahrnehmung und die hiermit verknüpften Bewertungen zum Positiven verändert werden, damit anschließend, unterstützt durch verhaltensorientierte Interventionen, ein Transfer erfolgen kann. In diesem Fall könnte eine verhaltensorientierte Intervention beispielsweise im Aufbau von gesundem Alternativverhalten liegen (bspw. gemeinsames Essen in der Gruppe), welches dann, auf Grund der positiveren Kognitionen, zu einer Veränderung des Verhaltens führt. Wie durch dieses Beispiel deutlich wird, beschäftigt sich eine kognitive Verhaltenstherapie primär mit dem »Problem«: Es wird weniger thematisiert, wie negative Kognitionen entstanden sind, sondern der Fokus liegt vielmehr darauf, in der Gegenwart negative Denkmuster und Verhaltensweisen zu erkennen

2.4 Kognitiv-Behavioraler Ansatz

und zu verändern. Die kognitive Verhaltenstherapie wird insbesondere im Bereich von Zwangsstörungen, Essstörungen, Angststörungen oder bei chronischen Schmerzen eingesetzt (Wittchen & Hoyer, 2011). Zusammengefasst liegt der Schwerpunkt der KVT daher auch darin, mit einer Situation besser umgehen zu können (bei Angststörungen oder Schmerzen), oder darin, ein konkretes Verhalten zu verändern (bei Essstörungen und Zwängen). Daher machen kognitiv-verhaltenstherapeutische Ansätze erfolgreiche Veränderung insbesondere am Verhalten fest (Ducharme, 2004).

An dieser Stelle soll nicht detailliert darauf eingegangen werden, wo die Unterschiede zwischen Therapie und Coaching liegen (▸ Kap. 1 oder Kampa-Kokesch & Anderson, 2001), sondern vielmehr, warum kognitiv-verhaltenstherapeutische Ansätze den Weg ins Coaching gefunden haben.

Viele der im Coaching behandelten Themen – insbesondere im sogenannten Skill-Coaching – (▸ Kap. 1), fokussieren grundlegend Themen, die durch kognitiv-verhaltenstherapeutische Ansätze angegangen werden können: Die Veränderung von Verhalten (beispielsweise das Lernen eines neuen Verhaltens oder das Abstellen eines negativen Verhaltens) und damit verbunden, die Bearbeitung von Kognitionen. Auch die Tatsache, dass KVT sich auf ein konkretes Problem bezieht und auf messbare, im Verhalten sichtbare Erfolge abzielt, passt zum Coaching: Insbesondere Coachees im Bereich des Führungskräftecoachings haben oftmals ein konkretes Anliegen, das bearbeitet werden muss (Ducharme, 2004). Außerdem kann angenommen werden, dass der Ansatz des kognitiv-behavioralen Coachings vielen Coachees einleuchtet und sie aufgrund der Einfachheit und Transparenz zu diesem Ansatz tendieren (Ducharme, 2004). Die wissenschaftliche Fundierung und die nachgewiesene Effizienz von kognitiv-verhaltenstherapeutischen Interventionen wird darüber hinaus dazu beigetragen haben, dass Coaches diese Techniken anwenden und sich Vertreter des »kognitiv-behavioralen Coachings« gefunden haben. Jedoch muss einschränkend festgehalten werden, dass es verschiedene Themen im Coaching gibt, die sich nicht, oder nur sehr eingeschränkt, mit kognitiv-behavioralen Techniken bearbeiten lassen. Als globale Beispiele sollen an dieser Stelle Themen aus dem Bereich des Developmental-Coachings genannt werden: Wenn der Coachee in einer Entscheidungssituation ist und es um die Verbesserung von Klarheit und

Selbstreflexion geht, können kognitiv-behaviorale Techniken zu kurz greifen (Durcharme, 2004). Auch für Probleme, die sich innerhalb komplexer Systeme abspielen und eine ganzheitliche Betrachtung des Coachees und seines sozialen Systems erfordern, sind andere Ansätze eher geeignet. Dadurch, dass sich der kognitiv-behaviorale Ansatz sehr problemorientiert auf einen Aspekt fokussiert (Wittchen & Hoyer, 2011), werden andere Bereiche zwangsläufig vernachlässigt. Dies mag zwar oftmals im Interesse des Coachees liegen, kann jedoch auch dazu führen, dass andere Bereiche, in denen das Problem ebenfalls besteht, nicht weiter betrachtet werden. Zusammengefasst lässt sich sagen, dass die praktische Anwendung des kognitiv-behavioralen Ansatzes im Coaching zum einen darin begründet liegt, dass die konkrete Veränderung von Verhalten einem typischen Themenbereich im Coaching entspricht (vgl. Ducharme, 2004; Green, Oades & Grant, 2006), und dass zum anderen konkrete Interventionen geliefert werden, die wissenschaftlich fundiert direkt im Coaching angewendet werden können (Wittchen & Hoyer, 2011).

2.5 Weitere Ansätze

2.5.1 Positive Psychologie

Die Positive Psychologie ist eine wissenschaftliche Richtung, welche sich ausschließlich positiven Maßen verschrieben hat: Gegenüber anderen Feldern der Psychologie geht es hierbei nicht um Heilung, sondern um Prävention und die Steigerung von Wohlbefinden, Kreativität, Talent, Hoffnung, Optimismus, Zufriedenheit, Glück, Mut, Widerstandsfähigkeit, Weisheit und ähnlichen Faktoren (Seligman & Csikszentmihalyi, 2000). Der Fokus soll darauf liegen, Ressourcen, Fähigkeiten und Stärken weiterzuentwickeln, Potenziale zu nutzen sowie Menschen glücklicher und produktiver zu machen. Damit folgt die positive Psychologie frühen Forschungsarbeiten, die es sich vor dem zweiten Weltkrieg unter anderem zum Ziel gesetzt hatten, Ehen glücklicher zu machen, Sinn im Leben zu

2.5 Weitere Ansätze

finden oder Kinder zu glücklicheren Menschen zu erziehen (Seligman & Csikszentmihalyi, 2000). Diese Forschungsschwerpunkte wurden nach dem zweiten Weltkrieg stark vernachlässigt, da die Hauptaufgabe der Psychologie nun war, psychische Erkrankungen und Traumata zu heilen (Seligman & Csikszentmihalyi, 2000). Mit dem Fokus auf Förderung und Prävention gegenüber Heilung, folgt die positive Psychologie den Spuren des humanistischen Menschenbildes und versucht eine Alternative zum rein medizinischen Modell anzubieten (▶ Kap. 2.1, vgl. Joseph, 2006). Während dieses grundsätzlich von Unzulänglichkeiten des »Patienten« ausgeht, welche es zu diagnostizieren und zu behandeln gilt (Jonas, Kauffeld & Frey, 2007), sieht die positive Psychologie im Menschen eher die ungenutzten Ressourcen. Dabei nutzt die positive Psychologie wissenschaftliche Forschung und Empirie, um Faktoren zu identifizieren und zu analysieren, die das Leben und Arbeiten erfüllender gestalten können bzw. eine präventive Wirkung entfalten können. Bezogen auf die bisher vorgestellten Ansätze erkennt man Zusammenhänge in der Herangehensweise: Der Fokus liegt auch in der positiven Psychologie auf dem Stärken von Ressourcen und Widerstandskraft, dem Hervorlocken und Verstärken von Fähigkeiten, Talenten und Stärken. Ein Hauptunterschied liegt jedoch in der Entstehungsweise: Sowohl der klientenzentrierte, wie auch der systemische und der ressourcenorientierte Ansatz sind alle aus dem Therapiebereich entstanden. Damit waren sie revolutionär mit der Idee, ihre jeweiligen Methoden nicht auf die Krankheit, sondern auf die noch funktionierenden Bestandteile des Menschen zu fokussieren. Die übergeordnete Idee war somit, eine Verbesserung bei der Erkrankung zu erreichen. Dies wurde im Coaching adaptiert, um Optimierung und Unterstützung für gesunde Menschen zu ermöglichen. Die positive Psychologie hat ihren Schwerpunkt grundsätzlich auf gesunde Personen gelegt und damit den gleichen Fokus wie Coaching. Bezogen auf diese Tatsache wurde Coaching als »positive psychology in action« bezeichnet (Spence & Grant, 2007, S. 187), da es – genau wie positive Psychologie – das Ziel verfolgt, das Leben von Personen zu verbessern, indem auf Stärken und Ressourcen aufgebaut wird (Grant, 2003; Linley & Harrington, 2005; Spence & Grant, 2007). Daher ist Coaching quasi eine angewandte Form von positiver Psychologie oder auch eine Intervention, die zu der Strömung der positiven Psychologie zu rechnen ist (Freire,

2013; Grant & Cavanagh, 2007; Kauffman, 2006; Linley & Harrington, 2005). Die klassische Coaching-Forschung hat großen Nachholbedarf, wenn es um empirische Fundierung geht. Demgegenüber handelt es sich bei der positiven Psychologie nicht nur um eine Strömung in der Psychologie, sondern um eine Forschungsrichtung, die verschiedene Bereiche vereint und sich grundsätzlich der Förderung und Entwicklung von Menschen verschrieben hat (Freire, 2013). Dies hat Forscher dazu bewogen, die positive Psychologie als theoretische Grundlage für Coaching zu nutzen und die Richtung der sogenannten »positiven Coaching-Psychologie« zu formulieren (Linley & Harrington, 2005; Kauffman, 2006; Freire, 2013; Grant & Cavanagh, 2007). Mit dieser Kombination soll erreicht werden, dass die Erkenntnisse aus dem Bereich der positiven Psychologie auch im Coaching angewendet werden und damit langfristig eine Basis von theoretisch fundiertem und empirisch überprüften Coaching-Wissen entstehen kann (Freire, 2013). Da im Bereich der positiven Psychologie in den letzten Jahrzehnten viele Studien entstanden sind, die sich zum Beispiel mit der Verbesserung von Mitarbeiterzufriedenheit, gestiegenem Wohlbefinden, Optimismus oder Selbstbestimmung befasst haben (vgl. Seligman & Csikszentmihalyi, 2000), könnte sowohl Coaching-Forschung als auch Coaching-Praxis von diesen Ergebnissen langfristig profitieren (vgl. Freire, 2013). Zum jetzigen Zeitpunkt handelt es sich bei der »Positiven Coaching-Psychologie« jedoch primär um eine theoretische Einbettung, welche im Forschungskontext genutzt wird (siehe hierzu auch: Special issue – Positive coaching psychology: Integrating the science of positive psychology with the practice of coaching psychology, Linley & Kauffman, 2007). In der praktischen Anwendung hat die positive Psychologie (vergleichbar mit dem klientenzentrierten Ansatz) weniger Einfluss, da es sich bei ihr eher um eine globale Strömung und Forschungsrichtung handelt als um einen konkreten, anwendungsorientierten Ansatz. Daher können neben Coaching auch viele andere Trainings- und Entwicklungsmaßnahmen, die sich auf Verbesserung der Lebenszufriedenheit, Sinn und positive Emotionen konzentrieren, als Interventionen der positiven Psychologie zugerechnet werden.

2.5.2 Motivational Interviewing (MI)

Beim »Motivational Interviewing« (»MI«) handelt es sich um eine eigenständige Methode, die ursprünglich entwickelt wurde, um mit Coachees zu arbeiten, die wenig motiviert sind Veränderungen umzusetzen (Klonek & Kauffeld, 2012). Das Ziel von MI ist, beim Coachee eine Veränderungsbereitschaft zu erzeugen und die Chance auf eine erfolgreiche Verhaltensänderung zu erhöhen. Zentrale Elemente bei MI sind hierbei ein direktives Vorgehen, eine hohe Klientenzentrierung, eine starke Zielorientierung auf die angestrebte Veränderung, Erzeugung und Auflösung von Änderungsambivalenz beim Coacheeen sowie eine Erhöhung der intrinsischen Motivation zur Verhaltensänderung (Antiss & Passmore, 2013; Miller & Rollnick, 2004). MI ist theoretisch fundiert und die Wirksamkeit ist empirisch belegt (Antiss & Passmore, 2013; Miller & Rollnick, 2004).

Das Menschenbild, das allen bisher dargestellten Ansätzen zugrunde liegt, geht davon aus, dass der Mensch grundsätzlich nach Funktionalität und Entwicklung strebt, also ein Eigeninteresse an Wachstum und Veränderung hat, welches durch einen Coach nur unterstützt und kanalisiert werden muss (Joseph, 2006). Das »Motivational Interviewing« (»MI«) hat sich – vergleichbar mit vorher bereits dargestellten Ansätzen – aus dem therapeutischen Bereich entwickelt (Miller & Rollnick, 2004) und bei der Behandlung von Suchterkrankungen bereits einige Erfolge erzielt (McCambridge & Strang, 2004). Im Suchtbereich ist die intrinsische Motivation des Patienten, sich zu verändern und von der Sucht zu lösen, nicht immer gegeben. MI basiert demnach auf der Vorstellung, dass erst eine Veränderungsbereitschaft geschaffen werden muss, da der Patient/Coachee einer Veränderung häufig ambivalent gegenübersteht: Beispielsweise sind sich die meisten Raucher über die Nachteile ihrer Sucht sehr bewusst, gehen jedoch trotzdem nicht den Weg einer Entwöhnung. Nach dem »Transtheoretischen Veränderungsmodell« (DiClemente & Prochaska, 1998), geht eine Person, vor der erfolgreichen Umsetzung von Veränderung, durch verschiedene Stadien, bevor überhaupt eine Veränderung angestrebt wird. Am Beispiel des Rauchers soll dies kurz veranschaulicht werden: In der ersten Phase, der Absichtslosigkeit, liegt keinerlei Veränderungsbereitschaft vor. Die zweite Phase, die Absichtsbildung, wird meist eingeleitet durch ein Ereignis, durch welches der Raucher seine Angewohnheit neu reflektiert. Bei diesem Ereignis kann es sich um neue Informationen über die gesundheitlichen Risiken handeln oder auch um eine Preiserhöhung bei Tabakwaren. In der Phase der Absichtsbildung kommt es zu einer Abwägung von Pro- und Contra-Argumenten für eine Veränderung. Im Fall unseres Rauchers ist diese Phase entscheidend: Nur, wenn die Reflektion und Abwägung dazu führt, dass die Argumente gegen das Rauchen überwiegen, wird die nächste Stufe der Veränderung überhaupt in Angriff genommen: Das Planen und Vorbereiten von Handlungen. Hierzu könnte beispielsweise gehören, Informationen über Entwöhnungskurse einzuholen. Genauso wie in jeder anderen Phase auch ist es immer möglich, dass die Person eine Stufe zurückfällt oder die Veränderung gar vollständig abbricht. In unserem Beispiel könnte der Raucher beispielsweise die Mühe einer Entwöhnung erkennen und wieder zurück in die Phase des Abwägens fallen. Sollte jedoch auch diese Phase erfolgreich absolviert werden, folgt nach der Vorbereitung die tatsächliche Handlung (in unserem Fall: die Entwöhnung). Darauf folgt im besten Fall die Aufrechterhaltung und Stabilisierung. Auch hier wird deutlich: Ein »Ausstieg« aus dem Stufenmodell auf dem Weg zur erfolgreichen Veränderung ist jederzeit möglich. Am Beispiel unseres Rauchers heißt dies: Selbst nach einer erfolgreichen Entwöhnung kann es zu einem Rückfall kommen und die Veränderung hat sich nicht erfolgreich durchgesetzt.

MI setzt in diesem Veränderungsmodell nun insbesondere in den ersten Phasen an: Durch gezielte Gesprächstechniken, soll die Absichtsbildung unterstützt und die Veränderungsbereitschaft gefördert werden. Bei diesen Techniken handelt es sich unter anderem um aktives Zuhören, gezielte Fragen, einfache oder doppelseitige Reflexionen oder auch um Methoden, wie die sogenannte »Entscheidungswaage« (▶ Abb. 3). In den letzten 20 Jahren wurden zahlreiche Manuale für die praktische Durchführung von MI konzipiert: Es existieren genaue Richtwerte, welches Verhalten in welchem Ausmaß angewendet werden muss, um den größtmöglichen Erfolg von MI sicherzustellen (vgl. Brueck et al., 2009). Auch wenn einige der MI-Techniken (z. B. offene Fragen, aktives Zuhören) in äquivalenter Form in anderen Ansätzen (bspw. klientenzentriert, lösungs-

2.5 Weitere Ansätze

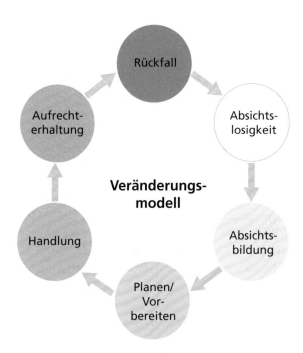

Abb. 2: Veränderungsmodell in Anlehnung an DiClemente & Prochaska (1998)

fokussiert) enthalten sind, werden sie doch mit einem etwas anderen Ziel eingesetzt. Motivational Interviewing fokussiert insbesondere darauf, Veränderungsbereitschaft zu erzeugen, Ambivalenzen in der Entscheidung abzubauen und Widerstände gegen eine Veränderung bei dem Coachee aufzulösen. Im Verhalten des Coachees im Motivational Interviewing zeigt sich Veränderungsbereitschaft dabei im sogenannten Change-Talk. Darunter werden beispielsweise positive Aussagen zu einer Veränderung verstanden (z. B.: »Die neue Stelle würde mir viele neue Chancen im Unternehmen eröffnen«). Demgegenüber zeigt Sustain-Talk den Widerstand des Coachees an (z. B.: »Es wäre alles viel leichter, wenn wir nichts verändern würden«). Ziel im Motivational Interviewing ist es, dass der Coachee vor allem Change-Talk äußert, um dadurch die Entscheidungswaage langsam in Richtung Veränderung ausschlagen zu lassen (▶ Abb. 3). Der Interviewer nutzt daher in der Interaktion verschiedene Techniken, um dieses Ziel zu erreichen und beim Coachee Veränderungsbereitschaft auszulösen.

Im Gegensatz dazu, geht Coaching davon aus, dass eine Veränderungsbereitschaft und eine daraus resultierende Zielfestlegung beim Coachee selbst entstehen müssen. Wie bereits dargestellt wurde, ist MI als therapeutische Methode ursprünglich für den Einsatz bei Alkoholabhängigkeit entwickelt worden, wurde jedoch bereits sehr erfolgreich für andere Abhängigkeiten oder auch für den Gesundheitsbereich adaptiert und eingesetzt (Armstrong, Mottershead, Ronksley, Sigal, Campbell & Hemmelgarn, 2011; Burke, Arkowitz & Menchola, 2003). Auch weitergehende Anwendungen von MI, wie z. B. in moderierten Teamgesprächen oder Mitarbeitergesprächen (Antiss & Passmore, 2013; Miller & Rollnick, 2004; Klonek & Kauffeld, 2012) oder im Kontext von Change Projekten (Paulsen, Klonek, Rutsch & Kauffeld, 2015; Kauffeld & Endrejat, in Druck), werden immer wieder diskutiert.

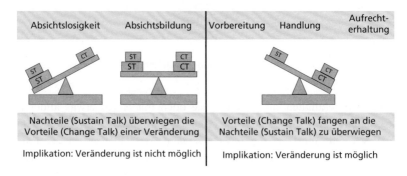

Abb. 3: Entscheidungswaage« im Transtheoretischen Modell, basierend auf einem Modell von Janis und Mann (1977), adaptiert nach Klonek, Paulsen und Kauffeld (2015)

Für Coaching gab es insbesondere in den letzten Jahren Bestrebungen, MI als Technik in Coaching-Prozesse zu integrieren (Klonek & Kauffeld, 2012; Passmore, 2011). Als Hauptargument wird hierbei genannt, dass auch im Coaching beim Coachee Ambivalenzen auftreten und eine Beseitigung dieser zu einer positiven Verhaltensveränderung beitragen

2.5 Weitere Ansätze

kann. Eine Nutzung von MI-Techniken kann daher insbesondere am Anfang eines Veränderungsprozesses erfolgen, da die Hauptunterschiede zwischen Coaching und MI vor allem in der Dauer und in der Herangehensweise liegen (Simmons & Wolever, 2013): Während MI eine Kurzintervention ist (die Effektivität ist bereits bei einer 15-minütigen Intervention gegeben; Rubak, Sandbaek, Lauritzen & Christensen, 2005), zieht sich ein Coaching über mehrere Sitzungen. Hierdurch begleitet ein Coaching häufig auch bei der Aufrechterhaltung und Stabilisierung von Verhalten, während sich MI auf die ersten Stufen der Verhaltensveränderung (Absichtsbildung und Planung von Verhalten) beschränkt (Simmons & Wolever, 2013). Diese ersten Stufen, bis sich eine Absicht zur Veränderung gebildet hat, werden vom Coaching in der Regel non-direktiv begleitet, während es sich bei MI um eine direktive Technik handelt (Klonek & Kauffeld, 2012). Während eine direktive Unterstützung bei der Absichtsbildung bei gesundheitlichen Themen, wie Übergewicht oder Alkoholsucht, unstrittig ist (vgl. Miller, 1983), kann die Situation bei anderen Coaching-Themen sehr viel unklarer sein: Zum einen gibt es Coaching-Ziele, bei denen keine Verhaltensänderung angestrebt wird (Klonek & Kauffeld, 2012), zum anderen fördert der Coach bei der Nutzung von MI-Techniken bewusst und direktiv Veränderung, was dem humanistischen Menschenbild, welches vielen Coachings zugrunde liegt, widersprechen kann. Hierbei kann es zu ethischen Bedenken kommen, da ggf. Coachees unbewusst beeinflusst werden können, Veränderungen in eine bestimmte Richtung zu fördern (Miller & Rollnick, 2004). Insbesondere im organisationalen Kontext kann dies zutreffen, wenn der Coach oder die Führungskraft ein tatsächliches Interesse am Gesprächsausgang bzw. der Zielwahl des Coachees hat, der Coachee jedoch ggf. nicht (Klonek & Kauffeld, 2012). Wenn diesen Bedenken Rechnung getragen wird, ist es möglich, MI-Techniken in ein Coaching zu integrieren: Beispielsweise könnte im Bereich von Gesundheitsverhalten ein integratives Gesundheitscoaching von MI-Techniken profitieren und zu einer gewünschten Verhaltensänderung beitragen (vgl. Simmons & Wolever, 2013). Eine andere Einsatzmöglichkeit könnte auch in der Karriere-Orientierung liegen: So konnte bereits gezeigt werden, dass durch Motivational Interviewing Change-Talk bezogen auf die Karriere (z. B.: »Dieses Praktikum ermöglicht mir zum Beispiel auch, meine Masterarbeit dort zu schreiben«) erhöht werden kann (Klonek, Güntner & Kauffeld, 2016). Die wissenschaftliche Fundierung von MI-Techniken ermöglicht es, das Verhalten des Coaches (bspw. offene Fragen, komplexe Reflexionen, etc.) und das Verhalten des Coachees (bspw. Change-Talk vs. Sustain-Talk) in der Interaktion zu beobachten, mit Grenzwerten zu vergleichen und damit eine Qualitätssicherung zu gewährleisten (Klonek, Güntner & Kauffeld, 2016).

Unbedenklich ist der Einsatz von MI im Coaching immer dann, wenn der Coachee selbst die Entscheidung getroffen hat, seinen Widerstand »aufzubrechen«: Dies kann oftmals der Fall sein, wenn der Coachee rational weiß, dass er eine Veränderung angehen muss, jedoch durch seinen eigenen inneren Widerstand gehemmt wird. Als ein Beispiel kann Gesundheitsverhalten dienen, wenn der Coachee weiß, dass er abnehmen muss, jedoch ein Teil von ihm sich gegen diese Veränderung wehrt und damit eine Handlung hemmt. Auch in organisationalen Change-Prozessen kann dies der Fall sein, wenn beispielsweise eine Führungskraft weiß, dass sie sich für eine neue Stelle vorbereiten muss, jedoch durch inneren Widerstand gegen die Veränderung an einer Handlung gehindert wird. Sofern Coachees in solchen Situationen freiwillig ein Motivational Interviewing oder ein Coaching mit MI Techniken aufsuchen, liegen keine ethischen Problematiken vor.

2.6 Integration verschiedener Ansätze

Die in diesem Kapitel dargestellten Ansätze (klientenzentriert, systemisch, etc.) weisen immer wieder Überschneidungen und Ähnlichkeiten auf, die häufig auch in deren Entwicklung begründet liegt (▶ Abb. 4). So haben sich beispielsweise mehrere Ansätze aus derselben bestehenden Theorie entwickelt (▶ Kap. 2.2, systemischer Ansatz), was dazu führt, dass sich viele der dargestellten Ansätze nicht widersprechen, sondern eher ergänzen: Beispielsweise ist das zugrundeliegende Menschenbild bei den meisten der hier vorgestellten Ansätze durchaus vergleichbar

2.6 Integration verschiedener Ansätze

und auch die angewendeten Methoden weisen große Überschneidungen auf. Daher ist es nicht verwunderlich, dass sowohl im Coaching wie auch in der Therapie zunehmend ganzheitlichere Ansätze zur Anwendung kommen, die durch die gezielte Integration verschiedener Coaching-Ansätze und -Theorien entstehen. Dabei kombiniert der Coach/Therapeut Elemente aus verschiedenen Ansätzen zu einer neuen Theorie oder einem neuen Modell und wendet Ideen bzw. Techniken verschiedener Ansätze gemeinsam an (McLeod, 2004). Dies gilt insbesondere als nützlich, wenn bei einem langfristigen Coaching-Prozess mehrere Ziele bearbeitet werden oder verschiedene Themen zur Sprache kommen. Da die verschiedenen Ansätze auch grundsätzlich für verschiedene Themengebiete entwickelt wurden (beispielsweise der systemische Ansatz ursprünglich für Familientherapie und MI ursprünglich für Alkoholsucht), sind manche Ansätze besonders gut bei bestimmten Themen geeignet. Daher kann eine gezielte, strategische Kombination von Methoden durchaus sinnvoll sein, solange (1) der Coach über die angemessenen Kompetenzen und Erfahrungen für eine solche Kombination verfügt und (2) das grundlegende Rollenverständnis und Menschenbild im Coaching nicht durch den Wechsel der Methode betroffen ist. Speziell in Bezug auf den letzten Punkt, sollten ggf. auch ethische Beweggründe in die Entscheidung mit einbezogen werden (▶ Kap. 2.5.2, Motivational Interviewing) und ggf. gegenüber dem Coachee transparent gemacht werden.

An einem praktischen Beispiel soll eine Kombination von Techniken verdeutlicht werden. Ein typisches Thema in einem Coaching-Prozess kann beispielsweise eine Work-Life-Balance-Thematik sein: Der Coachee hat das Gefühl, dass er derzeit stark gestresst ist und es ihm nicht mehr gelingt, einen Ausgleich in seiner Freizeit zu schaffen. In einem ersten Schritt könnte der Coach in den Sitzungen den Fokus darauf legen, die Selbstreflexion des Coachees anzuregen und mit ihm zu explorieren, in welchen Bereichen die Belastung besonders hoch ist und seit wann diese Belastung vorliegt. Eine klientenzentrierte Haltung kann sich hierbei als nützlich erweisen, um eine vertrauensvolle Beziehung aufzubauen und dem Coachee die Möglichkeit zu geben, sich zu öffnen. Des Weiteren wird der Fokus im klientenzentrierten Ansatz auf die Ressourcen und Stärken des Coachees gelegt. Beispielsweise könnte exploriert werden, in welchen Bereichen dem Coachee ein Abschalten besonders gut gelingt, was er/sie alles gleichzeitig managt oder welche Dinge in seinem Leben niemals zu kurz kommen. Durch diesen veränderten Fokus wird der Blick auf das Funktionale im Leben des Coachees geschärft und es wird verdeutlicht, wo mögliche Lösungen für das Anliegen zu suchen sind. Sollten in diesen Sitzungen Ideen und Lösungen entwickelt worden sein, welches Verhalten von nun an verändert werden soll, kann ein kognitiv-behavioraler Ansatz verwendet werden, um sicherzustellen, dass dieses Verhalten auch rasch umgesetzt werden kann. Beispielsweise könnte der Coachee zu dem Schluss gekommen sein, dass er es ab jetzt aushalten will, zu Überstunden »nein« zu sagen. An dieser Stelle können kognitiv-behaviorale Techniken genutzt werden, um die Kognitionen zu verändern, die in der entsprechenden Situation zum ungewünschten Verhalten (dem ständigen »ja«-sagen zu Überstunden) führen. Ein anderes Beispiel wäre, wenn der Coachee erkannt hat, dass Sport für ihn ein sinnvoller Ausgleich sein könnte, er sich jedoch einfach nicht dazu überwinden kann. Durch den transparenten Einsatz von MI-Techniken kann der Coach anbieten, mit dem Coachee an dessen Motivation für Sport zu arbeiten.

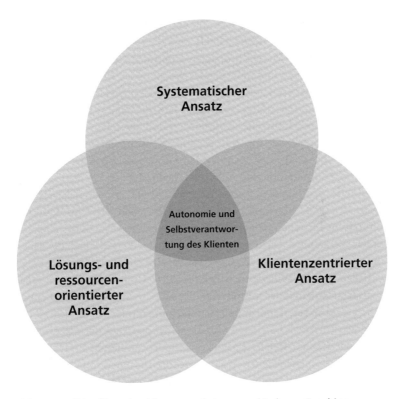

Abb. 4: Mögliche Überschneidungen zwischen verschiedenen Coaching-Ansätzen

2.7 Fazit

Dieses Kapitel sollte einen Überblick geben, aus welchen theoretischen Schulen sich Coaching entwickelt hat und auf welchen es aufbaut. Grundsätzlich wurde hierbei deutlich, dass Coaching aus verschiedenen Ansätzen entstanden ist und sich auch noch heute unterschiedlichster Methoden bedient. Viele der theoretisch dargestellten Ansätze sind dabei ursprünglich im Kontext von Therapie entwickelt und eingesetzt worden. Gemein ist ihnen in der Regel jedoch, dass die meisten eher eine Abkehr vom medizinischen Modell propagieren und den Coachee als Experten sowie selbstständiges und funktionales Wesen in den Mittelpunkt stellen. Daher ist es nicht verwunderlich, dass sich durch diese Herangehensweise mit Coaching eine Methode entwickelt hat, die sich ausschließlich auf psychisch gesunde Individuen konzentriert und deren Funktionalität und Selbstständigkeit nutzt, um eine persönliche Weiterentwicklung zu unterstützen. Nicht jeder der theoretischen Ansätze weist hierbei das gleiche Maß von Handlungsorientierung auf: Während der klientenzentrierte Ansatz eher die Haltung des Coaches beschreibt, ist beispielsweise ein Ansatz wie das Motivational Interviewing schon eher als konkrete Methode zu verstehen, mit genauen Angaben zum Ausmaß des einzusetzenden Verhaltens. Darüber hinaus wurde in dem Kapitel die Überschneidung der einzelnen vorgestellten Ansätze illustriert: In den wenigsten Fällen liegt ein Widerspruch zwischen den Ansätzen vor, meist bauen diese sogar aufeinander auf oder haben sich auseinander heraus entwickelt. Die konkrete Einordnung von Techniken oder Methoden zu den jeweiligen Ansätzen ist jedoch oftmals schwierig: Dies gilt insbesondere bei Fragetechniken, welche je nach konkreter Formulierung und Einsatz in der Sitzung zu verschiedenen Ansätzen gehören können. Auf Grund dieser Überschneidungen kommt es immer häufiger zur Integration von verschiedenen Ansätzen oder einem bewussten Wechsel der Methodik innerhalb eines Coaching-Prozesses. Die Möglichkeiten einer solchen Integration sind breitgefächert: Je nachdem, in welche Richtung sich ein Coaching-Prozess entwickelt, kann der Coach eine für den Coachee und das Anliegen passende Methode auswählen. Wichtig ist hierbei, dass der Coach auch in den verschiedenen Techniken oder Methoden geschult ist und über das nötige Hintergrundwissen verfügt. Ansonsten besteht die Gefahr, dass Methoden auf Grund mangelnder Erfahrung wirkungslos bleiben oder der Coachee ggf. die Kompetenz des Coaches anzweifelt. Daher sollte ein Coach zwischen verschiedenen Methoden und Ansätzen immer sehr bewusst und auf Basis des eigenen Erfahrungsschatzes wechseln.

3 Formen des Coachings

Nachdem in den letzten Kapiteln die Definition von Coaching und die zugrundeliegenden theoretischen Grundlagen dargestellt wurden, fokussiert sich das folgende Kapitel auf konkrete Anwendungen von Coaching. Aufgrund der Flexibilität und Individualität von Coaching haben sich verschiedenste Formen, Settings und Anwendungsbereiche entwickelt. Für jeden dieser Bereiche gelten zum einen viele der bereits dargestellten Grundlagen von Coaching, zum anderen jedoch auch spezifische Besonderheiten, die es bei der praktischen Anwendung zu beachten gilt. Das folgende Kapitel beginnt mit einer Darstellung von Auftraggebern im Coaching. Zur Veranschaulichung werden verschiedene Beispiele gegenübergestellt (bspw. die Organisation als Auftraggeber: Inhouse vs. freies Coaching). Die möglichen Auswirkungen dieser Konstellationen auf den Coaching-Prozess werden aufgezeigt. Im Anschluss werden die verschiedenen Settings von Coaching genannt und ihre praktische Anwendung anhand von Beispielen und einem Praxis-Exkurs zum Gruppen-Coaching verdeutlicht. Obwohl es kaum möglich ist, jeden inhaltlichen Fokus von Coaching darzustellen, sollen im Anschluss einige der häufigsten Anwendungsfelder benannt und erläutert werden. Einige vertiefende Beispiele (u. a. zum Stress- und Konfliktcoaching) sollen hierbei einen Einblick geben, inwieweit ein Coaching-Fokus den Ablauf der Intervention beeinflussen kann. Abschließend wird auf den verstärkten Einsatz von Medien im Coaching sowie die Konsequenzen dieser Entwicklung eingegangen.

3.1 Auftraggeber von Coaching

Die Frage nach dem konkreten Auftraggeber im Coaching scheint vielen im ersten Schritt unnötig: Aber nicht immer ist der Coachee gleichzeitig derjenige, der ein Coaching in Auftrag gibt, auch wenn dies durch die Merkmale von Coaching (freiwillige Intervention zur persönlichen Weiterentwicklung) vielleicht naheliegen würde. Als formaler Auftraggeber soll in diesem Zusammenhang die Person bzw. Organisation verstanden werden, die das Coaching finanziert. In einer großen Coaching-Umfrage wurden unter anderem zu diesem Thema 399 Coaches befragt (Middendorf, 2014). Von den befragten Coaches gaben insgesamt 49 % an, dass in ihrer Praxis Coachee und Auftraggeber nie oder meist nicht identisch sind (Middendorf, 2014). Bei einer detaillierteren Auswertung zeigten diese Ergebnisse einen Zusammenhang zwischen inhaltlichem Fokus des Coachings und formalem Auftraggeber: Knapp 80 % der Coaching-Prozesse behandelten im Wesentlichen berufliche Themen und von diesen Coachings wurden wiederum knapp 70 % von der jeweiligen Organisation des Coachees finanziert (Middendorf, 2014). Bei vornehmlich privaten Coaching-Themen finanzierten lediglich 35 % der Unternehmen die Coachings (Middendorf, 2014). Zusammengefasst werden demnach viele Coachings nicht durch Coachees selbst, sondern durch den jeweiligen Arbeitgeber finanziert, der daher als formaler Auftraggeber zu benennen ist. Auch wenn durch diese Erhebung nicht verdeutlicht wird, in welchen von diesen Fällen die Initiative zur Aufnahme eines Coachings vom Coachee oder von dem Auftraggeber ausging, ist doch festzuhalten, dass das Unternehmen als externer Auftraggeber auch immer ein eigenes Interesse an dem Coaching verfolgt. Im besten Fall liegt dieses Interesse darin, durch die Finanzierung eines Coachings eine erhöhte Beschäftigtenbindung zu erreichen (Joo, 2005). Coaching wird immer häufiger als exklusiver Bonus verstanden und eingesetzt, da es sich um eine kostenintensive Personalentwicklungsmaßnahme handelt, welche nur bei sogenannten »High Potentials« zum Einsatz kommt (Joo, 2005). Sollte dieser Fall vorliegen, ist davon auszugehen, dass das Unternehmen weniger ein eigenes inhaltliches Ziel im Coaching verfolgt und der Coaching-Prozess selbst unbeeinflusst durch den formalen Auftraggeber bleibt. Der Coach kann sich in diesem Fall voll und ganz auf das Anliegen des Coachees konzentrieren, da es keinen weiteren Stakeholder (engl. ›Teilhaber‹= eine Person oder Gruppe, die ein berechtigtes Interesse am Verlauf oder Ergebnis eines Prozesses hat) gibt. Ein anderer Fall liegt jedoch vor, wenn die Initiative für ein solches Coaching durch den Auftraggeber ergriffen wurde, da eine konkrete inhaltliche Zielsetzung vorliegt. Als ein praktisches Beispiel für einen solchen Fall sei hier eine Beförderung genannt: Ein Beschäftigter (späterer Coachee) ist seit kurzem als Führungskraft in einem Team eingesetzt und das Unternehmen möchte den Startschwierigkeiten durch ein Coaching vorbeugen. Inwieweit der spätere Coachee dieses inhaltliche Ziel teilt oder ein anderes Anliegen für ein Coaching hat, bleibt zum Zeitpunkt des Auftrags meist unklar. In einem Fall wie diesem ist es für den Coach daher unabdingbar, die Zielsetzung des Auftraggebers und die Zielsetzung des Coachees zu klären und voneinander abzugrenzen. In dieser Klärungs- und Kontraktphase ist Transparenz gegenüber beiden Parteien (Auftraggeber und Coachee) unabdingbar, um einer Rollendiffusion sowie Vertrauensproblematiken vorzubeugen. Die Vertraulichkeit ist einer der wichtigsten Faktoren im Coaching (vgl. Middendorf, 2014) und muss sowohl zwischen Coach und Coachee als auch zwischen Coach und Auftraggeber gegeben bleiben. Die meisten Coaches gaben daher in der bereits zitierten Umfrage auch an, dass sie zu Beginn eines solchen Coaching-Prozesses immer ein gemeinsames Klärungsgespräch zwischen Coach, Coachee und Auftraggeber durchführen. Leider handelte es sich bei den »meisten« der befragten Coaches hierbei nur um 20 %: Die anderen 80 % der Befragten schwankten in ihren Angaben zwischen »so ein Gespräch findet nie statt« bis zu »so ein Gespräch findet in 75–99 % der Fälle statt« (Middendorf, 2014). Die Sinnhaftigkeit eines solchen Auftaktgespräches wird nochmals klar, wenn man die Merkmale von Coaching bezogen auf eine solche »Dreiecks«-Situation zwischen Coach, Coachee und Auftraggeber reflektiert (▶ Abb. 5): Eine gleichberechtigte Rollenebene zwischen Coach und Coachee kann nur hergestellt werden, wenn absolute Transparenz bezüglich der Hintergründe des Coachings herrscht. Des Weiteren ist eine vertrauensvolle Beziehung zwischen Coach und Coachee die Basis für ein erfolgreiches Coaching: Eine »hidden agenda« des Coaches (durch den Auftraggeber) verhindert eine solche gleichberechtigte und vertrauensvolle Beziehung. Darüber hinaus muss auch der Coach sicherstellen, dass der Coachee das Coaching freiwillig aufnimmt, da ansonsten eine erfolgreiche Arbeit sehr unwahrscheinlich wird. Hierzu ist es nötig zu klären, von wem die Initiative zu einem Coaching ausging und – sollte es sich hier nicht um den Coachee handeln – ob der Coachee trotzdem freiwillig bereit und auch motiviert ist, das Coaching unter diesen Bedingungen zu beginnen. Zu großen Teilen handelt es sich hierbei demnach nicht nur um berufsethische Fragen, aufgrund derer der Coach eine Kontraktklärung mit Auftraggeber und Coachee durchführen sollte: Es gilt auch, hierbei überhaupt die Voraussetzungen für ein erfolgreiches Coaching zu überprüfen bzw. zu schaffen. Bei der Frage nach dem »Erfolg«, sind hierfür auch klare Merkmale mit Coachee und Auftraggeber zu definieren. Es gilt darüber hinaus in dem gemeinsamen Kontraktgespräch auch zu klären, ob und wenn ja, in welcher Form es nach dem Coaching-Prozess zu einem Feedback für den Auftraggeber kommt. Die Coaching-Praxis zeigt hier, dass es nur in manchen Fällen überhaupt zu einem solchen Feedback durch den Coach kommt, jedoch wenn, dann niemals ohne vorherige Absprache mit dem Coachee (Middendorf, 2014). Zur Veranschaulichung der Beziehungen zwischen Coach, Coachee und Auftraggeber kann man Abbildung 3.1 heranziehen: Jede der Verbindungen zwischen den Vertragspartnern ist gekennzeichnet durch Erwartungen. Der Coach muss hierbei um eine größtmögliche Transparenz und Rollenklarheit gegenüber beiden Parteien bemüht sein, um keine falschen Rollenerwartungen zu schüren und die Vertrauensebene zu schützen. Gleichzeitig hat der Coach meist zu Beginn keinen Einblick in die Beziehungsebene zwischen Coachee und Auftraggeber. Dies ist zwar auch nicht zwingend erforderlich, jedoch spielt selbstverständlich auch diese Beziehung in den Coaching-Kontrakt hinein und beeinflusst damit ggf. den Coaching-Prozess.

Ein weiterer Aspekt, der im Beziehungsgefüge zwischen Coach und Coachee eine Rolle spielt, ist die Frage nach der Position des Coaches im Unternehmen. Hierbei gibt es sowohl interne Coaches, welche im Unternehmen fest als Personalentwickler angestellt sind, als auch externe Coaches (Vogelauer, 2013a). Interne Coaches sind meist lediglich in Großunternehmen anzutreffen. In einer Befragung gaben nur 2 % der Coaches an, in einem Unternehmen als festangestellte, interne Coaches zu arbeiten (Stephan & Gross, 2013). Sollten interne Coaches vorhanden

3.1 Auftraggeber von Coaching

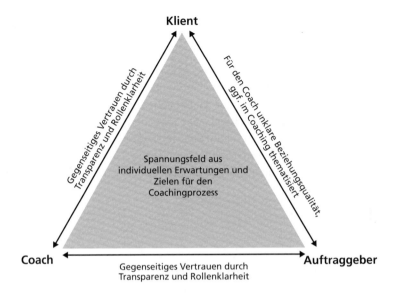

Abb. 5: »Dreiecks-Beziehung« oder »Kontraktdreieck« zwischen Coach, Coachee und Auftraggeber

sein, wird jedoch häufig auf diese zurückgegriffen: Dies liegt zum einen an den meist geringeren Kosten, zum anderen jedoch auch daran, dass zwischen Coach und Auftraggeber oftmals bereits eine vertrauensvolle Beziehung besteht. Sofern Auftraggeber und Coachee übereinstimmen oder im anderen Fall der Coachee eine ähnlich positive Beziehung zum internen Coach aufweist, stellt dies kein Problem dar. Sollte der Coachee jedoch noch keine Beziehung zu dem Coach aufgebaut haben und es (ggf. auf Grund einer schwierigen Beziehung zwischen Coachee und Auftraggeber) dem Coach nicht gelingen, eine solche Beziehung herzustellen, kann sich dies negativ auf das Coaching auswirken. Beispielsweise ziehen sich Coachees in solchen Fällen häufig immer weiter mit persönlichen Informationen und Emotionen zurück, da grundlegendes Vertrauen fehlt oder subtile Abhängigkeiten bestehen (Vorgelauer, 2013). Bei internen Coaches ist daher das Kontraktdreieck (▶ Abb. 5) und zusätzlich die hierarchische Position des Coaches im Unternehmen sehr ausführlich zu reflektieren, bevor eine Entscheidung getroffen wird, ob in diesem Fall der interne Coach einem externen vorzuziehen ist (Vogelauer, 2013a). Natürlich bieten interne Coaches auch Vorteile, da sie beispielsweise einen besseren Einblick in die Unternehmenskultur besitzen. Allerdings kann dies auch dazu führen, dass sowohl Coach als auch Coachee in einer Betriebsblindheit gefangen sind und bestimmte für das Coaching relevante Prozesse im Unternehmen nicht in Frage stellen. Hierbei stellen sich weitere Fragen, wie zum Beispiel, von wem und warum dieser Coach ausgewählt wurde. Auch ist darauf zu achten, dass in der Vergangenheit keine Beziehungen zwischen dem Coach und einer der Parteien bestanden haben, die die Neutralität des Coaches gefährden könnten (Vogelauer, 2013a).

3.2 Das Setting im Coaching

Im ersten Kapitel wurde Coaching als eine Intervention definiert, die in den meisten Fällen in der dyadischen Interaktion zwischen Coach und Coachee stattfindet (▶ Kap. 1). In einer Befragung gaben dementsprechend auch 90 % der Coaches an, diese Einzel-Coachings, mit dem Fokus auf das Individuum, durchzuführen (Vogelauer, 2013c). Neben dieser klassischen Form des Coachings haben sich im Laufe der Zeit jedoch auch andere Settings entwickelt. Hierzu gehören das Selbst- (Offermanns, 2004; Sue-Chan & Latham, 2004), das Peer- (Robbins, 1991), das Team- (Bachmann, 2015; Vogelauer, 2013a) und das Gruppen-Coaching (Bachmann, 2015; Vogelauer, 2013a, Wallner, 2004). Um den Unterschied zwischen Team- und Gruppen-Coachings zu verdeutlichen, werden die genauen Merkmale von Gruppen und Teams in der folgenden Tabelle aufgeführt (vgl. Kauffeld, 2001, ▶ Tab. 3.1).

Aus Sicht der Coaching-Praxis gehört das Team-Coaching von den genannten zu den häufigsten Settings, nach dem Individual-Coaching: 42 % der befragten Coaches führen Team-Coachings durch, während nur 26 % Gruppen-Coachings anbieten.

Tab. 3.1: Merkmale von Gruppen und Teams

Gruppe	Arbeitsteam
• »Gruppe« ist ein Oberbegriff: Jede Ansammlung von Personen ist eine Gruppe, aber nicht jede Gruppe ist ein Team • stehen in einer meist zeitlich begrenzten Beziehung zueinander (beispielsweise sind alle Teilnehmenden des gleichen Trainings) • sind unabhängig voneinander • keine gemeinsame (oder nur zeitlich befristete) Identität	• »Team« ist ein Unterbegriff: Jedes Team ist eine Gruppe, aber nicht jede Gruppe ist ein Team • haben gemeinsam eine oder mehrere Aufgaben zu bewältigen • produzieren ein Ergebnis, für das die Mitglieder gemeinsam verantwortlich sind (das Ergebnis kann identifiziert, gemessen, bewertet werden) • sind abhängig voneinander und müssen miteinander interagieren • haben eine organisationale Identität als Team • werden von anderen in der Organisation als eine definierte und abgegrenzte Gruppe angesehen • haben gemeinsame Ziele bei der Arbeit

3.2.1 Selbst-Coaching

Selbst-Coaching beschreibt einen Prozess, der ohne jeden Coach auskommt: Der Coachee übernimmt zusätzlich die Rolle des eigenen Coaches (vgl. Offermanns, 2004). Dabei basiert das Selbst-Coaching auf Theorien zur Selbstüberzeugung und nutzt beispielsweise Techniken aus dem Bereich des Selbstmanagements (Sue-Chan & Latham, 2004). Wie jede Form von Coaching basiert auch diese auf der Freiwilligkeit und Motivation des Coachees. In einem Experiment konnte nachgewiesen werden, dass Teilnehmende, die mittels eines halbstündigen Videos Techniken des Selbst-Coachings lernten, im Anschluss tatsächlich bessere Noten schrieben, als wenn sie von einem Kommilitonen gecoacht wurden (siehe auch »Peercoaching«, Sue-Chan & Latham, 2004). Als Begründung gaben die Teilnehmenden an, sie hätten dem Kommilitonen nicht zugetraut, ihr Coach zu sein, was zu einem geringeren Erfolg des

Coachings beigetragen habe. Einschränkend ist hierbei zu sagen, dass dem »Peer« damit scheinbar die Feldkompetenz abgesprochen wurde und er nicht als Coach akzeptiert wurde. Dies sind jedoch Aspekte, die bei jedem Coach (und sei es ein Peer-Coach) gegeben sein müssen. Daher lässt sich aus diesem Ergebnis lediglich schlussfolgern, dass ein gutes Selbst-Coaching effizienter sein kann als ein schlechtes Peer-Coaching. Die in der Studie vermittelten Selbst-Coaching-Techniken waren unter anderem: Sich selbst Ziele zu setzen und diese auch selbst zu überwachen, das Erkennen von hemmenden und unterstützenden Faktoren bei der eigenen Zielerreichung, Selbstbelohnung und -bestrafung sowie schriftliche Selbstvereinbarungen und das Benutzen von selbstverstärkenden Botschaften (vgl. Sue-Chan & Latham, 2004). Kritisch bei dem durchgeführten Experiment ist jedoch anzumerken, dass hierbei Coaching durch einen externen Coach bedeutend besser abgeschnitten hat als das Selbst-Coaching. Die Verfassenden weisen auch darauf hin, dass Selbst-Coaching ein gewisses Maß an Selbststeuerungsfähigkeit voraussetzt (Sue-Chan & Latham, 2004). Des Weiteren hat sich gezeigt, dass je mehr Erfahrung der Coachee mit dem eigenen Thema hat (beispielsweise Erfahrungen in Stressbewältigung, wenn das eigene Coaching-Thema »Work-Life Balance« ist), desto besser kann das Coaching durch die eigene Person funktionieren (Sue-Chan & Latham, 2004). Diese Voraussetzungen sind mit Sicherheit nicht bei jedem Coachee gegeben, weshalb es nicht zwangsweise für jede Person und jedes Thema ratsam ist, sich selbst zu coachen. Falls jedoch ein Coaching durch einen externen Coach nicht in Frage kommt, kann es in manchen Fällen eine Alternative darstellen.

3.2.2 Peer-Coaching

Unter Peer-Coaching versteht man, wie der Name bereits vermuten lässt, das Coaching durch einen oder mehrere gleichgestellte Kollegen (engl. Peer = Kollege, Gleichaltriger, Ebenbürtiger) erfolgt. Peer-Coaching stellt dabei – im Gegensatz zu anderen Coaching-Beziehungen – meist einen zweiseitigen Prozess dar: Personen unterstützen sich gegenseitig, reflektieren ihr berufliches Verhalten, entwickeln Lösungsstrategien oder geben sich Feedback (Robbins, 1991). Vertraulichkeit und Gleichberechtigung zwischen den »Peers« sind demnach eine Grundvoraussetzung dafür, dass ein solches Coaching durch Kollegen erfolgreich sein kann (Robbins, 1991). Wie bereits deutlich wurde, kann im Peer-Coaching eine dyadische Beziehung bestehen, es ist jedoch auch möglich, dass es sich um mehrere Personen handelt, die miteinander agieren. Insbesondere in letzterem Fall muss sichergestellt werden, dass alle Beteiligten mit dem Ausmaß ihrer persönlichen Unterstützung zufrieden sind. Peer-Coaching wird seit den 1990er Jahren verstärkt im Schulsystem angewendet (vgl. Robbins, 1991; Swafford, 1998): Lehrer besuchen sich hierbei gegenseitig in ihren Unterrichtsstunden oder bereiten diese gemeinsam vor, reflektieren ein didaktisches Vorgehen oder den Umgang mit kritischen Situationen. Ein weiteres Einsatzgebiet des zuletzt vorgestellten Coaching-Ansatzes liegt im Bereich der Transfersicherung nach Trainingsmaßnahmen: Anschließendes Peer-Coaching kann dazu beitragen, dass das im Training gelernte Wissen auch in der Praxis angewendet wird, was als erfolgreicher Transfer bezeichnet wird (Stafford, 1998). Zum Beispiel: Wenn in einer Weiterbildungsmaßnahme für Lehrer eine bestimmte Moderationstechnik vermittelt wurde, können im Rahmen von Peer-Coaching diese Lehrer sich gegenseitig dabei unterstützen, die Technik in einem konkreten Fall anzuwenden, und im Anschluss gemeinsam über mögliche Verbesserungen reflektieren. Die positiven Effekte dieser Coaching-Methode, bei geringem Einsatz von monetären Mitteln (lediglich die Arbeitszeit der involvierten Peers fällt hierbei ins Gewicht), haben stark zu ihrer Verbreitung beigetragen. Allerdings kann das Peer-Coaching immer nur so gut sein, wie das Engagement und Fachwissen der Teilnehmenden. Es lebt durch wertschätzendes Feedback, eine offene Kommunikation, eine stabile und vertrauensvolle Beziehungsebene, Lernbereitschaft, Einsatz und Expertise. Sobald eine dieser Eigenschaften fehlt oder es Unterstützungsbedarf bei Thematiken gibt, bei denen die Expertise fehlt, ist ein klassisches Coaching-Setting einem Peer-Coaching überlegen. Ein Grund, warum sich insbesondere an Schulen das Peer-Coaching verbreitet hat, liegt, neben dem oftmals geringen Budget für Weiterbildung und individuelle Unterstützung, auch daran, dass es zum Berufsbild gehört, sich beim Lernen und der Weiterentwicklung gegenseitig zu unterstützen (vgl. Stafford, 1998).

3.2.3 Team-Coaching

Team-Coaching umfasst das gemeinsame Coaching eines festen Arbeitsteams zu Themen, die für diese Gruppe von Relevanz sind (Hackman & Wageman, 2005). Beispiele für solche Themen können sein: Erfolgreicher miteinander zu arbeiten, Hindernisse in der Teamarbeit zu überwinden, Abläufe neu zu strukturieren, Reflexion der Arbeitssituation, etc. (Bachmann, 2015; Kauffeld & Montasem, 2009; Vogelauer, 2013b). Wenn es sich bei diesem Team nur um zwei Personen handelt (beispielsweise ein Führungsduo), wird teilweise auch von sogenanntem »Tandem-Coaching« gesprochen (Vogelauer, 2013b), welches jedoch auf den gleichen Abläufen wie ein Team-Coaching basiert. Die Unterschiede zum klassischen Einzel-Coaching liegen insbesondere darin, dass mit jeder Frage oder Übung die Selbstreflexion des Teams angeregt werden soll und an das ganze Team adressiert werden muss (gegenüber nur einem Individuum beim Einzel-Coaching). Um insbesondere bei großen Teams zu verhindern, dass sich dominantere Teammitglieder stärker einbringen, und um sicherzustellen, dass das Ergebnis des Coachings auch tatsächlich vom ganzen Team getragen wird, werden häufig Workshop-Methoden eingesetzt (vgl. Schmitz, 2015). Auch für ein Team-Coaching gilt: Freiwilligkeit und Motivation der Coacheese sind die Voraussetzung für den Erfolg der Maßnahme. Jedoch: Bei der Arbeit mit einem Team wird es immer Einzelpersonen geben, die weniger Interesse an einem solchen Coaching zeigen. Der Umgang mit Widerstand ist in diesem Zusammenhang eine wichtige Grundlage, die ein Team-Coach beherrschen sollte (vgl. Schmitz, 2015). Bezüglich des richtigen Zeitpunkts für ein Team-Coaching gibt es verschiedene Meinungen und Ergebnisse: Grundsätzlich kann man hierzu festhalten, dass ein Team »bereit« für eine solche Intervention sein muss (Hackman & Wageman, 2005). Zur Orientierung gibt es bestimmte Zeitpunkte bei der Bearbeitung eines Projektes oder einer Teamaufgabe, bei der bestimmte Themen verstärkt auftreten und im Rahmen eines Teamcoachings bearbeitet werden können: Zu Beginn einer Teamaufgabe kommen häufig Themen auf, die mit der Motivation des Teams in Zusammenhang stehen, während zur Mitte der Teamaufgabe strategiebezogene Themen in den Fokus rücken können. Zum Ende einer Teamaufgabe gilt es meist, Wissen sowie die Fähigkeiten, die das Team erlangt hat,

3.2 Das Setting im Coaching

gemeinsam zu reflektieren und aufzuarbeiten (Hackman & Wageman, 2005). Wenn Team-Coaching von anderen Teaminterventionen, wie beispielsweise Teamentwicklung, abgegrenzt werden soll, ist es wichtig den prozessbezogenen Charakter von Team-Coaching zu betonen (vgl. Kauffeld, 2001): Team-Coaching ist eine meist längerfristige Begleitung eines Teams wobei der Schwerpunkt immer darauf liegt, dass das Team eigenverantwortlich Themen und Ziele bestimmt und in dem Coaching Lösungen entwickelt. Der Coach nimmt hierbei eine steuernde unterstützende Rolle ein, gibt aber keine Themen oder Lösungen vor. Im Gegensatz dazu wird Teamentwicklung häufig bereits mit einer festen Agenda durchgeführt: Anliegen und Ziele sind dabei meist vorher klar definiert und es stehen weniger die Selbststeuerungsfähigkeiten des Teams im Fokus als vielmehr eine gezielte Weiterentwicklung. Grundsätzlich ist eine genaue Abgrenzung jedoch schwierig, da Team-Coaching eine Subform von Teamentwicklung darstellt (vgl. Kauffeld, 2001).

Als eine Sonderform des Team-Coachings kann hier noch das Projekt-Coaching genannt werden (Schüler, 2015; Wastian, Braumandl & Dost, 2012): Hierbei handelt es sich um die Begleitung eines Projektteams, meist für die gesamte Dauer der Zusammenarbeit. Diese Sonderform findet, nach einer aktuellen Umfrage, jedoch noch nicht viel Anwendung in der Coaching-Praxis: Nur 10 % der befragten Coaches gaben an, bereits eine solche Begleitung durchgeführt zu haben (Vogelauer, 2013c).

3.2.4 Gruppen-Coaching

Gruppen-Coaching ist vom Team-Coaching streng zu trennen: Hierbei wird keine feste Arbeitseinheit gecoacht, es geht vielmehr darum eine Gruppe aus Personen mit einem ähnlichen Anliegen gemeinsam zu unterstützen (Bachmann, 2015; Vogelauer, 2013a, Wallner, 2004). Gegenüber Training, geht es hierbei nicht um die Vermittlung von Wissen, sondern um die gemeinsame Reflexion von Anliegen (Vogelauer, 2013a) und das gruppendynamische Lernen (Bachmann, 2015). Gegenüber dem Individual-Coaching, setzt diese Coaching-Form voraus, dass die Gruppe untereinander Vertrauen aufbaut und Verschwiegenheit wahrt. Auch ist es entscheidend, dass alle Gruppenmitglieder innerhalb des Coachings gleichberechtigt sind und dementsprechend auch alle Anliegen gleichberechtigt behandelt werden. Hierbei gibt es zum einen die Möglichkeit, dass in jedem Termin eine Person im Fokus steht, deren individuelles Anliegen besprochen wird und bei dem die übrigen Teilnehmenden als »kollegiale Berater« fungieren (Vogelauer, 2013a; Wallner, 2004), zum anderen kann es auch möglich sein, dass zeitgleich ein jedes Gruppenmitglied an seinem eigenen Anliegen arbeitet und die Gruppe als zusätzliche emotionale Unterstützung genutzt wird (siehe auch untenstehender Praxis-Exkurs). Gruppen-Coaching bietet, neben dem Vorteil der Gruppe als Wissens- und Unterstützungsressource, auch den naheliegenden finanziellen Vorteil: Gegenüber Individual-Coaching wird es zwar niemals die gleiche Tiefe bei der Themenbearbeitung erreichen, aber es bedeutet für das Individuum auch, dass nur ein Bruchteil der Kosten entsteht. Insbesondere in Bereichen, wo eine systemische Perspektive durch andere Gruppenmitglieder hilfreich sein kann und eine bestimmte Anzahl von betroffenen Personen ähnliche Anliegen hat, kann ein Gruppen-Coaching daher eine echte Alternative zum klassischen Einzel-Coaching darstellen. Ein Beispiel hierfür stellen Führungskräfte dar: Hierbei kann es sehr sinnstiftend sein, wenn eine Gruppe von Führungskräften unter der Anleitung eines Coaches an konkreten Führungsthemen und -Situationen arbeitet. Der gegenseitige Austausch über Erfahrungen kann zum einen für die eigenen Themen sehr hilfreich sein, zum anderen kann aber auch die Bearbeitung der Probleme anderer Führungskräfte für das eigene Führungsverhalten als sehr bereichernd wahrgenommen werden (Vogelauer, 2013a). Dies setzt jedoch voraus, dass alle beteiligten Gruppenmitglieder offen kommunizieren können und keine Profilierung einzelner Gruppenmitglieder stattfindet.

Sowohl bei Team- als auch bei Gruppen-Coaching sollte die Anzahl der Personen 14 nicht überschreiten, da es ansonsten für die einzelne Person bei zu vielen Individuen zu schwierig wird, zu allen anderen Beteiligten intensive Interaktionsbeziehungen zu unterhalten, was jedoch die Basis für das Funktionieren dieses Coaching-Settings darstellt (Bachmann, 2015). Dabei bilden sich aus den Interaktionen innerhalb der Gruppe Kommunikationsmuster heraus, die einmalig sind und die jeweilige Gruppendynamik nachhaltig bestimmen: Diese gruppendynamischen Prozesse muss ein Coach nicht nur beobachten und deuten, sondern in der Regel auch steuern können, um für die Gruppe ein optimales Ergebnis des Prozesses zu erreichen (vgl. Bachmann, 2015).

Exkurs: Gruppen-Coaching für Schülerinnen und Schüler in der Praxis

Auf Grund der zunehmenden Flexibilisierung von Laufbahnen (▶ Kap. 1.1) ergeben sich für Erwerbstätige immer wiederkehrende Prozesse der Berufsfindung. Die Anlässe für ein berufliches Explorationsverhalten beginnen damit bereits in der Jugend und sind bis zum Ausscheiden aus dem Arbeitsleben vorhanden. Erste laufbahnbezogene Aktivitäten werden daher bereits ab dem 15. Lebensjahr notwendig: Hier findet die Phase der ersten beruflichen Exploration statt, in der es gilt, Berufsmöglichkeiten und Laufbahnpfade zu erkunden und sich an mögliche Laufbahnen anzunähern. Hierbei wird der Grundstein für die eigene laufbahnbezogene Identität gelegt bevor im jungen Erwachsenenalter die Phase der beruflichen Festlegung beginnt: In dieser Phase erfolgt die Arbeitsplatzsuche, eine weiterführende Interessensentwicklung und ggf. eine Exploration für mögliche Karriereveränderungen. Im mittleren Erwachsenenalter tritt der oder die Erwerbstätige in die Phase der beruflichen Festigung ein: Hier wird fast zwangsläufig eine Exploration von Karriereveränderungen erforderlich, da es hier auch verstärkt zu Karrierebrüchen kommt. Langsam erfolgt in dieser Phase jedoch auch eine Vorbereitung auf die Beendigung des Beschäftigungslebens. Die letzte Phase erfolgt im hohen Erwachsenenalter: Im »Beruflichen Abbau« explorieren Personen im Idealfall ihre möglichen Aktivitäten (bspw. Familien-, Freiwilligen- und Freizeitaktivitäten), welche sie nach Ausscheiden aus dem Berufsleben in Angriff nehmen wollen (vgl. Lent & Brown, 2013).

Die Entwicklung eines effektiven beruflichen Explorationsverhaltens ist nicht nur durch die häufige Anwendung im Laufe einer Karriere sinnvoll: Bisherige Forschung zeigt, dass eine erfolgreiche Exploration im Beruf positiv mit Berufswahlsicherheit, Zufriedenheit mit beruflichen Entscheidungen, dem Person-Job-Fit nach Berufseinstieg, der beruflichen Zielklarheit, der Zentralität der Arbeit und laufbahnbezogener Anpassungsfähigkeit zusammenhängt. Daher sollte das berufliche Explorationsverhalten möglichst früh geschult werden: Bereits im frühen Jugend- und Erwachsenenalter können Interventionen bei der Exploration unterstützen und damit Fähigkeiten aufbauen, die ein ganzes (Berufs-) Leben genutzt werden können.

Im Rahmen des Projektes »CHO1CE – Du hast die Wahl« der Technischen Universität Braunschweig wurde zu diesem Zweck ein Gruppen-Coaching entwickelt, das Schüler und Schülerinnen der Oberstufe bei der Exploration ihrer beruflichen Möglichkeiten unterstützen soll. Die Durchführung erfolgt durch ausgebildete studentische Coaches und wird mittels diverser Fragebögen wissenschaftlich begleitet.

Weiterbildung der Gruppencoaches: Das Gruppen-Coaching wird von Studierenden geleitet, die vorbereitend eine Weiterbildung zum Berufsorientierenden Gruppencoach absolvieren. Diese zweisemestrige Weiterbildung umfasst eine Theorieausbildung sowie das Gruppen-Coaching an einer Schule. Im Rahmen der Theorieausbildung lernen die Studierenden theoretische Coaching-Inhalte, Techniken und Coaching-Tools kennen. Durch Selbsterfahrung in Form des eigenen Ausprobierens aller Übungen werden die Selbstreflexion der Studierenden und die Empathiefähigkeit für die zukünftige Arbeit mit SchülerInnen gefördert. Im Anschluss an die 100 Stunden umfassende Theorieausbildung leiten die Studierenden im Tandem ein Gruppen-Coaching, währenddessen sie regelmäßig von erfahrenen Coaches supervidiert werden.

Gruppen-Coaching für SchülerInnen: Zentrales Ziel des Gruppen-Coachings für SchülerInnen ist die Unterstützung der beruflichen Orientierung. SchülerInnen der Oberstufe sollen sich in dem zehnwöchigen Coaching-Prozess mit ihren eigenen Zielen, Stärken und Werten auseinandersetzen, Informationen bezüglich ihrer beruflichen Möglichkeiten einholen, diese bewerten, Kontakte knüpfen und konkrete Maßnahmenpläne für folgende Aktivitäten entwickeln. Somit sollen die Selbstwirksamkeitsüberzeugung von SchülerInnen gestärkt, Unsicherheiten und Informationsdefizite abgebaut und Netzwerke aufgebaut werden.

3.2 Das Setting im Coaching

Das Gruppen-Coaching findet im freiwilligen Nachmittagsbereich an Schulen statt und steht allen interessierten SchülerInnen offen. Zu Beginn des Coaching-Prozesses formuliert jeder Teilnehmende ein individuelles Ziel für die berufliche Zukunft. Dabei werden SchülerInnen mit dem SMART-Prinzip vertraut gemacht, nachdem die Wahrscheinlichkeit der Zielerreichung durch die Benennung eines spezifischen, messbaren, attraktiven, realistischen und terminierten Ziels erhöht wurde. Dieses berufliche Ziel wird während des Coaching-Prozesses mittels diverser Fragebögen, Tools und Aktivitäten bearbeitet. Der wissenschaftlich fundierte Fragebogen VaMoS (Gessnitzer, Schulte & Kauffeld, 2015) thematisiert persönliche Werte, Motive und Kompetenzen sowie mögliche Diskrepanzen zwischen diesen Dimensionen. SchülerInnen können auf dieser Basis eigene Stärken und Werte reflektieren und ihre Erkenntnisse für die Arbeit an ihrem beruflichen Ziel nutzen. Darüber hinaus stehen auch diverse etablierte Coaching-Übungen zur Verfügung, die je nach Zielausrichtung verschiedene Themen fokussieren können. Nach vier Coaching-Sitzungen, die explizit der Auseinandersetzung mit beruflichen Wünschen, Fähigkeiten und Möglichkeiten dienen und die Selbstreflexion der SchülerInnen anregen sollen, bildet die Erstellung eines Maßnahmenplans den Übergang zu drei Sitzungen, in denen konkrete Aktivitäten zur Planung der beruflichen Zukunft stattfinden. Die Maßnahmenpläne werden individuell erstellt, anschließend jedoch in der Gruppe aggregiert und von den Teilnehmenden mit Unterstützung der Coaches im Rahmen dreier Sitzungen umgesetzt. Dabei gestalten und organisieren die SchülerInnen Aktivitäten entsprechend ihrer Ziele eigenverantwortlich. So sind beispielsweise webbasierte Informationsrecherchen, Labor- und Vorlesungsbesuche, Vorträge zu Themen wie Studienfinanzierung und -organisation sowie Expertenrunden mit Studierenden verschiedener Fachrichtungen möglich. SchülerInnen recherchieren und erhalten in diesem Rahmen Informationen zu allgemeinen und fachspezifischen Fragen rund um Ausbildung und Studium, treten in Kontakt zu Rollenvorbildern und erhalten unmittelbar Einblicke in mögliche zukünftige Studien- und Berufsfelder. Zu Abschluss des Coachings reflektieren die Teilnehmenden gemeinschaftlich die Erfahrungen und Erkenntnisse des Coaching-Prozesses und planen weitere Schritte zur Gestaltung ihrer beruflichen Zukunft.

Besonderheiten des Coaching-Programms: Das beschriebene Coaching-Programm zeichnet sich zum einen durch die Anwendung im Gruppenkontext aus. Dieser begünstigt durch die Vielzahl verschiedener Erfahrungen und Kompetenzen der Teilnehmenden systemisches Denken, Austausch und Wissenstransfer sowie eine größere Vielfalt von Lösungsansätzen. Die Effektivität des Coachings im Gruppenkontext wird durch den Multiplikatoreneffekt, der dank des Einsatzes von ausgebildeten Studierenden als Gruppen-Coaches entsteht, unterstrichen. Zudem fungieren die Gruppen-Coaches und andere Studierende für SchülerInnen als Rollenvorbilder, die einen ersten Kontakt zur Universität darstellen und den Aufbau eines beruflichen Netzwerks unterstützen können. Der Vorteil der Anwendung des Coaching-Programms an Schulen besteht in der Niedrigschwelligkeit der Maßnahme. Diese ermöglicht es, auch bei denjenigen SchülerInnen Reflektionen bezüglich einer möglichen universitären Zukunft anzuregen, die beispielsweise wegen der Herkunft aus einem nichtakademischen Elternhaus ein Studium bisher nicht in Erwägung gezogen haben. Das Gruppen-Coaching fördert darüber hinaus auch die Eigenverantwortung der SchülerInnen in besonderer Form. Durch die selbstständige Gestaltung und Organisation von Aktivitäten zur Berufsorientierung werden diese aktiv in den Coaching-Prozess eingebunden, was wiederum die Selbstwirksamkeitserwartung bezüglich der beruflichen Zukunft erhöht.

Wirksamkeit des Coaching-Programms: Die wissenschaftliche Begleitung des Gruppen-Coachings erfolgt zu verschiedenen Messzeitpunkten mittels etablierter Fragebögen zu karriererelevanten Variablen und Unterstützungsnetzwerken. In diesem Rahmen werden auch Daten von SchülerInnen einer Kontrollgruppe erhoben, um Zeiteffekte als mögliche Erklärungen für Prä-Post-Unterschiede ausschließen zu können. Nach der Durchführung der Gruppen-Coachings in zwei Kohorten mit 46 teilnehmenden SchülerInnen und 56 SchülerInnen der Kontrollgruppe kann resümiert werden, dass sich die Teilnehmenden des Coachings zu Prozessbeginn hinsichtlich einiger karriererelevanter

Variablen zwar signifikant von Personen der Kontrollgruppe unterscheiden. Über den Verlauf des Coachings steigen jedoch ihre Karriereplanung, Selbstwirksamkeitsüberzeugung und Stand der beruflichen Entscheidung signifikant und auf das Niveau der Kontrollgruppe an (vgl. Jordan, Gessnitzer & Kauffeld, subm.).

3.3 Inhaltlicher Fokus von Coaching

Der inhaltliche Fokus von Coaching ist, entsprechend der Definition, sehr breit angelegt. Trotzdem überwiegen noch immer berufliche Themenbereiche im Coaching. In einer Umfrage von 2012 wurden Coaches nach dem häufigsten Thema in Coachings befragt: Die Ergebnisse zeigen vor allem, dass noch immer Führungskräfte zu einer der hauptsächlichen Zielgruppen gehören. Das meistgenannte Thema war dementsprechend das eigene Führungsverhalten (26 %), gefolgt von Beziehungs- und Konfliktthemen (23 %), Karriere-, Ziel- und Zukunftsfragen (16 %), Arbeitsorganisation und Selbstmanagement (11 %), Kommunikation und Gesprächsführung (6 %) und Team, Zusammenarbeit und Kooperation (6 %). Im Laufe der Zeit haben sich aus diesen immer wieder auftretenden Themen Spezialfelder von Coaches herausgebildet: In Anbetracht der Tatsache, dass jedes inhaltliche Thema, genauso wie jede Zielgruppe, von Coaching Besonderheiten aufweist (vgl. Schreyögg, 2011), ist es auch sehr unwahrscheinlich, dass ein Coach in jedem Bereich gleich gut aufgestellt ist. Mehr noch: Heute gilt es auch im Rahmen eines gelungenen Selbstmarketings für Coaches (▶ Kap. 8), die eigene »Coaching-Nische« zu finden und zu besetzen. Die immer höhere Anzahl an Coaches auf dem deutschen Markt (ICF, 2012) führt dazu, dass Abgrenzung ein immer größeres Thema für jeden dieser Coaches wird. Eine Spezialisierung innerhalb von Coaching auf bestimmte Themen oder Zielgruppen ist demnach für Coaches nicht nur unter Kompetenzaspekten sinnvoll, sondern auch aus wirtschaftlicher Perspektive vernünftig (Richter-Kaupp, Braun & Kalmbacher, 2014). Teilweise wird neben dem Coaching für eine spezielle Zielgruppe auch der Begriff »Milieu« eingeführt: So argumentiert Böning (2015), das Coaching an das Milieu des Coachees angepasst werden sollte und eine »Milieu-Passung« zwischen Coach und Coachee die Effizienz steigern könnte. Die Tendenz im Coaching geht demnach in eine Richtung: Weg vom »Coaching für alle Lebenslagen«, hin zum »spezialisierten Coaching«. Diese Entwicklung trug maßgeblich zur Anpassung von Coaching für spezielle Zielgruppen bei: Heute hat sich beispielsweise ein ganzer Zweig von Coaching auf die Zielgruppe der Lehrer und Schulleiter fokussiert (Schardt, 2009). Eine andere Zielgruppe, die auch zu einer Berufsgruppe mit verstärkten sozialen Interaktionen zählt und damit zum Ziel von Coaching geworden ist, stellt das Personal in Krankenhäusern dar (e.g. Kowalski & Casper, 2007). Sowohl im Bereich der schulischen Aus- und Weiterbildung als auch bei der klinischen Versorgung von Patienten liegt häufig eine hohe individuelle Belastung und ein erhöhtes Burnout-Risiko vor. Gleichzeitig sind nicht so viele Gelder vorhanden, wie in vielen Bereichen der freien Wirtschaft. Aus diesem Grund kommen bei den genannten Berufsgruppen nicht nur Individual-Coachings, sondern auch verstärkt Team-, Gruppen- und Peer-Coachings zum Einsatz (vgl. Robbins, 1991; Waddell & Dunn, 2005). Diese Bereiche sollen an dieser Stelle nur als zwei Beispiele für Situationen genannt werden, in denen sich Coaching-Interventionen als Organisations- und Personalentwicklungsmaßnahmen etabliert haben. Andere Beispiele für besondere Zielgruppen sind beispielsweise sogenannte »Dual Career Couples« (Paare, in denen beide Partner eine Karriere verfolgen, Schreyögg, 2008), »Entrepreneure« bzw. »Entrepreneurteams« (Gessnitzer, Hahn, Saathoff, Kauffeld, 2015), neu eingesetzte Führungskräfte (Schreyögg, 2010) oder der wissenschaftliche Nachwuchs (siehe auch das Fallbeispiel »Karriere-Coaching für Doktorandinnen«, Spurk, Kauffeld, Barthauer & Heinemann, 2015).

Neben dem Fokus auf spezielle Zielgruppen gibt es auch die Entwicklung, sich auf spezielle thematische Coaching-Anlässe zu spezialisieren. Der Vorteil einer Spezialisierung (sei es auf Zielgruppen oder auf Anlässe für Coaching) liegt zunächst darin, dass sich damit meist auch die möglichen Themenfelder im Coaching einschränken. Dies ermöglicht dem Coach, leichteren Zugang zu diesen Problemen zu finden, da ihm diese häufiger bei der jeweiligen Zielgruppe/dem jeweiligen Anlass begegnen. Erfahrungswissen stellt demnach eine nicht zu unterschätzende Ressource des Coaches dar (vgl. Schreyögg, 2010). Beispielsweise kann ein Coach, der sich ausschließlich auf die Arbeit mit jungen Führungskräften spezialisiert hat, bereits nach einigen Coaching-Prozessen über einen Erfahrungsschatz verfügen, der es ihm ermöglicht, die Probleme einer jungen Führungskraft schneller einzuordnen, als dies ggf. anderen Führungskräften oder nicht-spezialisierten Coaches gelingt. Darauf aufbauend sind spezialisierte Coaches oftmals leichter in der Lage, Anliegen der Coachees zu strukturieren und bezüglich möglicher psychologischer oder soziologischer Hintergründe einzuordnen. Diese inhaltliche »innere Landkarte« für eine bestimmte Zielgruppe oder einen bestimmten Coaching-Anlass gibt dem Coach die Möglichkeit, die Situation des Coachees optimal beurteilen zu können (Schreyögg, 2010, S. 11). Als möglicher Nachteil einer Spezialisierung besteht jedoch immer die Gefahr, dass ein Coach zu schnell urteilt und beginnt, »in Schubladen« zu denken. Einer solchen Entwicklung kann eine Begleitung der täglichen Arbeit durch Supervision vorbeugen. Praktische Beispiele für eine derartige Form der Inhaltlichen Spezialisierung im Coaching stellen Konflikt- (vgl. Schreyögg, 2011), Stress- (vgl. Bernhard & Wermuth, 2011) sowie Life-Coaching (Schreyögg, 2015) oder aber auch Projekt-Coaching (Schüler, 2015) dar.

Das folgende Fallbeispiel soll einen Einblick geben, welche spezifischen Themen in einem Coaching-Angebot für eine spezifische Zielgruppe, in diesem Fall weibliche Doktorandinnen, behandelt werden können und über welches Hintergrund- oder Erfahrungswissen (▶ Kap. 8, »Feldkompetenz«) spezialisierte Coaches daher im Laufe der Zeit verfügen.

Karriere-Coaching für Doktorandinnen

In Zeiten hohen Bedarfs an gut ausgebildeten Fachkräften gehören Doktoranden zu der Gruppe der künftigen Leistungsträger und Führungskräfte. In der wichtigen Übergangsphase der Promotion müssen wesentliche Entscheidungen für den weiteren Lebensweg getroffen werden, die den Grundstein für die weitere Karriere legen (Enders, 2005). In diesem Spannungsfeld aus hohen aktuellen beruflichen Anforderungen durch die Promotion auf der einen und gleichzeitig hoher Unsicherheit bezüglich der beruflichen Zukunft auf der anderen Seite, werden Unterstützungs- und Beratungsangebote benötigt. Zu diesem Zweck haben sich in der Vergangenheit beispielsweise Mentoring- und Coaching-Programme als Unterstützungsformen für die Karriereentwicklung bewährt (Blickle, Kuhnert & Rieck, 2003). Im Folgenden soll daher ein kurzes Fallbeispiel aus einem Coaching-Angebot verdeutlichen, wo die Stärken einer solchen Unterstützungsform liegen. Es handelte sich bei dem hier dargestellten Angebot um ein Coaching speziell für weibliche Doktoranden. Doch warum ein Angebot speziell für Frauen, wenn doch alle Doktoranden Schwierigkeiten in der Übergangsphase der Promotion haben? Im Gegensatz zu Männern stehen Frauen oft ergänzend zu den Schwierigkeiten der Promotion vor der Überlegung, ob und wie ihre Karrierewünsche mit einem potenziellen Familienwunsch vereinbar sind (BMBF, 2013). Frauen haben zudem weniger Zugang zu einflussreichen Kontakten und profitieren dementsprechend weniger von karriererelevanten Netzwerkaktivitäten (Forret & Dougherty, 2004, Sauer, Spurk & Kauffeld, 2014). Hieraus resultierend sind Frauen in vielen höheren Hierarchieebenen in Universitäten und Organisationen systematisch unterrepräsentiert (Bilimoria, Joy & Liang, 2008). Um insbesondere Doktorandinnen bei der Auseinandersetzung mit ihren individuellen Karriereentscheidungen sowie ihrem persönlichen Netzwerk zu unterstützen, wurde daher das ProNet-Projekt (gefördert durch das BMBF) aufgesetzt. Es umfasste neben Netzwerk-Workshops auch ein strukturiertes und wissenschaftlich fundiertes Coaching-Konzept für Doktorandinnen (Braumandl & Dirschl, 2005; Biberacher, Braumandl & Strack, 2009). Neben der aktiven Unterstützung der Doktorandinnen, war die zentrale Fragestellung des Projektes, wie durch Coaching und Netzwerk-Workshops die Beschäftigungsfähigkeit der Doktorandinnen gefördert werden kann, um dadurch langfristig Karriereerfolg zu sichern. In dem Forschungsdesign mit verschiedenen Interventions- und Kontrollgruppen kamen Fragebögen zu relevanten Karrieremaßen, wie beruflichem Optimismus und Karriereplanung, zum Einsatz (Spurk, Kauffeld, Barthauer & Heinemann, 2015). Darüber hinaus wurde in jeder Coaching-Sitzung der Grad der Zielerreichung bei den

Coachees erfasst. Die Ergebnisse zeigten eine positive Entwicklung bei der individuellen Zielerreichung wie auch bei der Einschätzung des persönlichen Karriereerfolgs (Spurk, Kauffeld, Barthauer & Heinemann, 2015). Bei dem Projekt handelte es sich daher um eine gelungene Kombination von anspruchsvollem Forschungsprojekt sowie praxisnaher Intervention.

Im folgenden Fallbeispiel soll die erfolgreiche Unterstützung einer Doktorandin in einem Coaching dargestellt und die Auswirkungen auf die individuelle Karriereplanung aufgezeigt werden. Die Doktorandin war zum Zeitpunkt des Coachings 28 Jahre alt, verheiratet und stand kurz vor dem Abschluss ihrer Promotion im Fachbereich Biotechnologie. Sie hatte sich für das Coaching beworben, da sie unentschieden bezüglich ihrer beruflichen Zukunft war und darüber hinaus das Gefühl hatte, sich in Bewerbungssituationen nicht gut »verkaufen« zu können. Das Coaching-Konzept sieht neben fünf Sitzungen ein kurzes Vorgespräch und mindestens eine telefonische Transfer-Sitzung vor. Das Vorgespräch dient hierbei in erster Linie zum gegenseitigen Kennenlernen von Coach und Coachee sowie dazu, die Erwartungen des Coachees an das Coaching abzuklären und Informationen über den Prozess weiterzugeben. Nach Abschluss dieses Vorgespräches entscheidet der Coachee, ob sie sich ein Coaching vorstellen kann und ob es zu ihren Erwartungen passt. In diesem konkreten Fall verlief das Vorgespräch reibungslos: Der Coachee hatte sich vorher bereits informiert, was Coaching genau ist und kam daher mit sehr realistischen Erwartungen in das erste Gespräch. Als Hauptthema für das Coaching gab sie an, die Dissertation in den nächsten Monaten abzuschließen, aber noch nicht zu wissen, wie es danach weitergehen solle. Sie erwähnt, dass ihr Mann eher gegen eine Veränderung sei, während sie sich immer eher in der Wirtschaft gesehen habe. Coach und Coachee verständigen sich darauf, dass dies das Hauptthema des Coachings sein soll. Da der Coachee sich bereits sicher ist, das Coaching auf jeden Fall beginnen zu wollen, vereinbaren beide den ersten Termin für eine Coaching-Sitzung. In dieser Phase ist das vereinbarte Thema typisch für Doktoranden-Coachings: In vielen Fachbereichen ist eine Promotion nicht gleichzusetzen mit einer angestrebten Karriere in der Wissenschaft. Da eine Promotion auch in der Wirtschaft häufig nachgefragt ist, stellt sich die Frage nach einer Karriereentscheidung für viele Doktoranden und Doktorandinnen erst während der Promotion. Selbst wenn die Promotion mit einem festen Karriereplan angetreten wurde, kann es in dieser Übergangsphase durchaus zu Veränderungen kommen. Entweder verliert die Forschung in der Promotionszeit an Attraktivität oder das Forschungsinteresse wird in dieser Phase erst geweckt, wodurch eine klassische wissenschaftliche Karriere in den Fokus rückt. In vielen Fällen jedoch ist es so, dass die Doktoranden ein differenzierteres Bild von der wissenschaftlichen Karriere gewinnen und damit ihre Optionen sehr genau abwägen. Alle Karrierewege haben dementsprechend Vor- und Nachteile und eine Entscheidung wird, auch aufgrund der besonderen Belastungssituation während einer Promotion, häufig lange aufgeschoben.

In der ersten Coaching-Sitzung wird das grobe Ziel der Doktorandin detailliert besprochen und die derzeitige Situation dargestellt: Die Doktorandin erzählt, dass sie bereits zu Beginn ihres Studiums den festen Plan verfolgt habe, Karriere in der Wirtschaft zu machen. Durch ihre Promotion in den letzten Jahren sei sie sich nicht mehr sicher, ob dieser Plan noch zu dem passe, was sie wirklich wolle oder könne. Auch ihr Mann sei eher der Meinung, ihr gemeinsames Leben verlaufe auf diese Art gut und sie sei an der Universität gut aufgehoben, da dieser Beruf, seiner Sichtweise nach, auch eher mit einer geplanten Familie vereinbar sei. Darüber hinaus sei ihr noch völlig unklar, wie ihr Leben insgesamt in den nächsten Jahren weiter verlaufen solle. Wo wirklich ihre Stärken lägen und wie sie diese am besten einsetzen könne, wisse sie nicht mehr. Im Laufe dieser ersten Sitzung wird zuerst das Ziel mit der höchsten Priorität definiert: »Herausfinden, was ich wirklich nach der Promotion machen möchte«. Das Ziel sei für den Coachee erreicht, wenn sie wisse, wo sie sich als nächstes bewerben wolle und wie sie sich ihr Leben in den nächsten drei Jahren vorstellt. Das zweite Ziel wird zusammengefasst als: »Wissen, wo meine persönlichen Stärken liegen, und diese auch vor anderen vertreten/begründen können«. Hierfür definiert die Coachee den Soll-Zustand folgendermaßen: »Mindestens drei Stärken identifizieren und in einem Vorstellungsgespräch glaubhaft benennen können.« Im Laufe des Gespräches wird deutlich, dass die Coachee das Gefühl hat, in den letzten Jahren, während der Phase ihrer Dissertation, ein wenig ihrer Sicherheit und ihres Selbstbewusstseins eingebüßt zu haben. Während sie sich im Studium als sehr ehrgeizig und zielstrebig beschreibt, ist ihr derzeitiger Zustand von einer großen Unsicherheit über ihre Karriereziele und -möglichkeiten geprägt. Diese Emotionen treten immer wieder bei Doktoranden auf, insbesondere vor oder in der »heißen Phase« der Dissertation. Da eine Promotion immer auch von Rückschlägen geprägt ist, wird ein großes Durchhaltevermögen von Doktoranden gefordert. Dies, in Kombination mit dem jahrelangen Fokus auf Forschung und Theorie, hat in dem konkreten Einzelfall dazu geführt, dass die Doktorandin daran zweifelte, der Wirtschaft »gewachsen« zu sein. Diese Zweifel zeigten sich im Laufe der zweiten und dritten Coaching-Sitzung mit Hilfe einer Übung, in der die vergangenen Jahre des Studiums und der Promotion noch einmal zusammengefasst wurden. Zu diesem Zweck gibt es verschiedene Bilder, die in Übungen übertragen immer das gleiche Ziel verfolgen: Der Coachee versetzt sich in eine vergangene Situation, um aus Verhalten und Emotionen der Vergangenheit Erkenntnisse und Lösungen für die aktuelle Situation zu generieren. Bilder, die für solche Übungen genutzt werden, sind beispielsweise eine »Lebenslinie«, eine »Zeitmaschine« oder das Bild eines »Tagebucheintrages« (▶ Kap. 6). In dem aktuellen Fallbeispiel versetzte der Coach mithilfe einer »Zeitmaschine« die Coachee in ihre Vergangenheit, um noch einmal das Studium, ihr ursprüngliches Interesse an einer Stelle in der Wirtschaft und die Entscheidung für eine Promotion nachzuvollziehen. Die Doktorandin stellte ihre Vergangenheit in der Übung folgendermaßen dar: Durch ihren Ehrgeiz, habe sie bereits früh im Studium Praktika in der Wirtschaft gemacht, bei welchen sie dann auch ihren jetzigen Mann kennengelernt habe. Dieser habe damals kurz vor Abschluss seines Studiums gestanden und, nachdem dieses dann beendet war, direkt eine Stelle in einem Unternehmen übernommen. Beide seien schnell zusammengezogen und da sie noch studierte, habe sie ihm auch immer ein wenig »den Rücken freihalten« können. Ihr Studium sei insgesamt sehr gut verlaufen und sie habe sich an der Uni sehr wohl gefühlt. Aus dieser Situation heraus, habe sich ihre Promotionsstelle daher auch »eher ergeben«, als das sie diese aktiv angestrebt habe, fasst die

Coachee die damalige Situation zusammen. Nach ihrer hervorragenden Masterarbeit habe der Professor ihr eine Stelle angeboten, die sie damals spontan angenommen habe. Zu diesem Zeitpunkt habe sie damals mit ihrem heutigen Mann die Hochzeit geplant und in dem damit verbundenen Stress habe sie daher die sich ihr bietende Chance einer Promotionsstelle einfach ergriffen. Die Coachee erkennt, dass die Promotion mehr eine ergriffene Gelegenheit darstellt, jedoch nie ihr eigentliches Ziel gewesen sei oder Resultat einer bewussten Entscheidung. Die darauffolgenden Jahre der Promotion hätten für ihren Alltag keine große Veränderung bedeutet: Sie sei weiterhin morgens »zur Uni« gegangen und ihr Mann »zur Arbeit«. Abends habe sie nie von ihrer Arbeit im Labor berichtet, da ihr Mann dies sowieso nicht verstehen würde. Stattdessen habe er von seinem anstrengenden Alltag erzählt. Im Laufe dieser Sitzung wird der Doktorandin klar, dass sie sich gegenüber ihrem Umfeld nicht als »berufstätig«, sondern eher als »Promotionsstudentin« beschrieben und auch so verhalten habe. Ihr Selbstbild habe sich dadurch nicht weiterentwickelt: Sie fühle sich immer noch ein wenig wie eine Studentin, die an einer sehr großen Abschlussarbeit schreibt. Durch ihre Arbeit, die sich vor allem auf die Tätigkeit im Labor und das Niederschreiben der dort erhaltenen Ergebnisse fokussiert, habe sie ein wenig aus den Augen verloren, warum sie dies alles mache. Darüber hinaus hätten Rückschläge nicht gerade zu einem Anstieg ihres beruflichen Selbstbewusstseins beigetragen, insbesondere, da ihrem sozialen Umfeld das Verständnis für ihre Forschung fehle. Die Coachee beschließt, dass sie gerade nicht entscheiden könne, was sie eigentlich will, da ihr schwaches Selbstbewusstsein augenblicklich im Fokus stehe und ihr sage, was sie alles bestimmt nicht könne.

In vielen Forschungsbereichen stellt sich der Alltag von Doktoranden tatsächlich so dar, dass es an Austauschmöglichkeiten und Fortschrittsfeedback fehlt. Neben der Arbeit an der Dissertation kommen Möglichkeiten fachliches Selbstbewusstsein und karriererelevante Schlüsselqualifikationen aufzubauen sowie eine langfristige Karrierestrategie zu entwickeln meist zu kurz. Immer mehr Universitäten haben auf diese Situation bereits reagiert und sogenannte »Graduiertenschulen« aufgesetzt. Durch diese sollen Doktoranden

3.3 Inhaltlicher Fokus von Coaching

die Möglichkeit bekommen, sich durch Veranstaltungen und zielgruppenspezifische Kursangebote weiterzuentwickeln und zu vernetzen. Auch in dem aktuellen Fallbeispiel gab es für die Doktorandin die Möglichkeit, an Angeboten einer Graduiertenschule teilzunehmen. Im Rahmen des Coachings werden daher in einem ersten Schritt Maßnahmen vereinbart, die das fachliche Selbstbewusstsein stärken sollen. Die Coachee beschließt beispielsweise, ihre Dissertationsergebnisse im Rahmen eines Doktoranden-Workshops vorzustellen und dies als Vorbereitung für ihre Verteidigung zu nutzen. Dieses Beispiel verdeutlicht, wie aus dem ursprünglichen Ziel der Berufsorientierung zeitweise ein anderes Ziel in den Fokus gerückt ist: Der Aufbau von fachlichem Selbstbewusstsein der Doktorandin, um im Anschluss zu entscheiden, was sie wirklich *will,* und nicht, was sie sich in ihrer Situation wirklich *zutraut.*

Im Laufe des Coachings stellen sich durch die Maßnahmen der Coachee einige entscheidende Veränderungen ein: Das positive Feedback für ihren Vortrag im Doktoranden-Kolloquium bestärkt die Coachee, auch ihrem Doktorvater gegenüber selbstbewusster aufzutreten. Auf ihre Initiative hin unterstützt er sie bei der Einreichung ihrer Ergebnisse für einen Kongressvortrag. Diese Entwicklungen wirken sich auch auf das Privatleben der Coachee aus: Sie berichtet im Coaching, dass nun auch sie abends von ihrer Arbeit erzähle und ihr Mann ihr bereits gespiegelt habe, dass er zum ersten Mal eine Idee davon bekomme, was sie eigentlich in ihrer Arbeit genau tue. Für die ursprünglichen Coaching-Ziele hatte die Entwicklung insofern Bedeutung, dass die Coachee nach vier Coaching-Sitzungen problemlos in der Lage war, eigene Stärken zu benennen. Als besonders hilfreich haben sich dafür der Austausch mit ihrem Doktorvater und die Erfolgserlebnisse beim Vorstellen ihrer Dissertation herausgestellt. Für das eigentlich priorisierte Ziel, die berufliche Orientierung, sei sie zumindest sicher, dass sie nicht die klassische Forschungskarriere verfolgen möchte, sondern, ihrem ursprünglichen Plan entsprechend, den Schritt in die Wirtschaft wagen will. Sie hat für sich erkannt, dass ihre Präsentationsfähigkeiten eine Stärke darstellen und dass sie auch auf einen regelmäßigen Austausch im Team sehr großen Wert legt. Die Coachee plant in den nächsten Monaten verstärkt Angebote der

Graduiertenschule anzunehmen, in denen die Vernetzung mit regionalen und überregionalen Unternehmen vorangetrieben wird. Dadurch möchte sie einen Überblick über mögliche zukünftige Arbeitgeber erhalten.

Zusammengefasst lässt sich sagen, dass sich die Coachee im Coaching stark mit der eigenen Selbstwahrnehmung auseinandergesetzt hat. Durch verschiedene Faktoren in der Promotionszeit hatte ihr berufliches Selbstbewusstsein gelitten, was durch die eher klassische Rollenverteilung in ihrer Beziehung, kombiniert mit einer eher einsamen Labortätigkeit verursacht worden war. Im Rahmen des Coachings entwickelte die Coachee daher im ersten Schritt Maßnahmen, die ihr berufliches Selbstbewusstsein stärken sollten, um im Anschluss Karriereentscheidungen zu treffen. Mit Hilfe der Graduiertenschule und der Nutzung des sozialen Umfelds (Ehemann) gelang es der Coachee, persönliche Stärken zu erkennen und eine größere berufliche Zuversicht zu erlangen. Durch den individualisierten Ansatz kann Coaching Coachees dabei unterstützen den persönlichen IST- und SOLL-Zustand zu analysieren, um im Anschluss selbst gezielt Maßnahmen auszuwählen, die zur Verbesserung der eigenen Situation beitragen können. Damit stellt Coaching eine sinnvolle Ergänzung zu Graduiertenschulen, Mentoring-Programmen oder sonstigen Unterstützungsangeboten dar.

3.4 Medieneinsatz im Coaching

Die gesellschaftlichen Veränderungen, die zur Verbreitung von Coaching beigetragen haben, haben auch dafür gesorgt, dass Arbeitszeiten und -orte hochgradig flexibilisiert wurden (vgl. Höpfer, 2006). Insbesondere im Management ist es daher zunehmend schwierig geworden, »face-to-face«-Termine mit einem Coach zu ermöglichen. Im gleichen Zuge, in dem Unternehmen immer mehr Geld für E-Learning und den Einsatz Elektronischer Medien ausgeben, entwickelte sich demnach auch der Medien-

3.4 Medieneinsatz im Coaching

einsatz im Coaching weiter (vgl. Geißler & Kanatouri, 2015). Bereits 2009 gaben Coaches in einer Studie an, Coaching via Telefon gelegentlich bis häufig durchzuführen (Bono et al., 2009). Sowohl für den Coachee als auch für den Coach bringt »Coaching via Telefon« offensichtlich den Vorteil der Flexibilität und – auf Seiten des Coachees – zudem eine gesteigerte Kosteneffizienz (vgl. Berry, Ashby, Gnilka & Matheny, 2011; Geißler & Kanatouri, 2015). Mögliche Nachteile liegen beispielsweise in einem medienbedingten »Verzicht« auf nonverbale Sprache: Normalerweise nutzen Coaches sowohl die eigenen als auch die nonverbalen Signale des Coachees als Kommunikationsebene (Lippmann & Ullmann-Jungfer, 2008). Diese Möglichkeiten fallen per Telefon dementsprechend weg, was der Stimme eine größere Bedeutung zukommen lässt. Als ein weiterer möglicher Nachteil wurde lange auch eine schlechtere Beziehungsqualität gegenüber dem klassischen Face-to-Face-Coaching vermutet. Insbesondere, wenn Coach und Coachee sich in ihrer Beziehung nicht einmal persönlich kennenlernen, sondern die gesamte Kommunikation über Telefon (oder vergleichbare Medien) abläuft (Berry, Ashby, Gnilka & Matheny, 2011). Diese Befürchtung konnte durch bisherige Studienergebnisse jedoch nicht untermauert werden: Sowohl der Erfolg als auch die Beziehungsqualität unterschieden sich nicht bei klassischen Face-to-Face- und Telefon-Coachings (Berry et al., 2011). Dies legt den Schluss nahe, dass Coaching unabhängig vom Medium funktionieren kann: Vorausgesetzt, beide Parteien sind vertraut mit diesem Medium und nutzen dieses freiwillig (vgl. Geißler, 2008; Geißler & Kanatouri, 2015). Als Reaktion auf den Erfolg, wurde Coaching über das Medium »Telefon« in den letzten Jahren immer häufiger eingesetzt: Insbesondere als ergänzendes Kommunikationsmedium zum Face-to-Face-Coaching (vgl. Bono et al., 2009), über welches zum Beispiel einzelne Sitzungen stattfinden können, oder aber auch im Bereich des Gesundheitscoachings (e.g. Dennis, Harris, Lloyd, Powell Davies, Faruqi & Zwar, 2013).

Ein weiteres Medium, das aus dem modernen Arbeitsleben nicht mehr wegzudenken ist, ist das Internet. Als naheliegende Kommunikationsmittel wurden dementsprechend neben Telefon-Coachings auch Online-Coaching-Sitzungen mit oder ohne Bildübertragung über Internet-Telefonie-Dienste oder auch über Chatfunktionen immer beliebter (vgl. Bono, et al, 2009). Da diese, genauso wie das Telefon, in der Regel eine synchrone Kommunikation ermöglichen und daher durchaus vergleichbar sind, soll hierauf nicht vertiefend eingegangen werden. Das Internet ermöglicht darüber hinaus auch verschiedene asynchrone Kommunikationsmöglichkeiten, wie beispielsweise das Verfassen und Empfangen von E-Mails (vgl. Geißler & Kanatouri, 2015). Asynchrone Kommunikation ist hierbei gekennzeichnet durch eine zeitliche Verzögerung zwischen den kommunikativen Beiträgen von Coach und Coachee (Lippmann & Ullmann-Jungfer, 2008): Antworten oder Anfragen erfolgen dementsprechend überlegter als in der persönlichen Kommunikation. Die Verschriftlichung von Sprache (beispielsweise bei E-Mail-Coaching) stellt eine weitere Veränderung der normalen Kommunikation dar, was sowohl als Vor- wie auch als Nachteil betrachtet werden kann (Geißler & Kanatouri, 2015; Lippmann & Ullmann-Jungfer, 2008). Beispielsweise haben Coachees eine größere Kontrolle über ihr geschriebenes Wort: Sie können das Schreiben flexibler gestalten, zwischendurch unterbrechen, ihre Worte verändern oder sogar löschen. Diese Aspekte sind in einer »normalen« Coaching-Sitzung nicht möglich und erlauben dem Coachee, den Intimitäts- und Intensitätsgrad in seinem Coaching flexibler zu bestimmen (vgl. Geißler & Kanatouri, 2015; Lippmann & Ullmann-Jungfer, 2008). Auf der anderen Seite kann das Fehlen von spontanen Beschreibungen sich auch negativ auf die Reflexion einer Situation auswirken. Auch die Unpersönlichkeit einer schriftlichen Kommunikation und die zeitliche Verzögerung einer Antwort können eine tiefe Auseinandersetzung mit einer Problemstellung erschweren (Lippmann & Ullmann-Jungfer, 2008). Gegenüber einem Telefon-Coaching fallen bei einem E-Mail-Coaching auch die Stimme und damit verbundene Kommunikationselemente (Intonation sowie paralinguistische Elemente wie Tempo und Tonfall) als mögliche Informationsebene weg. Außerdem müssen Aspekte wie Datensicherheit und eine Einschränkung der Interventionsmöglichkeiten durch den Coach als Nachteile benannt werden (Lippmann & Ullmann-Jungfer, 2008). Methoden, welche in einem solchen »E-Mail«-Coaching zum Einsatz kommen können, sind teilweise vergleichbar mit Face-to-Face-Coaching und reichen von Fragetechniken über Paraphrasieren, bis hin zu Inputs und Hausaufgaben (Lippmann & Ullmann-Jungfer, 2008).

Es gibt über E-Mail-Coaching hinaus verschiedene weitere Applikationen von sogenanntem »E-Coaching«. Unter zu Hilfenahme von Lernplatt-

3.4 Medieneinsatz im Coaching

formen können z. B. Coaching-Übungen didaktisch völlig neu aufbereitet werden, aber auch ein Austausch zwischen Coachees kann auf diese Art und Weise gefördert werden (Geißler & Kanatouri, 2015; Theis, 2008). Die Möglichkeiten für reines E-Coaching oder *Blended-Coaching* (eine Kombination aus E-Coaching Elementen mit Face-to-Face-Coaching) sind endlos (Geissler, 2008; Geißler & Kanatouri, 2015). Als ein konkretes Beispiel soll an dieser Stelle noch kurz das virtuelle Transfer-Coaching vorgestellt werden. Dieses setzt an der Erkenntnis an, dass mithilfe von Coaching der Transfer eines Trainings signifikant gesteigert werden kann (e.g. Olivero, Bane & Kopelman, 1991). Auf Grund der normalerweise schwerwiegenden Transferlücke nach einem Training wurde hierfür bereits Peer-Coaching (▶ Kap. 3.2) zur Transfersteigerung bei Lehrern eingesetzt (Stafford, 1998). E-Coaching stellt nun eine neue Möglichkeit für die Nutzung von Coaching zur Transfersicherung dar, welche noch immer kostengünstiger als ein klassisches Coaching ist, dabei jedoch die Vorteile eines speziell ausgebildeten Coaches bietet (Geissler, 2011; Kreggenfeld & Reckert, 2008). Das Virtuelle Transfer-Coaching ist eine Mischung aus Training, E-Learning und Telefon-Coaching und hat die primäre Zielsetzung, die Wirkung eines Trainings zu optimieren und dabei die Transferquote positiv zu beeinflussen (Geissler, 2011; Kreggenfeld & Reckert, 2008).

Vor dem Seminar empfehlen die Verfassenden, die Teilnehmenden nach ihrer persönlichen Motivation und ihren Zielen zu befragen (Kreggenfeld & Reckert, 2008). Auf diese Weise soll bereits von Beginn an der Transfer in den Fokus gerückt werden. Am Ende des Trainings erstellen die Trainer gemeinsam mit den Teilnehmenden einen Maßnahmenplan zur Umsetzung des Gelernten und bauen dabei auf der Frage auf, was in den nächsten Wochen konkret umgesetzt werden soll. Drei bis vier Arbeitstage nach dem Training werden die ersten E-Learning-Module von den Teilnehmenden bearbeitet, um den Transfer zu unterstützen (Kreggenfeld & Reckert, 2008). Eine Woche nach dem Training wird mit Hilfe eines Telefon-Coachings nachgehakt, was von dem Gelernten bereits konkret umgesetzt wurde, welche Schritte dafür schon gemacht wurden oder noch zu tun sind. Nach einer weiteren Woche, erfolgt eine weitere Telefon-Coaching-Sitzung, in welcher es auch um Faktoren geht, die sich bisher als förderlich für den Transfer herausgestellt haben (vgl. Kreggenfeld & Reckert, 2008). Insgesamt drei Wochen nach dem Seminar bearbeiten die

Teilnehmer ein weiteres E-Learning-Modul und nehmen daraufhin an einem weiteren Telefon-Coaching teil. Dadurch, dass der Coachee dem Coach online Lesezugriff auf die E-Learning-Module geben kann, kann der Coach direkt auf die Inhalte der E-Learning-Übungen eingehen und diese als Basis für das Telefon-Coaching nutzen. Vier Wochen nach dem Seminar schließt ein Telefon-Coaching den Prozess ab: In dieser Sitzung wird abschließend die Frage bearbeitet, ob und wenn ja, welche Inhalte aus dem Seminar wie gut im Alltag umgesetzt werden konnten und wo die Ursachen dafür liegen (Kreggenfeld & Reckert, 2008). Durch die permanente Auseinandersetzung mit dem Lernstoff und dem eigenen Transferfortschritt durch die E-Learning-Module sowie die kontrollierende und unterstützende Wirkung eines persönlichen Coachings erfolgt eine ideale Transferbegleitung in den Wochen nach dem Training (vgl. Geissler, 2011; Kreggenfeld & Reckert, 2008).

3.5 Fazit

Auch wenn Freiwilligkeit seitens der Coachees die wichtigste Voraussetzung von Coaching ist, handelt es sich bei Coachee und formalem Auftraggeber häufig nicht um die gleiche Person. Wann auch immer dieser Fall eintritt und die Initiative zu einem Coaching nicht von den Coachees ausging oder das Coaching nicht vom Coachee selber finanziert wird, müssen die Ziele für das Coaching in einem Kontrakt- oder Klärungsgespräch mit formalem Auftraggeber und Coachee abgestimmt werden. Es obliegt dabei dem Coach sicherzustellen, dass trotz dieser besonderen Startbedingungen der Coachee motiviert und freiwillig mit dem Coaching beginnt und damit die Grundlagen für einen erfolgreichen Prozess gelegt werden. Des Weiteren kann ein solches Coaching nur erfolgreich für alle Parteien sein, wenn bezüglich der individuellen Ziele des Auftraggebers und des Coachees Klarheit und Transparenz herrscht und der Coachee trotz allem der »Herr« über sein eigenes Coaching ist. Neben diesen bemerkenswerten Dreiecks-Beziehungen zwischen Auftraggeber, Coach

3.5 Fazit

und Coachee gibt es auch weitere besondere Coaching-Settings, die von der klassischen Coach-Coachee-Beziehung abweichen. Obwohl zum Beispiel im Selbst- und Peer-Coaching kein professioneller Coach anwesend ist, haben sich beide Konzepte in bestimmten Kontexten und bei bestimmten Personen als erfolgreich herausgestellt. Auch wenn die Arbeit mit einem professionellen Coach meist bessere Ergebnisse verspricht, sind die beiden Konzepte sehr kosteneffizient und ermöglichen eine hohe Flexibilität. Bei nicht-dyadischen Coachings kann zwischen Team- und Gruppen-Coachings unterschieden werden: Während Team-Coaching zu dem Bereich der Teamentwicklung zu zählen ist, handelt es sich beim Gruppen-Coaching um eine kostengünstigere Alternative zu Einzel-Coachings, die für eine Personengruppe mit ähnlichen Themenkomplexen geeignet ist. Neben den verschiedenen Settings werden Coachings auch immer häufiger auf einen inhaltlichen Fokus ausgerichtet (beispielsweise Stress- oder Konflikt-Coaching). Eine solche Spezialisierung ermöglicht es Coaches, die Prozesse speziell auf Themenbereiche anzupassen und einen spezifischen Erfahrungsschatz für ihr Thema aufzubauen. Als eine andere Weiterentwicklung kommen auch moderne Medien (Telefon, E-Mail, E-Learning Plattformen) immer stärker zum Einsatz im Coaching, was zu einer Flexibilisierung von Coaching-Dienstleistung beigetragen hat.

Weiterführende Literatur

Teamcoaching:
Schmitz, M. (2015). Teamcoaching. Grundlagen, Anleitungen, Fallbeispiele. Weinheim/Basel: Beltz.

E-Coaching:
Geißler, H. (2008). *E-Coaching*. Baltmannsweiler: Schneider Verlag.

Projektcoaching:
Wastian, M., Braumandl, I. & Dost, B. (2012). Projektcoaching als Weg zum erfolgreichen Projekt. In: M. Wastian, I. Braumandl & L. von Rosenstiel (Hrsg.), *Angewandte Psychologie für das Projektmanagement* (2. Aufl., S. 98-117). Heidelberg: Springer.

4 Struktur von Coaching

Die Struktur von Coaching richtet sich zu großen Teilen nach den Bedürfnissen des Coachees: Wie lange Coaching-Sitzungen oder ganze Coaching-Prozesse dauern, kann zwischen Coaches, Coachees, inhaltlichen Schwerpunkten und Settings stark variieren. Während manche Coaches aus ihrer Erfahrung oder Ausbildung heraus hier nach einem prototypischen Muster verfahren (vgl. Gessnitzer, Kauffeld & Braumandl, 2011; Grant, 2011; Vogelauer, 2013b), handeln andere Coaches sehr flexibel (vgl. Schmitz, 2015). Obwohl die Individualität von Coaching eine der großen Stärken dieser Form der Intervention darstellt, da der Coach einzelne Sitzungen oder den ganzen Prozess auf den Coachee abstimmen kann, benötigen Coachees bereits zu Beginn des Prozesses eine gewisse Transparenz und Planungssicherheit zu diesem Vorgang. Dies gilt insbesondere, wenn Coachees zum ersten Mal Kontakt zu Coaching haben und dieses ggf. auch selbst finanzieren: In diesen Fällen fordern sie häufig früh Informationen ein, wie lange Coaching beispielsweise im Allgemeinen dauert und was genau der Coaching-Prozess umfassen wird. Dies bedeutet für den Coach, bereits zu Beginn des Prozesses die strukturellen Merkmale seines Konzepts verdeutlichen zu müssen und dem Coachee zumindest Anhaltspunkte zu liefern, was genau der Coaching-Prozess umfassen wird. Die derzeitige Bandbreite an Strukturen von Coaching-Sitzungen und -Prozessen wird durch eine Umfrage unter Coaches von 2012 verdeutlicht. Hier lag die mittlere Dauer eines Coaching-Prozesses bei durchschnittlich 12,4 Stunden. Wie viele Sitzungen dabei zu einem Coaching-Prozess gehören, variierte von 2–3 Sitzungen (24 Prozent der Befragten) über 4–5 Sitzungen (40 Prozent) bis zu 6–10 Sitzungen (24 Prozent) oder sogar mehr als 10 Sitzungen (12 Prozent, Vogelauer, 2013c). Die Gespräche dauerten dabei meistens 60 (20 Prozent der Befragten) oder 90 Minuten (68 Prozent). Nur bei 12 Prozent der befragten Coaches dauerte ein Gespräch zwei Stunden (8 Prozent) oder sogar mehr als drei Stunden (4 Prozent, Vogelauer, 2013c).

Wie sich Coaching-Prozesse genau strukturieren, bzw. welche Inhalte sie meist umfassen, soll im folgenden Kapitel verdeutlicht werden. Anhand von verschiedenen Phasenmodellen werden allgemeine Bestandteile und Merkmale von Coaching-Prozessen zusammengefasst und die Inhalte jeder dieser Phasen dargestellt (▶ Abb. 6). Ein Exkurs zum Thema »SMARTe Ziele« greift hierbei die Wichtigkeit der Zieldefinition auf und stellt ein häufig genutztes Akronym für die Zielklärungsphase vor. Im Anschluss wird die Ebene der Coaching-Sitzungen in den Fokus genommen: Auch hier werden die allgemeinen Abläufe einer Coaching-Sitzung aus verschiedenen Quellen zusammengefasst und Handlungsoptionen für den Coach aufgezeigt (▶ Abb. 7). Ein Exkurs zu einem der meist-genutzten Sitzungsmodelle, dem GROW-Modell, rundet das Kapitel ab.

4.1 Phasen im Coaching-Prozess

Der Coaching-Prozess wird von verschiedenen Verfassenden unterschiedlich strukturiert. Dabei unterscheiden Verfassende zwischen vier (Feldman & Lankau, 2005; Haberleitner, Deistler & Ungvari, 2004), fünf (Natale & Diamante, 2005; Vogelauer, 2004, 2013b), sechs (Lippmann, 2013a; Turck, Faerber & Zielke, 2007) oder sogar sieben Phasen (Hölscher, 2010). Im Detail betrachtet zeigen sich jedoch große Übereinstimmungen bei den Inhalten der jeweiligen Modelle.

Akquisitions-/Einstiegsphase

Beispielsweise findet sich bei fast allen Verfassern eine Einstiegsphase (Hölscher, 2010; Lippmann, 2013a; Natale & Diamante, 2005; Turck, Faerber & Zielke, 2007; Vogelauer, 2004, 2013b), in der es in einem ersten

Schritt darum geht, dass Coach und Coachee sich kennenlernen und gegenseitige Erwartungen austauschen. In vielen Fällen haben Coachees keinerlei Erfahrungen mit Coaching: Insbesondere für diese Situationen ist es erforderlich, Informationen über Coaching und über die damit verbundenen Rollen weiterzugeben (e.g. Vogelauer, 2004, 2013b). In den meisten Fällen steht in der Einstiegs- oder Kontrakt-Phase noch nicht fest, ob ein Coaching stattfinden wird. Es gilt, gegenseitig ausreichend Erwartungen und Informationen auszutauschen (beispielsweise auch über Honorarvorstellungen; Turck et al., 2007), um die Basis für eine Prozessentscheidung herzustellen. Aufgrund der gleichberechtigten Arbeitsbeziehung im Coaching müssen sich hierbei beide Parteien zu einer Zusammenarbeit bereit erklären (e.g. Vogelauer, 2004, 2013b). Erst nachdem ein Austausch zu dem grundsätzlichen Anlass des Coachees, dem Ablauf eines Coachings sowie den organisatorischen Rahmenbedingungen stattgefunden hat, können beide Seiten überprüfen, ob sie gegenseitiges Vertrauen aufgebaut haben und sich die gemeinsame Arbeit vorstellen können. Natale und Diamante nennen diese Phase passenderweise den sogenannten »Bündnis-Check« (2005). Dieser erste Kontakt ist immer unverbindlich, jedoch nicht bei allen Coaches kostenfrei (vgl. Vogelauer, 2013b).

Kontraktphase

Je nach Quelle findet erst dann die Kontraktphase statt, in der eine bindende Entscheidung getroffen und ein Coaching-Vertrag erstellt wird (Lippmann, 2013a). Zu diesem Zeitpunkt muss der Coachee bereits von der Glaubwürdigkeit sowie der Expertise des Coaches überzeugt sein: Dies geschieht oftmals, indem dieser Informationen wie Hintergrund, Referenzen und Erfahrungen erfragt (Natale & Diamante, 2005). Für den Coach ergeben sich in dieser Phase demnach ganz konkrete Handlungsanweisungen: Es müssen Vertrauen gewonnen und Informationen ausgetauscht werden. Es gilt, von den eigenen Fähigkeiten zu überzeugen und trotzdem sicherzustellen, dass der Coachee die richtigen Erwartungen an das Coaching hat. Darüber hinaus muss der Coach auch für sich selbst genug Informationen sammeln, um sich für oder gegen die Zusammenarbeit mit dem Coachee entscheiden zu können.

4.1 Phasen im Coaching-Prozess

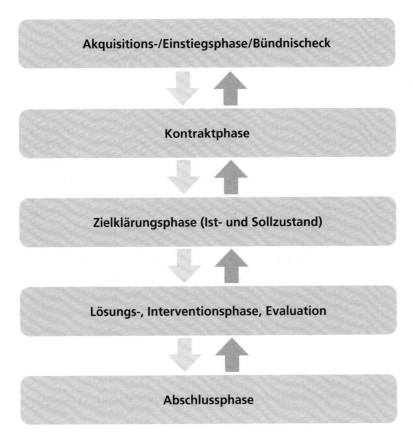

Abb. 6: Phasenmodell im Coaching (in Anlehnung an Lippmann, 2013a; Natale & Diamante, 2005; Vogelauer, 2013b)

Zielklärungsphase

Der nächste Schritt fokussiert sich, je nach Verfasser, auf die Problemidentifikation und Zielsetzung (Lippmann, 2013a; Turck, Faerber & Zielke, 2007). Es geht hierbei darum, ein beiderseitiges Verständnis von Ausgangssituation und Zielvorstellungen des Coachees zu entwickeln (Vogelauer, 2004, 2013b). Neben einer detaillierten Situationsanalyse (Vogelauer, 2013b) wird hierbei meist auch ein Perspektivwechsel eingenommen, um den erwünschten Sollzustand möglichst klar zu definieren (Haberleitner et al., 2004). Ziel dieser Phase ist in jedem Fall, eine klare und spezifische Zieldefinition: Diese bildet die Basis für den gesamten weiteren Coaching-Prozess, weshalb dieser Phase eine große Bedeutung zukommt. Für die Durchführung einer Zielklärung kann sich der Coach beispielsweise dafür entscheiden, den Coachee mit Hintergrundwissen zu Zielsetzungstheorien zu versorgen (bspw. durch das SMART-Akronym, ▶ Exkurs: SMARTe Ziele), um eine aktive Reflexion des Coachees zu unterstützen. Da es sich beim Coaching um eine Prozessbegleitung handelt, kann es im Laufe des Coachings durch veränderte Situationen des Coachees auch immer wieder zu einer Veränderung des Coaching-Ziels kommen. Eine solche Veränderung zu erkennen und die Zielaktualität mit dem Coachee gemeinsam sicherzustellen, ist hierbei eine wichtige Prozessaufgabe des Coaches.

Je nach Coaching-Thematik kann es in dieser Phase auch zu einer Datensammlung kommen (Feldman & Lankau, 2005), aus der eine Diagnose der Situation resultiert (Vogelauer, 2013b). Beispielsweise kann der Coach hier Fragebögen oder Interviews mit dem Kollegium führen oder auch im Rahmen eines sogenannten »Schattentages« den Coachee in seiner täglichen Arbeit beobachten. Dies vereinfacht laut Feldman und Lankau (2005) die folgende Diskussion über Stärken und Entwicklungsfelder des Coachees sowie die Definition von Zielen für das Coaching. Kapitel 5 gibt eine detaillierte Übersicht zu diagnostischen Verfahren im Coaching.

Exkurs: SMARTe Ziele

Das Erreichen von individuellen Zielen bildet nicht nur die Basis von erfolgreichem Coaching (e.g. Bono et al., 2009; Grant et al., 2010; Jones et al., 2015; Kilburg, 1996; Smither, 2011): Das Setzen und Erreichen von Zielen ist eine Grundvoraussetzung für gerichtetes Handeln. Ziele werden daher auch im Führungskontext (»Management by objectives«, e.g. Watzka, 2011), im therapeutischen Bereich (Tryon & Winograd, 2011) oder im Trainingsbereich gezielt eingesetzt, um die Motivation von Personen auf einen bestimmten Zweck auszurichten und Erfolg sicherzustellen (Day & Unsworth, 2013). Während im Führungskontext die Ziele häufig von der Führungskraft vorgegeben werden, gilt es im Coaching die konkreten Ziele des Coachees im Coaching-Prozess zu erreichen (Greif, 2008).

Die Forschung hat sich in den vergangenen Jahrzehnten intensiv mit Zielen auseinandergesetzt. Die sogenannte Zielsetzungstheorie von Locke und Latham (2013) ist in diesem Bereich eine der am weitest verbreiteten und am meisten validen Theorien. Die Theorie macht Aussagen darüber, wie der Prozess der Zielsetzung gestaltet werden sollte, bzw. welche Merkmale ein Ziel besitzen sollte, um eine anschließend hohe Zielerreichung wahrscheinlicher zu machen. Denn ein abstraktes oder ein »do-it-your-best«-Ziel führen in den meisten Fällen nicht zu Erfolg. Die Thesen der Zielsetzungstheorie beruhen auf zahlreichen Studienergebnissen und können daher als sehr verlässlich angesehen werden. Auch in der Coaching-Forschung konnte gezeigt werden, dass die praktische Umsetzung der Zielerreichungstheorie sich auf den Coaching-Erfolg auswirkt: In einer Studie wurde verglichen, ob ein klientenzentriertes Vorgehen oder ein zielorientiertes Vorgehen (die konkrete Umsetzung der Zielerreichungstheorie in der Coaching-Praxis) den Coaching-Erfolg besser vorhersagt. Die Ergebnisse zeigen, dass die Umsetzung der Zielerreichungstheorie den Erfolg einer Coaching-Sitzung vorhersagte, auch wenn die Forschenden den Einfluss des klientenzentrierten Vorgehens herausrechneten. Anders herum konnte das klientenzentrierte Vorgehen Erfolg von Coaching nicht vorhersagen, wenn der zielorientierte Ansatz aus der Berechnung entfernt wurde (Grant, 2012a). Aus diesem Grund ist es nicht verwunderlich, dass eine praktische Anwendung der Zielsetzungstheorie in verschiedenen Bereichen angestrebt wurde. Um eine solche Anwendung zu erleichtern und die Theorie auf einfach zu merkende Grundlagen zu reduzieren, hat sich das Akronym *SMART* in der Praxis durchgesetzt (vgl. Watzka, 2011). Auch im Coaching gehört die Definition von Zielen nach SMART zu den am häufigsten gelehrten Grundsätzen (Grant, 2012a). Jeder Buchstabe des Akronyms steht für einen Aspekt, der effektive Zielformulierung ausmacht (Klenke, 2014). Auch wenn einige Variationen in der »Übersetzung« des Akronyms existieren, stehen die Buchstaben in der Regel für: Spezifisch, Messbar, Attraktiv, Realistisch und Terminiert. Im Folgenden wird kurz auf die inhaltliche Bedeutung jedes Buchstaben eingegangen und anhand eines praktischen Beispiels der Einsatz im Coaching verdeutlicht.

Spezifisch: Je eindeutiger und klarer Ziele definiert sind, desto eher können diese erreicht werden (Locke & Latham, 2013). Dies gilt insbesondere im Coaching, da hierbei mindestens zwei Personen (Coach und Coachee) in den Prozess der Zielerreichung involviert sind. Auch wenn ausschließlich der Coachee die Verantwortung für die Zielerreichung trägt (vgl. Jones et al., 2015; Joseph, 2006), gestaltet der Coach den Prozess entscheidend mit. Wenn hier Unklarheiten bezüglich des Anliegens des Coachees bleiben, kann kein erfolgreicher Coaching-Prozess stattfinden (vgl. Greif, 2008). Ein Ziel ist dann spezifisch, wenn keinerlei Interpretationsspielraum bezüglich des Inhaltes übrigbleibt. Beispielsweise ist bei dem Ziel »Führungsverhalten verbessern« weder klar, was genau unter »Führungsverhalten« zu verstehen ist, noch, woran eine Verbesserung festgemacht wird. Ein besseres Beispiel für eine spezifische Zieldefinition könnte hierbei sein: »Ich möchte in Kritikgesprächen mit meinen Beschäftigten selbstbewusster agieren und meine Visionen vor dem Team klarer formulieren und vertreten können«. An diesem Beispiel wird deutlich, wie wichtig eine konkrete Formulierung sein kann: Für den Coachee ist vollkommen klar, was mit »Führungsverhalten verbessern« gemeint ist. Der Coach sieht in der ersten Zielformulierung ohne eine genaue Exploration vielleicht vollkommen andere Thematiken als der Coachee. Ein weiterer Vorteil einer spezifischen Formulierung besteht darin, dass bereits der Prozess dieser Zielklärung von dem Coachee eine Reflexion erfordert, die oftmals die Grundlage für Lösungsansätze bildet. Auch der Coach kann mit Hilfe der zweiten Zielformulierung den Coaching-Prozess sehr viel detaillierter planen. Das Finden einer geeigneten Formulierung bedarf im Coaching-Prozess häufig Zeit und es kann auch vorkommen, dass Ziele in mehrere Subziele unterteilt werden können.

Messbar: Ziele, die nachprüfbar oder deren aktueller Stand konkret und möglichst objektiv bestimmbar ist, ermöglichen sowohl dem Coach als auch dem Coachee eine Evaluierung. Insbesondere im Coaching stellt die Messbarkeit dabei häufig ein Problem dar. Beispielsweise ist das Ziel »Ich möchte mich bei Präsentationen sicherer fühlen« schwer zu messen: Auch erste Erfolge nach ein oder zwei Coaching-Sitzungen sind daher für Coach und Coachee schlecht nachzuvollziehen. Eine messbarere Formulierung könnte zum Beispiel beinhalten: »Ich möchte bei Präsentationen nicht mehr so häufig ins Stocken geraten und den roten Faden verlieren.« Hier wurden Merkmale definiert, die Fortschritt erkennbar machen. Aus diesem Grund können beispielsweise das Kollegium oder Freundinnen und Freunde des Coachees oder aber auch der Coach selbst als »externe Beobachter« fungieren. Eine Vorgehensweise, um Ziele, die sich auf innere Zustände beziehen, »sichtbar« und damit messbar zu machen, ohne dass die inhaltliche Bedeutung verfälscht wird, ist eine Frage wie: »Woran würden ihre Freundinnen und Freunde merken, dass ... *Sie sich bei Präsentationen sicherer fühlen?*«. Durch einen Wechsel der Perspektive ermöglicht der Coach es sich und dem Coachee externe Kriterien zu definieren, an denen Erfolg wahrgenommen werden kann. Dies ist insbesondere wichtig, da Coaching-Prozesse meist mehrere Sitzungen, verteilt über Wochen und Monate, beinhalten. Kleinere, langsame Veränderungen können hierbei auch einfach »untergehen«, wenn Ziele nicht messbar definiert wurden.

Attraktiv: Ein Ziel soll für den Coachee erstrebenswert sein, denn eine hohe Identifikation mit einem Ziel erhöht die Zielbindung und gleichzeitig die Wahrscheinlichkeit, dass es motiviert verfolgt wird. Wenn beispielsweise eine Führungskraft ein Ziel vorgibt, ohne das der Beschäftigte sich damit identifizieren kann und den persönlichen Nutzen erkennt, wird er das Ziel weniger motiviert verfolgen, als wenn es sich um sein eigenes Ziel handelt.

Daher ist es entscheidend, dass es sich bei dem im Coaching verfolgten Ziel auch tatsächlich um das Ziel des Coachees handelt. Wie in Kapitel 3.1. bereits angesprochen wurde, sind bisweilen externe Auftraggeber mit ihren eigenen Zielen in der Akquise-Phase eines Coachings involviert. Der Coach sollte jedoch sicherstellen, dass der Coachee die Ziele akzeptiert und dass er einen persönlichen Bezug und ein Interesse an ihnen hat, da sonst ein Coaching von Beginn an zum

Scheitern verurteilt wäre: Gegen den Widerstand des Coachees können und sollten im Coaching keine Ziele verfolgt werden. Um innerhalb des Coaching-Prozesses sicherzustellen, dass die Attraktivität der Ziele gewährleistet ist, kann der Coach beispielsweise fragen: »Wie wichtig ist die Erreichung dieses Ziels gerade in ihrem Leben?«

Realistisch: Der ideale Schwierigkeitsgrad von Zielen wird von Locke und Latham als herausfordernd aber dennoch realistisch/ erreichbar beschrieben (2013). Hierbei spielt jedoch auch die Persönlichkeit des Coachees eine Rolle: Je höher die Selbstwirksamkeitsüberzeugung einer Person (d. h. je höher die Überzeugung, dass man zukünftigen Herausforderungen gewachsen ist), desto herausforderndere Ziele setzen sich Personen. Der Coach benötigt Fingerspitzengefühl, um einzuschätzen, wie realistisch ein Ziel tatsächlich ist. Ziel eines Coachings sollte immer sein, dass der Coachee seinen zuvor definierten Wunschzustand tatsächlich aus eigener Kraft erreichen kann. Hierfür kann es notwendig sein, kritisch die Fähigkeiten und Ressourcen des Coachees abzufragen, falls der Eindruck entsteht, dass das Ziel derzeit einen zu hohen Schwierigkeitsgrad aufweist. Da dies jedoch sehr individuell ist und die Einschätzung des Coaches auch falsch sein kann, sollte auch hier immer auf offene Fragen zurückgegriffen werden. Eine Frage wie: »Und Sie glauben wirklich, dass Sie das schaffen können?«, kann den Respekt innerhalb einer Coaching-Situation zerstören. Im Subtext unterstellt der Coach durch diese Frage, dass er die Einschätzung des Coachees für sehr unrealistisch hält. Durch dieses Verhalten spricht der Coach dem Coachee klar die Expertise ab und torpediert damit die Grundlage für die weitere Arbeit. Ein besseres Beispiel für aufeinander aufbauende Fragen wäre: »Wie viel Zeit werden Sie für die Erreichung dieses Ziels benötigen? Und wie viel Zeit steht ihnen derzeit pro Woche zur freien Verfügung?« oder auch »Wenn Sie an unseren Coaching-Prozess denken: Was wollen Sie im Rahmen unserer Zusammenarbeit erreicht haben?«. Letztere Frage ermöglicht dem Coachee ein übergeordnetes Ziel beizubehalten (z. B. »den perfekten Job gefunden zu haben«), jedoch für den Coaching-Prozess ein realistischeres Teilziel zu definieren (z. B. »die grobe Berufsrichtung festgelegt zu haben«). Schlussendlich bleibt die Einschätzung bezüglich der

Zielschwierigkeit aber immer dem Coachee überlassen: Wenn dieser, trotz »Realismus Checks« durch den Coach, der Ansicht ist, dass seine Zeitplanung realistisch ist, muss der Coach dies schlussendlich akzeptieren und die Expertenrolle des Coachees respektieren.

Terminiert: Eine klare Festlegung von Zeiten, zu denen ein Ziel oder ein Teilziel erreicht sein soll, unterstützt nicht nur die Motivation, sondern hilft auch, Ressourcen abzuschätzen und einzuteilen (Watzka, 2011). Nicht zuletzt kann auch eine zeitliche Terminierung die Realisierbarkeit eines Ziels verändern. Beispielsweise kann das Schreiben einer Doktorarbeit sehr realistisch sein, wogegen eine Terminierung »in drei Tagen« doch als äußerst unrealistisch zu bewerten ist. Bei der Terminierung sollten auch Zwischenziele mit einbezogen werden: Wenn ein Enddatum zu weit in der Zukunft liegt, kann es den Coachee dazu verleiten, keine Handlungen vorzunehmen. Hierfür ist eine Detailplanung eines Ziels eine hilfreiche Strategie. Durch Fragen wie: »Wenn die Doktorarbeit in zwei Jahren fertig sein soll, was muss in einem Jahr schon alles erledigt sein?«, kann sich der Coach sukzessive vorarbeiten und mit dem Coachee zusammen Teilziele formulieren und terminieren.

Zusammengenommen beinhalten die SMART-Prinzipien wichtige Bestandteile der Zielerreichungstheorie nach Locke und Latham und schaffen daher ideale Voraussetzungen für eine hohe Zielerreichung. Dies zeigen auch Studienergebnisse, in denen beispielsweise die Gruppe Studierender, die eine Projektarbeit mit Unterstützung der SMART Prinzipien geplant und durchgeführt hat, die Gruppe der Studierenden ohne diese Unterstützung übertraf (Lawlor & Hornyak, 2012). Die Tatsache, dass die Wahrscheinlichkeit einer Zielerreichung elementar von der Zielformulierung abhängt (vgl. Locke & Latham, 2013), zeigt daher die Notwendigkeit für Coaches, sich detailliert mit Zielen, Zieltypen und Zieltheorien auseinanderzusetzen (Grant, 2012a). Es gilt hierbei, lediglich bei der Ziel*formulierung* zu unterstützen und Einfluss zu nehmen, niemals jedoch bei der Zielfestlegung. Wenn im Rahmen dieses oben geschilderten Zielklärungsprozesses durch den Coach Einfluss genommen wird, statt non-direktiv eine Reflexion und Klärung bei dem Coachee herbeizuführen, handelt es sich am Ende bei den

Coaching-Zielen nicht mehr um die Wünsche des Coachees, sondern nur noch um die Interpretation des Coaches. Kritiker an den SMARTen Zielen betonen zu Recht, dass SMART bei weitem nicht der Zielsetzungstheorie und damit auch nicht der Komplexität von Zielen gerecht wird (Grant, 2012a). SMART kann vom Coach als ein transparentes Mittel für Coachees genutzt werden, um die Grundlagen von »guten« Zielen zu verdeutlichen, sollte jedoch nicht das alleinige Wissen eines Coaches zu der Zielthematik darstellen. Aufgrund der Komplexität des Themas sollte es daher zum Rüstzeug eines Coaches gehören, sich sowohl theoretisches als auch praktisches Wissen zu Zielen und damit verbundenen Themen zu verschaffen, da SMART nicht ausreicht, um zielorientiertes Coaching erfolgreich durchzuführen (Grant, 2012a).

Lösungs-, Interventionsphase, Evaluation

Diese Phase in einem Coaching nimmt häufig den größten zeitlichen Raum ein und umfasst meist mehrere Sitzungen. Im Allgemeinen betonen viele Verfasser, dass die dargestellten Phasen nicht strikt linear ablaufen, sondern dass Überschneidungen, Schleifen, Rückschritte und Wiederholen normal sind (Hölscher, 2010; Lippmann, 2013a; Natale & Diamante, 2005). Dies gilt insbesondere für die Phase der Lösungsfindung und Intervention: Je nach Coaching-Thematik ist an dieser Stelle die Diagnose vorerst abgeschlossen. Der Coachee erhält beispielsweise ein Feedback (sollte eine Datensammlung stattgefunden haben, Feldman & Lankau, 2005) und beginnt mit dem Coach – darauf aufbauend – gemeinsam Lösungen zu entwickeln. Hierzu wird der Fokus sehr stark auf die individuellen Ressourcen des Coachees gelegt, auf deren Basis neue Lösungen generiert werden sollen (Haberleitner et al., 2004). Ziel dieser Phase ist es, möglichst viele Maßnahmen zu entwickeln, auszuprobieren und ihren Erfolg direkt zu evaluieren. Dabei wird häufig direkt in der Planung eine sogenannte »Rückfallprophylaxe« durchgeführt: Mögliche Hürden bei der Umsetzung von Lösungen sollen dabei bereits vorher besprochen und so aus dem Weg geräumt werden. Während der Umset-

4.1 Phasen im Coaching-Prozess

zung der Lösungen und Maßnahmen begleitet der Coach den Coachee und reflektiert immer wieder den Erfolg bzw. den erreichten Zielfortschritt und regt ggf. eine »Nachbesserung« der Maßnahmen an (Haberleitner et al., 2004). Dabei werden die Ziele, Entwicklungspläne und -aktivitäten ebenso wie auftretende Probleme bei deren Umsetzung thematisiert. Da es sich hierbei um einen Prozess aus »Entwickeln einer Lösung«, »Implementieren einer Lösung durch einen Maßnahmenplan« und »Evaluieren einer Lösung« handelt (e.g. Vogelauaer, 2004, 2013), wird klar, warum diese Phase einen Großteil des Coachings ausmachen kann. Bei bestimmten Thematiken, die sich weniger auf eine Verhaltensanpassung, sondern eher auf eine Entscheidung beziehen (▶ Kap. 1.3 und ▶ Kap. 3), kann diese Phase jedoch auch kürzer ausfallen.

Abschlussphase

Die letzte Phase im Coaching-Prozess dient der abschließenden Evaluation der Effektivität des Coachings (Feldman & Lankau, 2005): Hierbei steht zum einen der Rückblick auf das im Coaching Erreichte, jedoch zum anderen auch eine Planung für die Zeit nach dem Coaching (beispielsweise durch weitere Maßnahmenpläne) sowie die Transfersicherung für die Zukunft im Fokus (Lippmann, 2013a). Ähnlich wie in der vorherigen Phase können hier noch einmal Aktionspläne mit konkreten Handlungsschritten und Zeitangaben entwickelt werden sowie eine Rückfallprophylaxe erfolgen (Natale & Diamante, 2005). Da Coaching das Ziel verfolgt, den Coachee in seiner Selbstwirksamkeit zu fördern, ist es in der Abschlussphase des Coachings wichtig, die Erfolge des Coachees in den Vordergrund zu stellen. Auch wenn es schmeichelhaft für einen Coach ist, wenn der Coachee überschwänglich für die Unterstützung dankt: Ab diesem Moment muss sich der Coachee seinen Herausforderungen alleine stellen, daher sollte er im Laufe des Coachings Handlungskompetenzen erworben haben, die ihn hierzu befähigen (vgl. Grant, Cavanagh, Parker & Passmore, 2010).

Um sicherzustellen, dass das Coaching erfolgreich war, bieten sich verschiedene Möglichkeiten der Evaluation an (▶ Kap. 7). Eine einfache Möglichkeit stellt hierbei jedoch eine Zielerreichungsmessung dar: Basierend auf Zielerreichungstheorien, wird der Coach den Coachee dabei unterstützt haben, das Ziel möglichst konkret und messbar zu formulieren (▶ Exkurs: SMARTe Zielen). Diese Messbarkeit kann bereits in der ersten Sitzung dafür genutzt werden, mit dem Coachee eine Skale festzulegen. Als ein Beispiel kann anhand einer Prozentskala der aktuelle Zielerreichungsgrad definiert werden (z. B.»Ich habe mein Ziel ›berufliche Zukunft planen‹ zu 50 % erreicht, da ich bereits verschiedene Firmen ausschließen konnte«), um im Anschluss weitere Abstufungen festzulegen (z. B.»Bei einer Zielerreichung von 70 % muss ich meine Entscheidung auf drei Firmen reduziert haben« und »bei einer Zielerreichung von 100 % weiß ich, wo ich mich bewerben will, und habe einen konkreten Plan für meine berufliche Zukunft erstellt«). Auf diese Weise kann zum Abschluss des Coachings oder in jeder einzelnen Coaching-Sitzung der aktuelle Zielerreichungsgrad durch den Coachee benannt werden.

4.2 Phasen in der Coaching-Sitzung

Auf Grund der unterschiedlichen Phasen innerhalb eines Coaching-Prozesses scheint es schwierig, den prototypischen Ablauf einer einzelnen Coaching-Sitzung zu definieren. Es gibt immer Besonderheiten, die beispielsweise eine erste oder letzte Coaching-Sitzung kennzeichnen oder dem Coaching-Setting geschuldet sind und daher nicht einem typischen »Muster« entsprechen. Trotzdem gibt es allgemeine inhaltliche Bestandteile, die immer Teil einer Sitzung sein sollten. Dafür haben wissenschaftliche und praktisch tätige Verfassende zahlreiche Modelle für eine Coaching-Sitzung entwickelt, die klangvolle Akronyme tragen wie CLEAR (Collaborative, Limited, Emotional, Appreciable, Refinable oder Contracting, Listening, Exploring, Action, Review), OSKAR (Outcome, Scaling, Knowhow und Resources, Affirm und action, Review) oder GROW (Goals, Reality, Options und Wrap-up, vgl. Grant, 2011), ACHIEVE (Assess current situation, Creative brainstorming of alternatives to current situation, Hone goals, Initiate options, Evaluate options,

4.2 Phasen in der Coaching-Sitzung

Valid action programme design, Encourage momentum, vgl. Dembkowski & Eldridge, 2003), PRACTICE (Problem identification, Realistic/Relevant goals developed, Alternative solutions generated, Consideration of consequences, Target most feasible solution/s, Implementation of Chosen solutions, Evaluation, vgl. Palmer, 2007) oder OUTCOMES (Objectives for the session, Understanding – der Coach sollte verstehen, warum der Coachee das jeweilige Ziel erreichen will –, Take stock, Clarify, Option generation, Motivate to action, Enthuse and encourage, Support, vgl. Mackintosh, 2005). Auf eines der am meisten genutzten Modelle, GROW, werden wir in einem Exkurs näher eingehen (▶ Exkurs: GROW-Modell). Insgesamt gibt es ein paar Gemeinsamkeiten und auch Unterschiede zwischen den Modellen: Beispielsweise thematisieren die meisten der Modelle in irgendeiner Form die Benennung und Klärung von Zielen oder sowie das Entwickeln und auch Umsetzen konkreter Lösungen. Ein Hauptunterschied ist in der Rolle des Coaches nach der Entwicklung von Lösungen zu finden: Während die Modelle OUTCOMES und ACHIEVE Elemente der Unterstützung und Bestätigung durch den Coach beinhalten, verzichten die Modelle CLEAR, PRACTICE und OSKAR auf diese motivierende Funktion des Coaches und legen den Fokus eher auf die Evaluation. Da sich Verfassende grundsätzlich in der Benennung und Definition der jeweiligen Inhalte sowie in der Anzahl der möglichen Sitzungen unterscheiden, versuchen wir im Folgenden verschiedene wissenschaftliche und praktisch orientierte Quellen zusammenzufassen und das Ergebnis in einem sehr allgemein gültigen Modell zusammenzufassen (▶ Abb. 7).

Exkurs: GROW-Modell

Insbesondere in Coaching-Weiterbildungen werden meist sehr klare Sitzungsstrukturen gelehrt, um Coaching-Novizen sehr klare Abfolgen an die Hand zu geben, an denen sie sich orientieren können (Grant, 2011). Hierfür haben sich in den letzten Jahren viele Modelle etabliert, die sich meist ausschließlich aus Praxiserfahrungen speisen (Mackintosh, 2005). Dabei scheinen diese Modelle in der Praxis weit verbreitet zu sein: Nach einer Studie der »Work Foundation« und der »School of

Coaching« gaben ein Drittel der Befragten an, das sogenannte GROW Modell in ihren Sitzungen zu nutzen, ein weiteres Drittel nutzte verschiedene Modelle, während die übrigen befragten Coaches keine Angaben zu einem zugrundeliegenden Modell machen konnten (Dembkowski & Eldridge, 2003). Auch aktuellere Zahlen bestätigen die enorme Verbreitung des sogenannten GROW Modells oder der Weiterentwicklungen dieses Modells (vgl. Grant, 2011). Spätestens seit Whitmore in seinem Buch »Coaching for performance« (1992) GROW detailliert beschrieb, gibt es kaum einen Coach, der nicht davon gehört hat (Grant, 2011). Auch bei dem Namen GROW handelt es sich um ein Akronym, welches für die Begriffe *Goals, Reality, Options* und *Wrap-up* (oder *Will* oder *Way forward*) steht (Whitmore, 1992). Im Folgenden sollen die einzelnen Phasen kurz vorgestellt und mit praktischen Beispielen veranschaulicht werden.

Goal: Das Ziel dieser ersten Phase ist es, dass der Coachee detailliert beschreibt, was er konkret in der heutigen Sitzung erreichen will. Hierdurch wird der Fokus der Coaching-Sitzung bestimmt und der Coach weiß, was dem Coachee gerade wichtig ist (Grant, 2011). Die Fragen, durch die der Coach eine Zielbeschreibung erreichen will, können sich dabei sehr konkret auf die Wünsche des Coachees beziehen (»Was ist Ihr Wunsch für die heutige Sitzung?« oder »Was wollen Sie heute erreichen?«) oder eher auf die Gefühlsebene abzielen (»Wie möchten Sie sich nach der Sitzung fühlen?« oder »Wenn die heutige Sitzung absolut optimal verläuft, wodurch würden Sie dies merken?«).

Realitiy: Nachdem im GROW-Model mit dem Sollzustand begonnen wurde, bezieht sich die zweite Phase auf die aktuelle Realität des Coachees. Hierbei liegt der Fokus auf der IST-Situation, im Unterschied zum Soll: Inwieweit beeinträchtigt die derzeitige Situation beispielsweise die Zielerreichung des Coachees? Oder, ressourcenorientierter: In welchen Bereichen entspricht die derzeitige Situation bereits dem Wunschzustand? Hierbei handelt es sich auch um eine Evaluation der bisherigen Maßnahmen: Inwieweit haben beispielsweise die bisherigen Coaching-Maßnahmen einen Einfluss auf die aktuelle Situation gehabt?

Options: Diese Phase baut wiederum direkt auf der vorherigen auf und fokussiert auf neue Optionen, Lösungen oder Möglichkeiten.

Hierbei versucht der Coach, alle bislang nicht genutzten Optionen auszuloten (»Was haben Sie noch nicht ausprobiert?«) oder die Ressourcen des Coachees gezielt zu nutzen, um neue Lösungen zu generieren (bspw.: »Was hat in der Vergangenheit bei Ihnen gut funktioniert?«).

Wrap-Up: In dieser letzten Phase werden die nächsten Schritte festgelegt und determiniert (»Was müssen Sie hierfür in den nächsten sieben Tagen angehen?«), mögliche Hindernisse besprochen (»Was könnte hierbei möglicherweise schiefgehen und wie könnten sie in dieser Situation reagieren?«) und Unterstützungs- sowie Motivationsmöglichkeiten (»Wer kann Ihnen dabei helfen?« oder »Wie werden Sie sich fühlen, wenn Sie dies geschafft haben?«) gesammelt.

Auch in diesem Phasenmodell gilt: Die Phasen laufen nicht linear ab und insbesondere Coaching-Novizen laufen daher Gefahr anzunehmen, wenn die Goals-Phase vorbei ist, sofort in die Reality-Phase übergehen zu können und nicht wieder »zurück« zu müssen. Durch Erfahrung in der Durchführung von Coachings erlangt der Coach die Expertise, einen Überblick über das Thema des Coachees, der Phase und der emotionalen Situation des Coachees zu haben, um zu entscheiden, wann der Wechsel in eine neue Phase (oder eben auch ein Rückschritt) notwendig ist. Mit dem Hintergrund des GROW-Modells hat Anthony Grant einmal geschrieben, die Realität in einer Coaching-Sitzung sehe eher so aus: GRGROGROOGROWOGORW (Grant, 2011, S. 122).

Im Laufe der Zeit haben sich verschiedene weitere Varianten des GROW-Modells entwickelt. Zu diesen zählen, unter anderem, das T-GROW-Modell (Topic, Goal, Reality, Options, Wrap-up), das I-GROW-Modell (Issue, Goal, Reality, Options, Wrap-up), das SO*I*GROW (Situation, Opportunities, Implications, Goal, Reality, Options, Will) und das RE-GROW-Modell (Grant, 2011). Letzteres umfasst, neben den bekannten Stufen, noch die Stadien »Review« und »Evaluate«. Damit entspricht es fast in vollem Umfang dem in diesem Buch vorgestellten Modell: Nach einem Rückblick auf die Zeit seit dem letzten Coaching (Review) erfolgt eine Evaluierung des Zielfortschritts (Evaluate), bevor dann mit Goal eine Zielaktualisierung stattfindet und das Ziel für die aktuelle Sitzung festgelegt wird. Die Verfassenden

> weisen darauf hin, dass insbesondere Coaching-Novizen oft den Fehler begehen, zu viel Zeit in den Phasen Review und Evaluate zu verbringen (Grant, 2011). Dadurch bleibt für die tatsächliche Arbeit in der aktuellen Sitzung zu wenig Zeit, weshalb empfohlen wird, die zwei zusätzlichen Phasen in maximal zehn Minuten durchzuführen (Grant, 2011).

Sitzungen beginnen, wie die meisten sozialen Interaktionen, oftmals mit Smalltalk zum »Aufwärmen« der Situationen (vgl. Vogelauer, 2013b). Der erste inhaltliche Schritt, sollte es sich hierbei um eine erste Sitzung handeln, gilt dem Anliegen des Coachees. Möglichst offene und wertfreie Fragen wie: »Was hat Sie heute zu mir gebracht?« können hierfür eingesetzt werden. Problemzentrierte Fragen wie »Welches Problem haben Sie denn?« sollten demgegenüber gemieden werden, um eine möglichst offene Gesprächsgrundlage zu schaffen. Sollte es sich bei dieser Sitzung nicht um einen ersten Kontakt handeln, bezieht sich die erste Phase auf eine Darstellung der aktuellen Situation. Ziel dieser Phase ist es, die aktuelle Situation des Coachees, in Abgrenzung zur letzten Sitzung, zu erfassen: Beispielsweise, was sich seit dem letzten Termin verändert hat und wie sich die aktuelle Situation darstellt (Vorgelauer, 2004, 2013b; Braumandl & Discherl, 2005; Dembkowski & Eldridge, 2003; Mackintosh, 2005). Dabei sollten die Fragen sehr offen beginnen, da sich die Problemsituation des Coachees zwischen den Sitzungen sehr verändert haben kann. Durch sehr einschränkende Fragen wie: »Und, wie läuft es mit Ihren Bewerbungen?«, legt der Coach zu Beginn des Gespräches bereits eine sehr klare Richtung fest und der Coachee hat vielleicht keine Möglichkeit ein Thema anzuschneiden, das gerade eine größere Relevanz hat und ggf. trotzdem im Coaching bearbeitet werden kann.

Die Darstellung der allgemeinen Situation sollte direkt in den Zielbezug übergehen: Hierbei geht es darum, zu bewerten, ob die Ziele aus der letzten Sitzung noch aktuell sind, inwieweit die aktuelle Situation positiv oder negativ für die Ziele ist und ob der Coachee seit der letzten Sitzung seinen Zielen näher gekommen ist oder einen Rückschlag erlitten hat (Dembkowski & Eldridge, 2003; Mackintosh, 2005). Teilweise wird im Rahmen der *Messbarkeit* von Zielen (► Exkurs: SMARTe Ziele) an dieser

Stelle auch eine Skalierung des Ziels vorgenommen. Dies kann auf einer einfachen Zielerreichungsskala stattfinden oder auf Basis von konkreten Merkmalen, die vorher mit dem Coachee definiert wurden (vgl. Braumandl & Discherl, 2005, e.g. Grant, 2003, 2011). Ziel ist es, dass Coach und Coachee eine möglichst aktuelle und genaue IST-Bestimmung vornehmen, auf deren Basis die Aktivitäten seit der letzten Sitzung evaluiert werden können (»Hatten die durchgeführten Maßnahmen eine positive Wirkung oder nicht?«) und neue Aktivitäten zu planen.

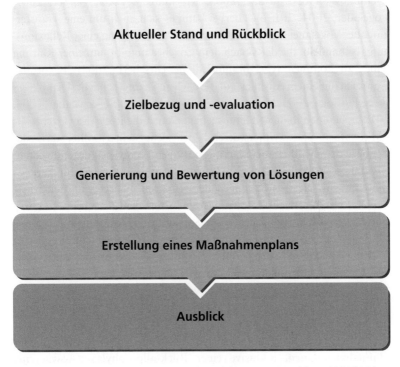

Abb. 7: Ablauf einer Coaching-Sitzung (in Anlehnung an Dembkowski & Eldridge, 2003; Grant, 2011; Vogelauer, 2004, 2013b)

Genau dies ist innerhalb einer Coaching-Sitzung der nächste Schritt: Die Entwicklung und anschließende Bewertung von Lösungen und Optionen

(Dembkowski & Eldridge, 2003; Mackintosh, 2005; Palmer, 2007; Vogelauer, 2004, 2013b). Dies kann in Form von Reflexionsübungen oder im Rahmen eines Brainstormings passieren (vgl. Dembkowski & Eldridge, 2003), Hauptsache, hierbei wird möglichst ressourcenorientiert vorgegangen und es entstehen genug Ansätze und Überlegungen für den nächsten Schritt. Nachdem die verschiedenen alternativen Lösungen bewertet wurden, wird im Anschluss ein darauf aufbauender Maßnahmenplan entwickelt, in dem der Coachee festlegt, was er bis zur nächsten Sitzung tun oder ausprobieren will, um seinem Ziel näher zu kommen (Dembkowski & Eldridge, 2003; Mackintosh, 2005; Palmer, 2007; Vogelauer, 2004, 2013b). Hierbei kann es sich auch um eine Transferaufgabe (Vogelauer, 2013b) oder um die Durchführung einer Reflexionsaufgabe handeln, die der Coach dem Coachee mitgibt, um einer Klärung näher zu kommen (vgl. Braumandl & Dirscherl, 2005). Bevor das Gespräch mit einem Ausblick auf die nächste Sitzung schließt (Dembkowski & Eldridge, 2003; Mackintosh, 2005; Palmer, 2007; Vogelauer, 2004, 2013b), betonen manche Herausgebende noch die Rolle des Coaches als »Motivator« und »Unterstützer«, der sicherstellen sollte, dass der Coachee dem Maßnahmenplan mit positiven Emotionen gegenübersteht (Dembkowski & Eldridge, 2003; Mackintosh, 2005). Hierfür kann es sinnvoll sein, die Auswirkungen der erfolgreich durchgeführten Maßnahmen auf den nächsten Sitzungstermin mit dem Coachee »durchzuspielen«. Durch Fragen wie: »Stellen Sie sich vor, Sie führen alle geplanten Maßnahmen genauso aus – wo glauben Sie, werden Sie dann in unserer nächsten Sitzung stehen?«, kann Motivation geweckt werden oder, sollte der Coachee keine positiven Auswirkungen sehen, die Maßnahme zugunsten einer anderen verworfen werden.

Bei der Darstellung der verschiedenen Phasenmodelle im Prozess und in der einzelnen Sitzung fällt auf, dass beide Modell-Typen Gemeinsamkeiten aufweisen: Das Entwickeln von Lösungen, die Festlegung von Maßnahmenplänen, inklusive einer Rückfallprophylaxe, sowie eine Evaluation der Erfolge sind sowohl Hauptbestandteile einer Phase im Coaching-Prozess als auch – im kleineren Maßstab – Elemente jeder einzelnen Sitzung. An einem Beispiel soll dieser scheinbare Gegensatz verdeutlicht werden: Die zweite Sitzung eines Coaching-Prozesses kann auf das Festlegen von Coaching-Zielen fokussiert sein. Trotzdem werden auch in dieser Sitzung am Ende konkrete Maßnahmen beschlossen, die beispielsweise die nächste Sitzung vorbereiten. Hierzu kann gehören, dass der Coachee in einer Hausaufgabe eine Visionsübung durchführt, um eine lebhaftere und attraktivere Vorstellung des eigenen Sollzustandes zu erhalten. Diese immer wiederkehrenden Strukturen aus konkreten Zielen, Lösungen, Maßnahmenplänen und Evaluationen sollen vom Coachee verinnerlicht werden, so dass er nach dem Coaching selbst in der Lage ist, diese Techniken anzuwenden und damit neuen Herausforderungen eher gewachsen ist (vgl. Grant, Cavanagh, Parker & Passmore, 2010).

4.3 Fazit

Das vorliegende Kapitel sollte einen grundlegenden Überblick über die Struktur von Coaching geben. Auch wenn zahlreiche Modelle zu den Phasen eines Coaching-Prozesses und den Phasen innerhalb einer Coaching-Sitzung existieren, gibt es wiederkehrende Elemente und grundlegende Bestandteile, die den meisten Modellen gemein sind. Für das vorliegende Kapitel wurden daher bestehende Modelle zusammengefasst und Phasenmodelle für den Coaching-Prozess und die Coaching-Sitzung vorgeschlagen. Dabei ist zu betonen, dass diese Phasen keiner Linearität unterliegen: Sowohl in der Coaching-Sitzung als auch im gesamten Prozess können Wiederholungen und Schleifen auftreten. Die Modelle ermöglichen dem Coach eine Orientierung und geben ihm gleichzeitig ein Tool an die Hand, um eine Prozess- und Sitzungsplanung vorzunehmen und wichtige Fragen, wie z. B.: »Wie sollen sich die Coaching-Phasen auf die Sitzungen aufteilen?«, zu beantworten. Wenn auf Wunsch des Coachees beispielsweise drei Sitzungen vereinbart wurden, muss der Coach sicherstellen, dass genügend Zeit für die Zielklärungs- sowie Lösungsphase bleibt. Die Phasenmodelle können auf der anderen Seite jedoch auch hilfreiches Kommunikationsmittel mit dem Coachee sein: Mithilfe dieser Modelle kann der Coach sein Vorgehen bereits zu Beginn eines Coachings transparent darstellen und der Coachee gewinnt eine Vorstellung, was in der »Blackbox« Coaching-Prozess passieren wird. Ein weiteres Tool, welches auch, insbesondere in der Zusammenarbeit mit dem Coachee, hilfreich sein kann, sind die im Exkurs dargestellten »SMARTen Ziele«. Auch wenn dieses Akronym nur die grundlegenden Aspekte der Zielsetzungstheorie von Locke und Latham zusammenfasst (2013), kann der Coachee hiermit die Qualität der eigenen Zielformulierung schnell und einfach verbessern und »SMART« auch in Zukunft für andere Bereiche anwenden. Dem Coach wird geraten, sich über »SMART« hinaus in Grundlagen von Zieltheorien einzuarbeiten, um eine optimale Prozesssteuerung in zielorientierten Coaching-Prozessen zu ermöglichen.

Zusammenfassend ist zu Phasenmodellen zu sagen, dass sie inhaltlich große Überschneidungen aufweisen und es daher jedem Coach überlassen bleibt, das Modell für die Strukturierung seiner Sitzungen oder seiner Coaching-Prozesse zu nutzen, welches am besten zu der eigenen Arbeitsweise passt.

Weiterführende Literatur

Locke, E. A. & Latham, G. P. (Hrsg.). (2013). *New developments in goal setting and task performance.* New York, NY: Routledge.
Loebbert, M. (2015). *Coaching Theorie.* Wiesbaden: Springer.

5 Diagnostik im Coaching

Obwohl im Coaching Diagnostik und Intervention oftmals eng ineinandergreifen (Möller & Kotte, 2014), zeichnen sich gute Coaching-Prozesse durch eine Form der systematischen »Datensammlung«, d. h. des Erfassens der Situation auf der Ebene des Coachees, des Teams oder der Organisation aus. Eine Untersuchung in Großbritannien zeigte, dass rund 90 % der Coaches hierfür psychometrische Verfahren nutzen (McDowall & Smewing, 2009). Neben diesen existieren jedoch auch verschiedene andere Typen diagnostischer Verfahren, wie beispielsweise verhaltensorientierte oder projektive Verfahren (vgl. Möller & Kotte, 2014). Die psychometrischen Verfahren sollten verschiedenen statistischen und methodischen Gütekriterien entsprechen. Dazu gehört, neben einer theoretischen Fundierung, unter anderem eine hohe Messgenauigkeit (Reliabilität), eine belastbare Operationalisierung (Inhalts- und Konstruktvalidität) sowie eine hohe Objektivität bei der Durchführung und Ergebnisgenerierung (für einen umfassenden Überblick siehe: Kauffeld, 2001). Zu den nicht-psychometrischen Verfahren gehören alle Tests, in denen interpretierende Methoden zum Einsatz kommen und die dementsprechend über keine der genannten Gütekriterien verfügen. Das vorliegende Kapitel soll einen kurzen Überblick über verschiedene Diagnostikansätze geben, eine Einordnung für diagnostische Werkzeuge vorstellen sowie durch praktische Beispiele aufzeigen, wie durch die Diagnostik ein Coaching-Prozess unterstützt werden kann.

5.1 Grundlagen und Anwendung von diagnostischen Verfahren

Eine Diagnose im Coaching durchzuführen, bringt verschiedene Vorteile mit sich. Allsworth und Passmore (2008) führen als Stärken insbesondere psychometrischer Verfahren auf: (1) Valide Vorhersage von Berufserfolg und anderen Erfolgsfaktoren, (2) erhöhte Aufmerksamkeit auf persönlichen Stil, Vorlieben und Fähigkeiten, (3) einen neuen Bereich/neue Möglichkeiten erkunden, (4) eine Plattform für Feedback, Zielsetzung und Veränderungsplanung eröffnen, (5) Begleitung und Bewertung der Fortschritte. Der erste Aspekt bezieht sich ausschließlich auf manche psychometrischen Verfahren: So gibt es einige Tests, die gezeigt haben, dass sie eine gute Vorhersagekraft für zukünftigen Berufs- oder Karriereerfolg ermöglichen (vgl. Allsworth & Passmore, 2008). Dies gilt beispielsweise für manche Persönlichkeitstests, sofern die gemessenen Persönlichkeitsfaktoren denen entsprechen, die in dem spezifischen Berufsfeld zwingend erforderlich sind. Der sogenannte »Person-Job-Fit« wird insbesondere im Karriere-Coaching oder in der Karriereberatung sehr häufig angewendet. Die zugrundeliegende Idee, den für die Charakteristika der Person »passenden« Job zu finden, setzt eine umfassende Diagnose der Person und des angestrebten Berufsfeldes voraus (vgl. Smith & Campbell, 2009). Hierfür kommt es, neben der Persönlichkeit, unter anderem auch zur Messung von beruflichen Interessen und Werten (Smith & Campbell, 2009), jedoch mit unterschiedlicher prädiktiver Validität (vgl. Allsworth & Passmore, 2008). Der zweite genannte Vorteil, eine Erhöhung der Aufmerksamkeit auf individuellen Stil, Vorlieben und Fähigkeiten, kann dem Coachee eine offenere Auseinandersetzung mit dem eigenen Selbst- und Fremdbild ermöglichen (Böning & Kegel, 2013). Dadurch, dass Fragebogenergebnisse dem Coachee ein zahlenmäßiges Ergebnis liefern, wird dieser über eine rein subjektive Einschätzung hinaus mit einer neuen Sichtweise seiner eigenen Person konfrontiert, welche im Gespräch mit dem Coach gut durch Zustimmung und Widerspruch aufgearbeitet werden kann (Böning & Kegel, 2013, S. 85). Dieser Vorteil von diagnostischen Verfahren kann

5.1 Grundlagen und Anwendung von diagnostischen Verfahren

nicht nur mit psychometrischen, sondern auch mit nicht-psychometrischen Instrumenten erreicht werden. Zwar ermöglichen manche psychometrischen Verfahren einen Vergleich mit Normgruppen und dadurch eine Relativierung der Selbstwahrnehmung (Allsworth & Passmore, 2008) oder auch die Chance, auf Basis der Normgruppe individuelle Entwicklungsziele zu formulieren (Böning & Kegel, 2013), jedoch können auch projektive Verfahren dazu beitragen, dass der Coachee über eigenes Verhalten im Vergleich zu anderen Personen nachdenkt. Egal welches Verfahren angewendet wird, es ist Aufgabe des Coaches dafür zu sorgen, dass keine negativen Vergleichsprozesse bei dem Coachee ausgelöst werden. Im Sinne des lösungsorientierten Grundsatzes »Repariere nicht, was nicht kaputt ist« (vgl. Bamberger, 2007), muss der Coach sicherstellen, dass durch diagnostische Verfahren nicht das Selbstbild des Coachees beschädigt wird. Als dritten Vorteil benennen Allsworth und Passmore die Chance, dass der Coachee durch diagnostische Verfahren neue Bereiche und neue Möglichkeiten für Stärken und Lösungen erkunden kann (2008). Als Beispiel hierfür führen sie an, dass sich durch eine Diagnose beispielsweise Karrieremöglichkeiten für den Coachee erschließen, die dieser vorher ggf. nicht wahrgenommen hat (Allsworth & Passmore, 2008). Der vierte Aspekt bezieht sich insbesondere auf diejenigen Möglichkeiten, die diagnostische Verfahren für Coaches eröffnen: Auf Basis einer möglichst objektiven Datensammlung im Rahmen der Diagnosephase erhält der Coach die Chance, dem Coachee ein strukturiertes Feedback zu geben, aber auch mit dem Coachee konkrete Zielsetzungen zu entwickeln und den Ansatz für den weiteren Coaching-Prozess zu planen. Außerdem kann der Coach seine eigene Wahrnehmung des Coachees mit objektiven Daten entweder untermauern oder revidieren (Böning & Kegel, 2013). Darauf aufbauend ermöglichen diagnostische Verfahren Coach und Coachee durch eine erneute Messung eine Evaluierung der Fortschritte. Auch Abschluss- oder Follow-Up-Messungen, einige Monate nach einem Coaching, sind auf diese Weise möglich (Böning & Kegel, 2013). Eine solche Nutzung ist selbstverständlich nicht bei allen Verfahren zweckmäßig oder angebracht, aber es können beispielsweise Fortschritte bei den eigenen Fähigkeiten durch Fragebögen sinnvoll getestet und damit der Erfolg des Coachings erhoben werden (Allsworth & Passmore, 2008).

Wie bereits bei einigen der genannten Aspekte deutlich wurde, ergeben sich durch den Einsatz diagnostischer Verfahren nicht nur Vorteile, sondern auch Einschränkungen. Diese Grenzen werden nicht selten eher durch ethische Überlegungen denn durch eingeschränkte Möglichkeiten gesetzt. Grundsätzlich verleiht der Einsatz diagnostischer Verfahren dem Coach einen Wissens- und damit verbunden einen gewissen Machtvorsprung, welcher eigentlich einer Beziehung »auf Augenhöhe« widerspricht (vgl. Jones et al., 2015; Schmidt-Lellek, 2015). Daher muss der Coach sehr sensibel mit dieser Verantwortung umgehen, was die Aufstellung einiger ethischer Richtlinien nötig macht (Allsworth & Passmore, 2008). So sollte zum Beispiel der Coach immer vorab den Grund für die Nutzung eines speziellen Tests definieren: Da diagnostische Instrumente dem Ziel des Coachees entsprechend ausgewählt werden sollten, muss der Coach im ersten Schritt in der eigenen Prozessplanung und im zweiten Schritt dem Coachee gegenüber die Frage beantworten: Was soll warum erfasst werden? Wenn ein Coachee beispielsweise das Ziel verfolgt, sich beruflich zu verändern, kann es sinnvoll sein, berufliche Möglichkeiten auszuloten oder die Gründe für die aktuelle Unzufriedenheit herauszufinden. In einem Gespräch mit dem Coachee muss der Coach dessen Ziel soweit durchdrungen haben, dass er die Entscheidung treffen kann, ob für den Coachee eher ein beruflicher Interessenstest (dies wäre der Fall, wenn er neue Karrieremöglichkeiten aufzeigen möchte) oder ein Test zu Motiven und Werten von Vorteil wäre (wenn beispielsweise geklärt werden sollte, woher die aktuelle Unzufriedenheit überhaupt kommt, vgl. Allsworth & Passmore, 2008). Erst wenn der Gegenstand, der gemessen werden soll, klar definiert ist, sollte der Coach die Entscheidung treffen, welche Art Test angemessen ist. Wenn dies geschehen ist, muss in einem nächsten Schritt ein passender Test ausgewählt werden. Im Rahmen ethischer Richtlinien empfehlen Allsworth und Passmore (2008) hierbei, die Güte des Tests als ein wichtiges Auswahlkriterium einzubeziehen. Sollte es sich bei der gewählten Testform um einen psychometrischen Test handeln, ist dieses Vorgehen zu unterstreichen: Nur valide, reliable Tests, die auf einem überprüften theoretischen und empirischen Modell basieren und deren Ergebnisse nach einer standardisierten Auswertung zustande kommen, können verlässliche und objektive Erkenntnisse und Rückschlüsse sicherstellen (▶ Kap. 5.2). Darüber hinaus sollten Coaches grund-

5.1 Grundlagen und Anwendung von diagnostischen Verfahren

sätzlich nur diagnostische Instrumente einsetzen, die sie kennen und für deren Anwendung sie ausgebildet wurden. Diese Voraussetzung verschafft Coaches, zusammen mit einem abgeschlossenen Psychologie-Studium, meist einen Vorteil, da diese in der Anwendung verschiedenster Tests geschult wurden (vgl. Bono et al., 2009). Des Weiteren limitieren insbesondere psychometrische Testverfahren häufig die Anwendergruppe: Es gibt zahlreiche Fragebögen, die ausschließlich von berechtigten Berufsgruppen (bspw. Psychologen) mit entsprechender Ausbildung gekauft und angewendet werden dürfen (Böning & Kegel, 2013). Um einen Test und die Möglichkeiten für die Anwendung im Coaching-Prozess detailliert kennenzulernen, empfehlen Böning und Kegel, neben dem intensiven Studium des Fragebogen-Manuals, den Test auch zuerst an sich selbst auszuprobieren (2013). Darüber hinaus sollten Coaches neben dem eingesetzten Instrument auch weitere Datenquellen hinzuziehen. Seien es Interviews mit den Coachees oder dazugehörigen Führungskräften, Berufsbeschreibungen oder weitere Testergebnisse: Coaches müssen sich darüber im Klaren sein, dass ein einzelnes Testergebnis immer im Kontext zu interpretieren ist und niemals das »Gesamtbild« zeigen kann. Dazu gehört auch, das Selbstbild des Coachees nicht anzugreifen und sowohl die Privatsphäre als auch die übrigen Rechte des Coachees beim Ausfüllen des Fragebogens zu wahren (Allsworth & Passmore, 2008). Der Coachee sollte bereits vor dem Ausfüllen des Tests über das Ziel des Verfahrens und über den Ablauf informiert werden. Dabei ist auch sicherzustellen, dass der Coachee weder durch sprachliche Barrieren oder sonstige Einschränkungen daran gehindert wird, den Fragebogen vollständig auszufüllen. Zuvor bereits muss der Coach im Gespräch mit dem Coachee festlegen, wer in welcher Form Feedback über die Testergebnisse erhalten wird. Selbstverständlich ist eine angemessene und transparente Ergebnisrückmeldung gegenüber dem Coachee obligatorisch, jedoch kann es teilweise auch möglich sein, dass das Unternehmen des Coachees bzw. die Auftraggebende Person ein Interesse an den Testergebnissen hat (▶ Kap. 3.1). Dies kann und sollte jedoch nur in Absprache mit dem Coachee geschehen. Bei der Rückmeldung der Ergebnisse sollte der Coach immer wieder beachten, dass der Form des Feedbacks eine hohe Bedeutung zukommt. Um sicherzustellen, dass der Coachee die Ergebnisse widerstandslos akzeptieren und zur weiteren

Entwicklung und Reflexion nutzen kann, müssen die Testergebnisse nicht nur verständlich, sondern auch in einer »nicht-angreifenden« Form vermittelt werden.

5.2 Psychometrische Diagnostikverfahren im Coaching

Es gibt zahlreiche psychometrische Diagnostikverfahren (für einen Überblick siehe Passmore, 2008), von denen die Gütekriterien oftmals als eher mangelhaft zu bezeichnen sind (Harper, 2008). Die meisten der Instrumente sich nicht originär für den Einsatz im Coaching entwickelt wurden (Harper, 2008, vgl. eine der wenigen Ausnahmen im Fallbeispiel »VaMoS im Coaching«), sondern wurden eigentlich für einen anderen Zweck konzipiert (vgl. Böning & Kegel, 2013). Die typischen Verfahren, welche heute von Coaches genutzt werden, stammen ursprünglich aus dem Bereich der Persönlichkeitsdiagnostik (Böning & Kegel, 2013) oder aus dem Bereich der Team- oder Organisationsentwicklung (Kauffeld & Gessnitzer, 2013; Kauffeld, 2001).

Wenn die Ebene des Individuums mit psychometrischen Verfahren erfasst wird, handelt es sich in den meisten Fällen um Selbstbeurteilungsfragebögen. Teilweise wird diese um eine Fremdeinschätzung ergänzt und nur in wenigen Fällen handelt es sich um Tests, die auf objektiv beobachtbarem Verhalten beruhen (vgl, Böning & Kegel, 2013). Bei den Selbstbeurteilungsfragebögen wird häufig zwischen sogenannten »Typentests«, die die Testperson einem bestimmten Verhaltens- oder Persönlichkeitstypen zuordnet, und Persönlichkeitsstrukturtests unterschieden, die ein normiertes Selbstbild anhand einer Normstichprobe ermöglichen (vgl. Böning & Kegel, 2013). Der Begriff »Persönlichkeit« wird hier weit gefasst: Es handelt sich in der genutzten Definition um relativ stabile Eigenschaften, die in einer einzigartigen Kombination Emotionen, Kognitionen und Verhalten einer Person beeinflussen und Steuern (vgl, Böning &

Kegel, 2013). Auf Basis dieser Definition sind den genannten Persönlichkeitsfragebögen auch Berufsinteressenstests, Motivations-, Werte- und Intelligenztests zuzuordnen (Böning & Kegel, 2013). Darüber hinaus gibt es für die Ebene des Individuums auch stark verhaltensorientierte Fragebögen, die beispielsweise eine Einordnung des Führungsstils ermöglichen.

Auf Grund des großen (und immer weiter steigenden) Angebots von individuumszentrierten psychometrischen Verfahren kann an dieser Stelle kein umfassender Überblick gegeben werden. Hierzu gibt es jedoch verschiedene Internetplattformen und Buchpublikationen (siehe weiterführende Literatur: Möller & Kotte, 2015; Passmore, 2008), die einen Einblick in häufig genutzte Verfahren sowie deren Vor- und Nachteile geben.

Neben dem Individuum gibt es jedoch eine weitere Ebene, die im Coaching eine wichtige Rolle spielen kann: Die Teamebene. Die Arbeit in Organisationen bedeutet immer Arbeit in einem sozialen System, das aus verschiedenen hierarchischen Ebenen besteht. Dabei sind Individuen immer häufiger in Teams organisiert, was Führungskräfte vor neue Herausforderungen stellt (Kauffeld & Schulte, 2012). Das Aktionsfeld der Führungskraft beschränkt sich nicht mehr länger nur auf die dyadische Führung: Auch die Führung von Teams ist entscheidend, was das Team im Coaching zu einer wichtigen Informationsquelle für den Coach machen kann (Kauffeld & Gessnitzer, 2013). Beispielsweise können in einem Führungskräfte-Coaching durch den Einsatz eines Instrumentes zu geteilter Führung (bspw. SPLIT, Grille & Kauffeld, 2015) oder zur Arbeit im Team (bspw. F-A-T, Kauffeld, 2001, 2004) die Wahrnehmungen des Teams als Feedback für die Führungskraft (sprich: den Coachee) genutzt werden: Statt dass der Coachee nur auf die eigene Wahrnehmung zurückgreifen muss, erhält er so eine anonymisierte und gemittelte Rückmeldung seines Teams, welche er für die eigene Weiterentwicklung nutzen kann (für detailliertere Beispiele, siehe Kauffeld & Gessnitzer, 2013).

Neben dem Individual-Coaching können teamdiagnostische Verfahren auch in einem Team-Coaching (nähere Informationen zu Team-Coachings, ▶ Kap. 3.2) sinnvoll angewendet werden. Auch im Teamkontext bietet eine Eingangsdiagnose mittels psychometrischer Verfahren die gleichen Vorteile wie im individuumszentrierten Coaching, jedoch sollten auch hier die gleichen ethischen Grundsätze beachtet werden. Es ist daher wichtig, auch hier spezielle Instrumente zu wählen, die an die Fragestellung des Team-Coaching-Prozesses angepasst sind. Grundsätzlich kann bei den teamdiagnostischen Instrumenten zwischen struktur- und prozessanalytischen Instrumenten unterschieden werden (vgl. Kauffeld, 2001; Kauffeld & Gessnitzer, 2013). Während die strukturanalytischen Instrumente Wahrnehmungen, Personen- oder Organisationsvariablen erfassen, konzentrieren sich die prozessanalytischen Instrumente auf die Analyse von Arbeitsprozessen und Interaktionen (Kauffeld, 2001; Kauffeld & Gessnitzer, 2013). Dabei nutzen strukturanalytische Verfahren, die zu den psychometrischen Instrumenten zählen, fast ausschließlich Befragungen (Interviews oder Fragebögen), während die Daten der prozessanalytischen Auswertungen auf standardisierten Beobachtungen beruhen (Kauffeld, 2001; Kauffeld & Gessnitzer, 2013). Um die Anwendung und die Unterscheidung zwischen beiden Analysearten zu veranschaulichen, sollen im folgenden zwei Beispiele genannt werden: Sollte beispielsweise in einem TeamCoaching die Fragestellung aufkommen, wie gut die Zusammenarbeit untereinander tatsächlich wahrgenommen wird, sollte ein strukturanalytisches Verfahren zum Einsatz kommen. Durch die Nutzung des Fragebogens zur Arbeit im Team (F-A-T, Kauffeld, 2001, 2004), wäre es möglich, die individuellen Wahrnehmungen jedes einzelnen Teammitglieds, bezogen auf die Aspekte Zielorientierung, Aufgabenbewältigung, Zusammenhalt und Verantwortungsübernahme, zu erfassen (Kauffeld, 2001, 2004; Kauffeld & Gessnitzer, 2013). Im Anschluss können die gemittelten Einschätzungen dem Team rückgemeldet und im weiteren Coaching-Prozess als Grundlage der Arbeit genutzt werden. Auch eine Follow-Up-Messung wäre mit diesem strukturanalytischen Werkzeug möglich. Ein anderes Beispiel für ein strukturanalytisches Verfahren wäre das *Shared Professional Leadership Inventory for Teams* (SPLIT®, Grille & Kauffeld, 2015). In vielen Teams wird neben der Führung durch die Führungskraft auch eine gegenseitige Führung im Team angestrebt, um die Gruppenziele zu erreichen. Der SPLIT erfasst diese »geteilte Führung«: Mittels Selbst- und Fremdeinschätzung werden die Führungskompetenzen der Führungskraft sowie die geteilte Führung innerhalb des Teams analysiert (Grille & Kauffeld, 2015). Damit bietet das Instrument die Möglichkeit, in kurzer Zeit ein Bild darüber zu bekommen, wie Führung im Team erlebt und gelebt wird. Aus dem

5.2 Psychometrische Diagnostikverfahren im Coaching

Ergebnis ergeben sich sowohl Ansatzpunkte für das Team als auch für die Führungskraft: Wenn der Fokus des Instrumentes auf dem Team liegen soll, kann festgestellt werden, wie stark Teammitglieder selbstständig wichtige Führungsaufgaben übernehmen, Verantwortung tragen und sich gemeinsam koordinieren und abstimmen. Leitfragen für ein Team-Coaching könnten zum Beispiel sein: Wie schätzen die Teammitglieder die Arbeit und Führung im Team ein (ggf. im Gegensatz zur Führungskraft)? Gibt es Bereiche, in denen die Teammitglieder wenig Verantwortung tragen und ggf. mehr in die Verantwortung gezogen werden wollen/können? Wenn der Fokus des Instruments eher auf der Führungskraft liegt (beispielsweise in einem individuellen Führungskräftecoaching), liegt der Schwerpunkt der Ergebnisse darauf, wie stark die Führungskraft wichtige Führungsaufgaben übernimmt. Leitfragen für ein solches Coaching könnten sein: Wie schätzen die Teammitglieder im Vergleich zur Führungskraft die Arbeit und Führung der Führungskraft ein? Wo gibt es hier ggf. Handlungsbedarf?

Sollte sich die Fragestellung weniger auf die individuellen Wahrnehmungen, sondern auf eine objektive Analyse der Zusammenarbeit des Teams beziehen, wäre ein prozessanalytisches Vorgehen ggf. sinnvoller. Da sich die direkte Teamzusammenarbeit am Besten in Teambesprechungen beobachten lässt, würde sich hierbei ein Beobachtungsverfahren anbieten, dass auf die Beobachtung dieser Teamsituation fokussiert und eine gute Ergebnisrückmeldung ermöglicht. Als Beispiel sei hier das Instrument act4teams genannt, welches für genau diese Situation entwickelt wurde und bereits erfolgreich in Team-Coaching-Prozessen eingesetzt wurde (Kauffeld & Gessnitzer, 2013; Kauffeld & Montasem, 2009). Neben diesen drei genannten Werkzeugen, gibt es selbstverständlich noch zahlreiche andere wissenschaftlich fundierte psychometrische Verfahren für den Einsatz im Team (für einen Überblick, Kauffeld, 2001).

Grundsätzlich gilt bei allen psychometrischen Instrumenten, dass ihre Gütekriterien von Coaches überprüfbar sein müssen: Sollten diese nicht angegeben werden oder sollte eine Intransparenz über das Zustandekommen dieser Werte vorherrschen, ist es ratsam, einen anderen Test zu wählen (vgl. Böning & Kegel, 2013). Da der Markt für psychometrische Verfahren, insbesondere für den Einsatz im Coaching, immer größer wird, gibt es auch immer wieder »schwarze Schafe«, die zwar eingängige

Typologien und Hochglanzergebnisauswertungen bieten, jedoch weit von einer seriösen wissenschaftlichen Fundierung und überzeugenden Gütekriterien entfernt sind (Harper, 2008; Kanning, 2013). Sollten Coaches unsicher sein, welche Instrumente wissenschaftlichen Kriterien genügen, sollten Fachleute, wie beispielsweise Psychologinnen und Psychologen, zu Rate gezogen werden (Böning & Kegel, 2005).

Einer der größten Vorteile psychometrischer Verfahren liegt vor allem in der Objektivität der Ergebnisse (im Vergleich zu nicht-psychometrischen Verfahren). Dabei sollte der Coach sich jedoch nicht nur der Aussagekraft von Testergebnissen bewusst sein, sondern auch den Einschränkungen. Auch Testergebnisse auf Basis psychometrisch erhobener Daten können daher nur als Hypothesen betrachtet werden und sollten vorsichtig interpretiert werden. Hilfreich ist in diesem Zusammenhang, die Ergebnisse immer auf die konkrete Situation des Coachees oder des jeweiligen Teams zu beziehen und eine grundlegende Wertschätzung für die Selbstwahrnehmung des oder der Coachees aufzubringen, auch wenn diese den Testergebnissen teilweise widersprechen sollte (Böning & Kegel, 2013).

VaMoS im Coaching – Fallbeispiel

Coaching wird als lösungs- und zielorientierter Prozess verstanden, welcher Coachees bei eigenen Reflexionsprozessen unterstützen und zu einer verbesserten Wahrnehmung der eigenen Situation, Ressourcen und Entwicklungsfelder beitragen kann (Gessnitzer, Kauffeld & Braumandl, 2011). Je nach konkreter Zielstellung, zielt Coaching damit langfristig auf eine Verbesserung von Arbeits- und Lebenszufriedenheit, Selbstwirksamkeitsüberzeugung und Work-Life-Balance. Durch Erkenntnisse aus der Sozial- und Persönlichkeitspsychologie wissen wir, dass Diskrepanzen zwischen persönlichen Werten, Motiven und Kompetenzen einer Person sich u. a. auf Faktoren wie Lebenszufriedenheit, Wohlbefinden und Work-Life-Balance negativ auswirken können (z. B. Kehr, 2004; Hofer & Chasiotis, 2003). Daher kann es zu Beginn des Coachings entscheidend sein, innere Konflikte zwischen individuellen Werten, Motiven und Kompetenzen zu erfassen. Darüber hinaus existieren bislang nur wenige empirisch über-

5.2 Psychometrische Diagnostikverfahren im Coaching

prüfte psychometrische Instrumente, die sich an den Zielen von Coaching orientieren und speziell für den Einsatz in Coaching-Situationen entwickelt wurden (Harper, 2008). Auf Basis dieser Forschungslücke und der bestehenden Notwendigkeit für wissenschaftlich fundierte Instrumente wurde der Fragebogen VaMoS entwickelt (Gessnitzer, Schulte & Kauffeld, 2015). Er erfasst Werte, Motive und Kompetenzen auf 13 (bzw. in der neuesten Version 14) verschiedenen Skalen (z. B. Macht, Autonomie, Prestige) mit dem Ziel, Diskrepanzen aufzuzeigen, die sich negativ auf Faktoren wie Lebenszufriedenheit oder Work-Life-Balance auswirken. Abbildung 8 zeigt das Modell von VaMoS, in dem Werte, Motive und Kompetenzen als einander umschließende Kreise dargestellt werden, wobei jedes Tortenstück des Gesamtkreises eine Skala (bspw. Macht) auf allen drei Facetten (Werte, Motive und Kompetenzen) darstellt (▶ Abb. 8). Anhand eines kurzen Fallbeispiels sollen solche Diskrepanzen und ihre möglichen Auswirkungen verdeutlicht werden. Neben einer Selbsteinschätzung von Werten, Motiven und Kompetenzen durch den Coachee, bietet VaMoS darüber hinaus die Möglichkeit, die eigenen Kompetenzen von Außenstehenden aus dem privaten und beruflichen Umfeld beurteilen zu lassen. Eine solche Gegenüberstellung von Selbst- und Fremdsicht, ermöglicht eine Auseinandersetzung mit den eigenen Stärken und Schwächen, nicht nur durch Selbstwahrnehmung, sondern auch mit Hilfe der Perspektive des beruflichen oder privaten sozialen Umfeldes.

Zur wissenschaftlichen Güte des VaMoS: Ziel der Fragebogenentwicklung war es, nicht nur ein praxisrelevantes Coaching-Werkzeug zu entwickeln, sondern darüber hinaus ein Instrument, das allen wissenschaftlichen Gütekriterien entspricht und daher auch für einen Einsatz in der Forschung genutzt werden kann. Die Fragebogenentwicklung wurde an zwei großen Stichproben durchgeführt: Dabei bestätigten sich die sehr gute Reliabilität des Fragebogens sowie die angenommene statistische Faktorenstruktur des VaMoS. Die Überprüfung der Validität zeigte auf, dass sich die Diskrepanz zwischen Werten, Motiven und Kompetenzen unter anderem negativ auf Lebens- und Karrierezufriedenheit, Work-Life-Balance, Selbstwirksamkeitserwartung und Stresserleben auswirkt (Gessnitzer, Schulte & Kauffeld, 2015).

5 Diagnostik im Coaching

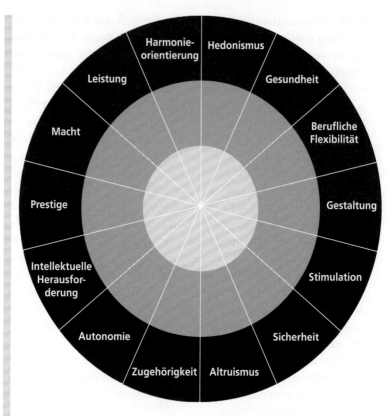

Abb. 8: VaMoS Kreismodell: Auf insgesamt 14 Skalen werden die 3 Aspekte Werte (im Zentrum des Models), Motive und Kompetenzen (Außenring des Modells) simultan erfasst

Zur Anwendung im Coaching soll im Folgenden ein kurzes Fallbeispiel die Einführung, Durchführung, Auswertung und Rückmeldung der Ergebnisse verdeutlichen. Das konkrete Fallbeispiel bezieht sich auf einen kurzen Coaching-Prozess im Umfang von drei Sitzungen, in Auftrag gegeben von einem deutschlandweit tätigen Unternehmen für einen der Beschäftigten. Ziel des Coachings sollte es sein, den Beschäftigten bei der beruflichen Orientierung zu unterstützen. Der Coachee war männlich, 28 Jahre alt und stand kurz vor dem Abschluss eines dualen Studiums, welches in Zusammenarbeit mit dem Unternehmen absolviert worden war. Der bevorstehende Abschluss stellte dann auch den Anlass für das Coaching dar: Im Unternehmen gab es verschiedene berufliche Möglichkeiten für den jungen Mann, jedoch hatte dieser wiederholt geäußert, er wisse noch nicht genau, in welche Richtung er sich entwickeln wolle. Das Unternehmen hatte ein gewisses Eigeninteresse, den Coachee zu halten, und finanzierte daher drei Coaching-Sitzungen, um ihn bei der beruflichen Orientierung zu unterstützen. Die erste Sitzung fand »face-to-face« statt: Hierbei lag der Fokus klar darin, eine Beziehungsebene zwischen Coach und Coachee zu etablieren, die Erwartungen abzugleichen und eine Zielklärung vorzunehmen. Zum Abschluss der Sitzung stellte sich die Situation folgendermaßen dar: Der Coachee artikulierte sehr verschiedene Anforderungen an seine zukünftige Arbeitsstelle und hatte Schwierigkeiten, das, was er wollte, und das, was ihm in den letzten Jahren seines Studiums Spaß gemacht hatte, mit den eigenen Fähigkeiten abzugleichen. Der Coach entschied sich daher für die Anwendung des VaMoS. Um den Coachee vorzubereiten, erklärte der Coach ausführlich, was der VaMoS misst, wie er aufgebaut ist und warum dies für ihren Prozess hilfreich sein könnte. Um zu Beginn sicherzustellen, dass es keine Schwierigkeiten beim Ausfüllen des Fragebogens gibt, erläuterte der Coach den Unterschied zwischen Werten, Motiven und Kompetenzen und machte den Coachee darauf aufmerksam, dass die Items im Fragebogen entweder mit dem Satz »Es macht mich glücklich…« für Werte, mit »Ich will…« für Motive oder mit »Es gelingt mir hervorragend…« für Kompetenzen beginnen. Die Einführung in VaMoS ist wichtig, damit der Coachee weiß, was das Ziel des Fragebogens ist, und damit es nicht zu Missverständnissen beim Ausfüllen kommt. Ergänzend zu der Selbsteinschätzung, vereinbarten Coach und Coachee auch eine Fremdeinschätzung der Kompetenzen durch den jetzigen Chef des Coachees einzuholen. Da der VaMoS als Online-Tool verfügbar ist, kann er ortsunabhängig durchgeführt werden. Der Coach schaltet den Coachee lediglich für die Nutzung frei und kann im Anschluss darauf warten, dass der Fragebogen ausgefüllt wird. Die Einladung für den Chef kann direkt vom Coachee über das Tool versendet werden, was die Durchführung des VaMoS für den Coach sehr einfach macht. Die

Benutzeroberfläche des Online-Tools ist dabei sehr übersichtlich mit Kurzeinweisungen gestaltet, die den Nutzenden vom Starten des Fragebogens, über die Versendung von Einladungen zur Fremdwahrnehmung, bis zur Ergebniseinsicht leiten. Hierbei ist zu sagen, dass der Coach eine Version des Online-Tools verwendete, die eine Einsicht der Ergebnisse erst zusammen mit ihm selbst ermöglichte: Dies war in diesem Zusammenhang sinnvoll, um Fehlinterpretationen durch den Coachee zu vermeiden. Der Coach kann die Ergebnisse direkt nach dem Ausfüllen durch den Coachee und seinen Chef einsehen und für die nächste Coaching-Sitzung entweder ausdrucken oder im online Ergebnis-Bericht arbeiten. In dem konkreten Fallbeispiel gab es bei der Durchführung keine Probleme und auf Grund des Wegfallens an Auswertungszeit konnte die nächste Coaching-Sitzung kurze Zeit später stattfinden. Bevor Coach und Coachee die Ergebnisse anschauten, stellte der Coach sicher, dass der Coachee den VaMoS, die zugrundeliegenden Konstrukte und den Inhalt der gemessenen Skalen verstanden hatte. Auch dies dient in erster Linie dazu, Fehlinterpretationen durch den Coachee vorzubeugen. Im Anschluss starteten Coach und Coachee mit den Ergebnissen im Selbstbild. Der Coach geht hierbei sehr non-direktiv vor und lässt das Interesse des Coachees entscheiden, in welcher Reihenfolge und Tiefe die Ergebnisse besprochen werden (▶ Abb. 9).

Die Haupterkenntnisse stellten sich wie folgt dar: Der Coachee wies im Allgemeinen große Differenzen zwischen der eigenen Kompetenzwahrnehmung und den eigenen Werten auf. Während er sich in der Regel auf fast allen Skalen als sehr kompetent wahrnimmt, wiesen die Werte (»was macht mich glücklich«) eher mittlere Ausprägungen auf. Der Coachee gab an, mit den Wertefragen auch am meisten Schwierigkeiten gehabt zu haben. Als erste Haupterkenntnis wurde daher festgehalten, dass er kein richtiges Bild davon hat, was ihn eigentlich glücklich macht, da er sich bislang primär damit beschäftigt hatte, was er will/anstrebt (= Motive) und was er kann (= Kompetenzen). Die Differenz zwischen Werten auf der einen Seite und Motiven und Kompetenzen auf der anderen Seite wird insbesondere bei der Skala »Macht« deutlich: Sowohl die Kompetenz, Macht auszuüben und andere Menschen zu führen, als auch das Motiv, das zu tun, sind hoch

5.2 Psychometrische Diagnostikverfahren im Coaching

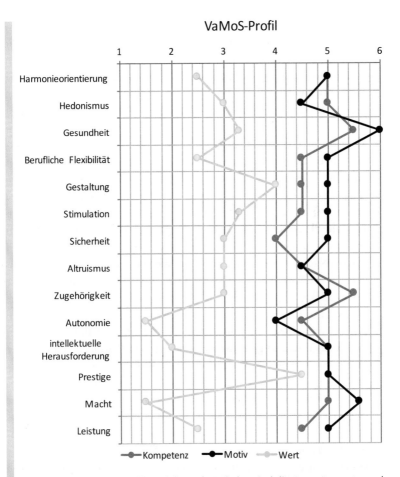

Abb. 9: Selbstbild des Fallbeispiels: Auf 14 Skalen sind die Ausprägungen und Differenzen zwischen Werten, Motiven und Kompetenzen sichtbar

ausgeprägt. Die Ausprägung des Wertes zu Macht (Beispiel: »Es macht mich glücklich in Gruppen sofort die Führung zu übernehmen«) ist jedoch eher im unteren Drittel. Als der Coach nachhakt, wie es dazu kommt, dass der Coachee Macht will und anstrebt, obwohl sie ihn nicht glücklich macht, gibt dieser zu, eine Führungsposition anzustreben, da dies für ihn gleichzusetzen ist mit einer hohen Position im

Unternehmen. Dieses Bedürfnis nach einer hohen, angesehenen Position zeigt sich in den VaMoS-Ergebnissen in den hohen Werten der Skala Prestige: Bewunderung anderer Menschen strebt er nicht nur an (Motiv-Prestige), er erreicht diese auch (Kompetenz-Prestige) und sie macht ihn glücklich (Wert-Prestige). Der Coachee formuliert zuerst eine gewisse Scham, dass ihm Bewunderung so wichtig ist, und muss erst durch den Coach darin bestärkt werden, dass es egal sei, was ihn glücklich macht, solange er dies in seinem Job auch erhält. Neben Prestige gibt es nur eine andere Skala, die keine nennenswerten Differenzen aufweist: Gestaltung. Dabei handelt es sich auch um die höchste Ausprägung eines Wertes (neben Prestige) im ganzen Profil. Ein Beispiel-Item für diese Skala lautet: »…bestehende Strukturen zu verändern«. Als der Coachee diese Skala sieht, ist er im ersten Moment erstaunt darüber, dass Gestaltung ihn, neben Prestige, so glücklich macht. Nachdem Coach und Coachee die vergangenen Tätigkeiten des Coachees Revue haben passieren lassen, wird jedoch klar, dass der Coachee Bestätigung und Zufriedenheit daraus zieht, Dinge zu verbessern. Der Coachee stellt für sich fest, dass alle Tätigkeiten, die ihm in der Vergangenheit – organisationsübergreifend – erfüllt haben, immer diesen einen Aspekt gemeinsam hatten. Als ein Beispiel nennt er, unter anderem, seine private Tätigkeit als Fußballtrainer: Auch hier könne er »seine Spuren hinterlassen« und Strukturen und Menschen verändern und verbessern. Aufbauend darauf definiert der Coachee auch sein eigenes Führungsverständnis neu: Er will weniger Macht und Einfluss auf Menschen ausüben, aber gerne zu ihrer Weiterentwicklung beitragen. Die Haupterkenntnisse aus dem Selbstbild werden im Anschluss vom Coachee schriftlich zusammengefasst als: »Mein zukünftiger Job muss mir ein gewisses Prestige verschaffen und gleichzeitig viel Gestaltungsspielraum bieten. Einer Führungsaufgabe stehe ich offen gegenüber«.

Das Fremdbild durch den Chef unterstützt in den meisten Bereichen die Wahrnehmung des Coachees: Auch der Chef schätzt die Kompetenz des Coachees insgesamt sehr positiv ein (▶ Abb. 10). Zwei Punkte weichen jedoch von der Erwartung ab und werden eingehender Besprochen: Zum einen schätzt der Chef die berufliche Flexibilität des Coachees sehr viel geringer ein als der Coachee. Auf Nachfrage des

5.2 Psychometrische Diagnostikverfahren im Coaching

Coaches, woran dies liegen kann, vermutet der Coachee, dass der Chef von dem ehrenamtlichen Engagement im heimischen Fußballverein weiß und daher evtl. glaubt, dass er räumlich nicht so flexibel sei. Als Maßnahme nimmt der Coachee mit, den Chef auf diesen Punkt noch einmal anzusprechen, um eine Erklärung für diese Einschätzung einzuholen. Der zweite Punkt, an welchem der jetzige Chef den Coachee geringer einschätzt, ist die Skala »Harmonieorientierung«. Ein Beispielitem für die Kompetenzskala ist: »Es gelingt mir hervorragend mit jedem gut auszukommen«. Der Coachee kann diese Differenz jedoch sofort für sich klären und daher auch annehmen. Er sei in den letzten Wochen öfter mit einem Kollegen in Diskussionen geraten, da der Coachee größere Veränderungen in der Abteilung anstoßen wollte, was der Kollege ablehnte. Der Coach arbeitet daraufhin mit dem Coachee konkrete Maßnahmen heraus, wie er Widerstand von Kollegen und Führungskräften für seine Veränderungsvorschläge besser begegnen kann und wie er sich in diesem Bereich weiterbilden könnte. Der Coachee beschließt, sich langfristig mehr mit dem Thema »Change-Management« auseinanderzusetzen. Ansonsten entspricht das Fremdbild seinen Erkenntnissen aus dem Selbstbild und der Coachee bleibt daher bei den bereits festgehaltenen Zielen für seine berufliche Zukunft. Die VaMoS-Sitzung schließt mit einem Maßnahmenplan, in dem der Coachee konkret die nächsten »To-dos« für die folgende Sitzung festhält. Durch den Einsatz von VaMoS war es möglich, sich mit verschiedenen Charakteristika des Coachees gleichzeitig zu beschäftigen: Da wir unsere berufliche Tätigkeit niemals ausschließlich danach auswählen, was wir wollen (Motive), was wir können (Kompetenzen) oder was uns glücklich macht (Werte), sondern es stattdessen immer um ein Zusammenspiel aus diesen verschiedenen Faktoren geht, kann ein solches Vorgehen völlig neue Erkenntnisse generieren. Bei dem Coachee wurde erreicht, dass er die ihm wichtigsten Punkte für seinen zukünftigen beruflichen Werdegang benennen konnte: Dabei waren nicht alle Skalen aus VaMoS für den Coachee gleich bedeutsam und führten zu neuen Erkenntnissen. Stattdessen soll die große Zahl an Skalen sicherstellen, dass über möglichst viele verschiedene Punkte gesprochen wird und sich Coach und Coachee ein umfassendes Bild machen können. Die

Ergebnisse bilden somit nur eine Basis für das gemeinsame Coaching-Gespräch und eine Grundlage, um die eigene Wahrnehmung anhand eines Selbst- und eines Fremdbildes zu objektivieren. Eine Priorisierung der Ergebnisse erfolgt automatisch in der anschließenden Coaching-Sitzung. Im weiteren Verlauf der Maßnahme wurden die Erkenntnisse aus VaMoS übrigens genutzt, um einen Abgleich mit Berufsfeldern in der Wahrnehmung des Coachees herzustellen. Dabei wurden zwei Bereiche identifiziert, die dem Profil des Coachees am ehesten entsprachen. Darauf aufbauend fand direkt nach dem Abschluss des Coachings ein Mitarbeitergespräch statt, in dem der Coachee seine persönlichen Erkenntnisse aus dem Coaching dafür nutzte, die Vorstellungen seiner beruflichen Zukunft im Unternehmen darzustellen und gemeinsam mit seinem Vorgesetzten nächste Schritte zu planen.

Dies ist selbstverständlich nur ein Beispiel, wie VaMoS eingesetzt werden kann: Grundsätzlich ermöglicht der Abgleich der drei erfassten Aspekte unter anderem Aufschluss darüber, in welchen Bereichen Kompetenzen noch nicht genutzt werden oder sich Motive und Werte widersprechen. Damit kann der Coach an verschiedensten Zielen des Coachees arbeiten und Ansatzpunkte für Interventionen aufdecken. Mit den Ergebnissen lässt sich beispielsweise eine Stärken-Schwächen-Analyse erstellen, eine berufliche (Um-) Orientierung herausarbeiten oder an der Work-Life-Balance arbeiten.

5.2 Psychometrische Diagnostikverfahren im Coaching

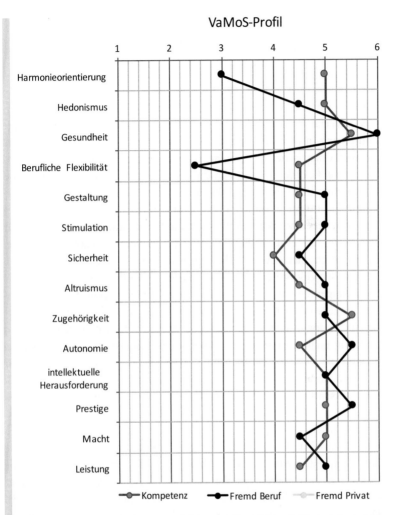

Abb. 10: Abgleich zwischen Fremdbild und Selbstbild des Fallbeispiels: Auf 14 Skalen sind die Ausprägungen und Differenzen zwischen Selbst- und Fremdwahrnehmung der Kompetenzen sichtbar.

5.3 Nicht-psychometrische Diagnostikverfahren im Coaching

Nachdem bereits eingehend auf die Charakteristika von psychometrischen Verfahren eingegangen wurde, soll im Folgenden eine kurze Einführung in nicht-psychometrische Verfahren erfolgen. Im Gegensatz zu psychometrischen Instrumenten sind nicht-psychometrische Methoden meist flexibler in der Handhabung. Da sie nicht aus validierten spezifischen Items bestehen, sondern bewusst eine subjektivere Auswertung und Interpretation der Ergebnisse ermöglichen, bieten sie Coaches und Coachees eine größere Offenheit und Flexibilität: Sie können eher für eine bestimmte Fragestellung angepasst oder verändert werden, was bei einem psychometrischen Verfahren nicht möglich ist, da dies zu einem Verlust der Gütekriterien führen würde. Heppelter und Möller (2013) bescheinigen einem individuumsbezogenen nicht-psychometrischen Ansatz hingegen die Chance, abseits von stabilen Persönlichkeitseigenschaften, im Dialog mit dem Coachee, seine Ressourcen, sein implizites Wissen und seine nicht-formal erworbenen Kompetenzen zu erfassen. Als Beispiel nennen die Verfassenden den narrativen Diagnostikansatz, in dem der Coachee die eigene Lebensgeschichte als Hausaufgabe darstellt (malt oder aufschreibt) und damit die Konstruktion der eigenen beruflichen Identität unterstützt. Der Coachee verknüpft dabei die eigene Vergangenheit (»Was ist bisher passiert?«) mit der Gegenwart (»Wer bin ich eigentlich?«) und exploriert auf diese Weise nicht nur das eigene Selbstkonzept, sondern wird auch in die Lage gebracht, eine mögliche Zukunft zu antizipieren. Die Verfassenden bezeichnen die Methode daher auch als: »Wie ich wurde, was ich bin« (Heppelter & Möller, 2013). Datenerhebung und Selbstreflexion sind in diesem Vorgehen eng miteinander verknüpft: Während der Coachee die eigene Geschichte in der Sitzung wiedergibt, versucht der Coach durch Fragen die individuellen Kompetenzen, Werte und Talente des Coachees herauszuarbeiten und im Anschluss gemeinsam mit dem Coachee zu strukturieren (Heppelter & Möller, 2013). Wie bereits durch das beschriebene Vorgehen klar wird, bestimmt die Vorbereitung des Coachees zusammen mit den Fragen des

5.3 Nicht-psychometrische Diagnostikverfahren im Coaching

Coaches nicht nur den Verlauf der Sitzung, sondern auch das Ergebnis dieser diagnostischen Phase. Die ist auch der größte Nachteil nichtpsychometrischer Verfahren: Ihre Offenheit ermöglicht keine Objektivität der Ergebnisse. Es bedarf daher nicht nur großer Erfahrung des Coaches ein solches Vorgehen strukturiert durchzuführen, es birgt auch die Gefahr, dass Coaches unbewusst durch Fragen steuern, so dass eigene Hypothesen bestätigt werden. Ein Vorgehen, wie es von Heppelter und Möller beschrieben wird (2013), bezeichnen andere Coaches eher als Methode oder Coaching-Übung. Tatsächlich können die Grenzen zwischen Übungen und nicht-psychometrischen Verfahren sicherlich manchmal verschwimmen. Im Idealfall wird Diagnostik jedweder Art immer durchgeführt, bevor der Coach sein Vorgehen beschlossen hat, da Diagnostik die Basis für Interventionen bilden sollte. Ein anderes Beispiel für nichtpsychometrische und individuumszentrierte Verfahren ist das sogenannte »Shadowing« (Kaul, 2013). Diese Methode gehört zu den prozessanalytischen Verfahren (▶ Kap. 5.2) und basiert auf der Beobachtung des Coachees in erfolgskritischen Situationen. Dabei gehört es nicht zu den psychometrischen Verfahren, da die Beobachtung keinem festen Manual folgt und die Genauigkeit und Objektivität der Beobachtung auch nicht nach wissenschaftlichen Gütekriterien überprüft wurde (im Vergleich beispielsweise zu act4consulting, ▶ Kap. 7 oder zu act4teams, ▶ Kap. 5.2). Der Coach begleitet stattdessen den Coachee offen in der Situation und gibt im Anschluss seine Beobachtungen und Interpretationen an den Coachee weiter (Kaul, 2013). Auch hierbei gilt: Die Methode ermöglicht es dem Coach, alles offen wahrzunehmen, statt sich an festen Beobachtungskriterien orientieren zu müssen, die vielleicht in der aktuellen Situation nicht sinnvoll sind. Aber ein solches Vorgehen beinhaltet auch die Problematik der Subjektivität: Eine andere beobachtende Person würde vielleicht zu anderen Ergebnissen kommen oder aus den gleichen Beobachtungen andere Schlussfolgerungen ziehen. Coaches, die sich zum Einsatz dieser Methoden entschließen, müssen daher noch mehr als beim Einsatz psychometrischer Verfahren darauf achten, möglichst unvoreingenommen und objektiv zu sein und die Ergebnisse nur sehr sensibel und in Zusammenarbeit mit dem Coachee zu interpretieren.

Auch nicht-psychometrische Verfahren bieten Möglichkeiten, mehr als nur die Ebene des Individuums zu erfassen. Ein klassisches Beispiel hierfür ist das sogenannte »Soziogramm« aus dem Methodenbereich des Psychodramas (Kauffeld, 2001; Von Ameln, 2013). Ziel eines Soziogrammes ist die Darstellung zwischenmenschlicher Beziehungen. Klassisches Anwendungsgebiet ist ein Team oder eine feste Gruppe (Kauffeld, 2001). Dabei sollen in der Regel sowohl die Sympathie- (Beispiele: Wer mag wen? Wer arbeitet mit wem am liebsten zusammen?) als auch die Antipathiestruktur (Beispiele: Wer will mit wem auf keinen Fall ein Büro teilen? Wer will mit wem auf keinen Fall ein Projekt durchführen?) in einer Gruppe erhoben werden. Detailliert sind sowohl qualitative Auswertungen eines Soziogramms (beispielsweise durch die Darstellung einer Netzwerkstruktur) als auch quantitative Auswertungen möglich (vgl. Kauffeld, 2001). In der Regel bietet eine solche Darstellung von Beziehungsstrukturen eines Teams für den Coach einen sehr großen Informationsgehalt: Gründe für Konflikte können genauso sichtbar werden wie unausgesprochene Antipathien innerhalb eines Teams. Für das Team kann die Durchführung eines Soziogramms zu einer großen Belastung werden: Insbesondere, wenn Antipathiestrukturen oder andere nicht-lösungsfokussierte Fragen genutzt werden, kann dies zu neuen Problemen führen und einer Stigmatisierung gleichkommen. Es gilt daher, dass diese Methode nur von sehr erfahrenen Coaches angewendet werden sollte, um negative Auswirkungen für das Team zu vermeiden (Kauffeld, 2001). Es gibt auch bei den nicht-psychometrischen Verfahren zahlreiche weitere Instrumente: Durch die verschiedenen Abwandlungen bestehender Werkzeuge wahrscheinlich sogar mehr als psychometrische Verfahren. Zusammengefasst lässt sich über die nicht-psychometrischen Verfahren (genauso wie über alle Instrumente) sagen, dass es Erfahrung, eine Ausbildung und Übung braucht, um sie verantwortungsvoll einzusetzen. Darüber hinaus sollten Ergebnisse, unabhängig von dem ausgewählten Instrument, durch welches Sie zustande gekommen sind, grundsätzlich vorsichtig und immer im Gespräch mit dem Coachee interpretiert werden. Schlussendlich arbeitet Coaching mit gesunden Coachees, die an ihrer persönlichen Weiterentwicklung interessiert sind. Der Angriff ihres Selbstbildes kann daher niemals im Sinne eines Coaches sein.

5.4 Fazit

Das Kapitel stellte die Einsatzmöglichkeiten von diagnostischen Instrumenten im Coaching vor. Obwohl es nicht Ziel des Kapitels war, einen umfassenden Überblick über alle Werkzeuge zu geben (was auf Grund des eingeschränkten Platzes und des ständig expandierenden Marktes auch niemals möglich sein könnte), sollte doch ein Einblick in die Eingangsdiagnostik von Coaching ermöglicht werden. Durch eine Darstellung von ethischen Grundlagen beim Einsatz diagnostischer Instrumente sollte verdeutlicht werden, dass der Coach eine hohe Verantwortung, weil einen hohen Wissensvorsprung, besitzt. Mit dieser Macht verantwortungsbewusst umzugehen und die Ergebnisse diagnostischer Arbeit immer als Ideen oder Hypothesen zu betrachten, ist eine wichtige Grundlage für alle Coaches. Das Kapitel unterschied grundlegend zwischen psychometrischen und nicht-psychometrischen Verfahren und stellte die Vor- und Nachteile beider Verfahrensarten dar. Zusammenfassend lässt sich hierbei sagen, dass die Auswahl der richtigen Verfahrensart und des richtigen Instrumentes sehr viel stärker von der Kompetenz des Coaches und des Coacheeanliegens abhängt als von grundlegenden Empfehlungen. Selbstverständlich weisen psychometrische Verfahren auf Grund ihrer hohen Objektivität und ihrer wissenschaftlichen Güte immer Vorteile gegenüber nicht-psychometrischen Verfahren auf. Jedoch können nicht-psychometrische Instrumente als Ergänzung oder Ersatz (sofern kein passendes psychometrisches Verfahren existiert) sehr gut eingesetzt werden. Durch ein ausführlicheres Fallbeispiel wurde der konkrete Einsatz eines psychometrischen Werkzeugs, anhand eines Fallbeispiels mit dem VaMoS (Gessnitzer, Schulte & Kauffeld, 2015), detaillierter dargestellt. Da diagnostische Verfahren auch auf anderen Ebenen angewendet werden können, wurde sowohl für die individuelle als auch für die Teamebene jeweils mindestens ein Beispiel für den Einsatz eines Instruments genannt. Die weiterführende Literatur bietet darüber hinaus viele Möglichkeiten, sich tiefer in die Materie einzuarbeiten.

Weiterführende Literatur

Möller, H. & Kotte, S. (2015). Diagnostik im Coaching. Grundlagen, Analyseebenen, Praxisbeispiele. Heidelberg: SpringerMedizin.
Passmore, J. (2008). Psychometrics in Coaching. Using Psychological and Psychometric Tools for Development. London/Philadelphia: Kogan Page Limited.

Für teamdiagnostische Tools:
Kauffeld, S. (2001). Teamdiagnose. Göttingen: Hogrefe.

6 Methoden im Coaching

Das folgende Kapitel widmet sich ganz den Techniken und Methoden im Coaching. Wie in den vorherigen Kapiteln bereits deutlich wurde, besteht die Arbeit eines Coaches vor allem in der inhaltlichen Gestaltung und Steuerung einzelner Sitzungen mit dem Coachee. Dabei ist das erklärte Ziel, dass diese Sitzungen den Coachees zu neuen Denkprozessen anregen und seine Selbstreflexion steigern, um dadurch den Weg zu neuen Lösungen und Maßnahmen zu ebnen. Wie jedoch genau diese Prozesse ablaufen können und was einen Coachee konkret zur Selbstreflexion anregen kann, dazu wurden im letzten Kapitel bereits diagnostische Instrumente vorgestellt. In Ergänzung dazu soll es in diesem Kapitel um grundlegende kommunikative Techniken gehen, die in Interaktionen angewendet werden können. Diese allgemeinen Methoden umfassen beispielsweise Fragetechniken, aktives Zuhören oder auch Paraphrasieren. Darüber hinaus sollen jedoch auch spezifische Übungen vorgestellt werden, die in verschiedenen Variationen im Coaching eingesetzt werden können, um den Dialog mit dem Coachee voranzutreiben, den Fokus der Sitzung zu verändern oder dem Coachee neue Sichtweisen aufzuzeigen. Der Einsatz solcher Übungen erfolgt oftmals geknüpft an die jeweilige Coaching-Phase: Es gibt Übungen, die in der Phase der Zielklärung oder Diagnostik zur Anwendung kommen (▶ Kap. 5.3 zu nicht-psychometrischen Diagnostikverfahren und ihrer hohen Überschneidung mit Coaching-Übungen), oder Instrumente, die eher in der Phase der Intervention eingesetzt werden (siehe Rauen, 2012). Zusammengefasst wird in diesem Kapitel ein genauerer Blick darauf geworfen, was Coaches konkret in ihren Sitzungen tun. In einem Forschungsexkurs wird dieses Thema aufgegriffen: Eine wissenschaftliche Publikation hat erstmals im Coaching versucht, empathisches Verhalten eines Coaches nicht nur mittels Fragebögen zu messen, sondern dieses Verhalten tatsächlich zu beobachten. Die Ergebnisse können, insbesondere für angehende Coaches, wertvolle Hinweise liefern, wie wichtig beispielsweise die Technik des Paraphrasierens ist und warum Empathie im Coaching eine grundlegende Variable darstellt.

6.1 Allgemeine Techniken

6.1.1 Fragetechniken

»Was für den Geiger die Geige ist, ist für den Coach die Frage« (Wehrle, 2012, S. 6): Ein elementares Instrument ohne das die eigene Arbeit keinen Sinn ergeben würde. Wie beispielsweise in Kapitel 1.4 verdeutlicht wurde, ist es ein wichtiges Ziel von Coaching, dass der Coachee selbst Lösungen generiert und während des gesamten Prozesses Experte für seine eigene Situation ist und bleibt (vgl. Joseph, 2006). Unter dieser Voraussetzung stellen Fragen ein sinnvolles Instrument für den Coach dar, um dem Coachee implizites Wissen über seine Situation, seinen Wunschzustand und sogar über mögliche neue Lösungsansätze zu »entlocken«. Wie durch diesen letzten Satz schon deutlich wird, können die Antworten eines Coachees dabei immer nur so gut sein, wie die Fragen des Coaches (vgl. Wehrle, 2012). Daher stellen Fragen eine wichtige Technik dar, die sowohl alleinstehend im Coaching genutzt werden kann als auch in Kombination mit anderen Übungen (▶ Kap. 6.2) Anwendung findet. Fragetechniken sind daher auch fundamentaler Bestandteil der meisten Coaching-Weiterbildungen und jeder Coach ist gut beraten, sich in der Benutzung verschiedenster Fragetypen weiterzubilden.

Grundsätzlich kann man, je nach Quelle, zwei bis elf verschiedene Fragetypen (Wehrle, 2012) unterscheiden: Grundsätzlich können Fragen beispielsweise in die Kategorien »offen« und »geschlossen« unterteilt werden (vgl. Wimmer, 2012). Offene Fragen werden manchmal auch als sogenannte »W-Fragen« bezeichnet, da ihr Hauptmerkmal die Interrogativadverbien bzw. Interrogativpronomen sind, die mit dem Buchstaben

6.1 Allgemeine Techniken

»W« beginnen. Hierzu gehören unter anderem: Wer, wie, wo, was, warum, wann, weshalb, wieso (vgl. Lippmann, 2013b; Wimmer, 2012). Ein Beispiel für eine offene Frage wäre: »Wie fühlen Sie sich in diesen Situationen?«. Geschlossene Fragen können demgegenüber in der Regel mit »ja« oder »nein« beantwortet werden. Als Beispiel gegenüber der offenen Frage: »Fühlen sich in dieser Situation ängstlich?«. Oftmals wird im Coaching empfohlen, insbesondere offene Fragen zu stellen: Die Idee hinter diesem Rat beruht unter anderem auf der Tatsache, dass offene Fragen ein nondirektives Vorgehen ermöglichen und den Coachee einladen, ohne bestimmte Vorgaben über ein Thema zu sprechen (Lippmann, 2013b). So ermöglicht eine offene Einstiegsfrage, wie zum Beispiel: »Wie ist es Ihnen seit unserer letzten Coaching-Sitzung ergangen?«, dem Coachee, frei zu entscheiden, worüber er spricht. Dadurch wird sichergestellt, dass das folgende Gesprächsthema vom Coachee gewählt wurde und daher nah an dessen Bedürfnissen ist. Der Coach öffnet damit das Gespräch, statt mit geschlossenen Fragen konkrete Hypothesen abzufragen (Ivey, Ivey, Zalaquett, 2010). Beispielsweise würde ein geschlossener Einstieg wie: »Und, lief es diese Woche denn schon besser als letzte?«, klar die Richtung für die folgende Unterhaltung vorgeben. Ein weiterer Vorteil von offenen Fragen ist die Tatsache, dass ein Coachee gezwungen ist, mit mehr als nur »ja« oder »nein« zu antworten (Ivey et al., 2010). Dadurch wird der Coachee in die Situation versetzt, einen Zusammenhang darstellen und somit mehr Informationen für den Coach zu generieren zu müssen (Ivey et al., 2010).

Nach dieser sehr globalen Differenzierung zwischen offenen und geschlossenen Fragen sollte an dieser Stelle noch einmal betont werden, dass offene Fragen im Coaching definitiv geschlossenen Fragen vorzuziehen sind (Lippmann, 2013b). Es gibt jedoch bei offenen Fragen viele weitere Möglichkeiten der Differenzierung. Eine Unterscheidung nutzt hierfür den Fokus der jeweiligen offenen Frage: Eine Untersuchung von Grant (2012) unterschied in einem Selbst-Coaching-Programm zwischen lösungsorientierten offenen Fragen und problemorientierten offenen Fragen (näheres zu Lösungsorientierung ▶ Kap. 2.3). Während die lösungsorientierten offenen Fragen, wie der Name schon sagt, dabei das primäre Ziel verfolgen, neue Lösungen oder Vorteile an Lösungen zu generieren, fokussieren sich problemorientierte Fragen auf die negative Ausgangssituation, deren Merkmale und Hintergründe. Die Ergebnisse der Studie zeigten, dass lösungsorientierte offene Fragen die Selbstwirksamkeit eines Coachees förderten (die Überzeugung, allen zukünftigen Herausforderungen gewachsen zu sein, Bandura, 1994), während problemorientierte Fragen den entgegengesetzten Effekt hatten (Grant, 2012b). Daher lässt sich als ein weiterer Punkt festhalten, dass lösungsorientierte Fragen wie: »Was könnten Sie machen, damit das noch besser funktioniert?«, angebrachter sind, als problemorientierte Fragen: »Was genau hat dabei denn nicht funktioniert?«. Hierbei wird deutlich, warum der Fokus der Frage eine solche Bedeutung hat: Auf die erste – lösungsorientierte – Beispielfrage kann der Coachee nur mit einem Optimierungsplan antworten. Der Coach durchbricht damit möglicherweise vorhandene negative Denkmuster und zwingt den Coachee in positive, lösungs- und maßnahmenorientierte Denkmuster einzusteigen.

Wie bereits oben erwähnt wurde, können Fragen als solches eine eigene Methode darstellen oder sie können mit anderen Übungen kombiniert werden. Eine einfache Möglichkeit, um lösungsorientierte Fragen zu einer eigenen Übung zu kombinieren, ist eine sogenannte »Lösungsliste«: Hierbei stellt der Coach zu einer konkreten Situation immer wieder lösungsorientierte Fragen (z. B.: »Was könnten Sie noch verbessern?« »Welche Alternativen gibt es noch?« »Woran würden Sie noch merken, dass sich die Situation verbessert hat?«) und der Coachee notiert sich jede eigene Antwort als eine neue Lösung oder neue Idee. Dabei ist es wichtig, dem Coachee klarzumachen, dass das Potenzial der Lösungen erst später bewertet wird: In einem ersten Schritt gilt Quantität vor Qualität und das Ziel soll sein, so viele Lösungsansätze wie möglich zu generieren. In einem weiteren Schritt kann diese Liste dann wiederum genutzt werden, um sich auf die besten Lösungen zu fokussieren und diese weiterzuentwickeln. Der Coachee soll dadurch aus einem möglichen Gefühl der Hoffnungslosigkeit (Beispielaussage: »Es gibt keine Lösung für die Situation«) herausgeführt werden und mit einer langen Liste an Möglichkeiten und Chancen konfrontiert werden. Durch eine Kombination von lösungsorientierten Fragen und der einfachen Methode des Listenerstellens, liegt bereits eine einfache Übung vor, die für verschiedene Anlässe genutzt werden kann.

Typische Frageformen, die darüber hinaus häufig eingesetzt und in der Coaching-Literatur thematisiert werden, sind sogenannte »zirkuläre

Fragen« (manchmal auch als systemische Fragen bezeichnet). Zirkuläre Fragen setzen an der Vorstellung des systemischen Ansatzes (▶ Kap. 2.2) an, dass jeder Mensch mit seinen Erwartungen, Wünschen und Entscheidungen Teil eines Systems ist und von diesem zum einen beeinflusst wird, dieses zum anderen jedoch auch selbst beeinflusst. In dieser Vorstellung der gegenseitigen Einflussnahme sollte daher das soziale System des Coachees in verschiedenen Stadien des Coachings betrachtet werden. Beispielsweise kann es in der Zielklärungs- oder Diagnostikphase gewinnbringend sein, nach der Sichtweise anderer Personen aus dem System zu fragen. Die Grundidee einer systemischen Frage zielt demnach darauf ab, die Sichtweise aller anderen Personen aus dem System beim Coachee abzufragen. Ein Beispiel für eine solche Frage könnte sein: »Sie haben erzählt, sie arbeiten in einem Großraumbüro. Wie empfinden eigentlich ihre Kollegen die Streitigkeiten zwischen ihnen und ihrem Chef?« oder als etwas anschaulichere Frage: »Was glauben sie, wenn ihre Kollegen sich über die Streitigkeiten zwischen ihnen und ihrem Chef in der Kaffeeküche unterhalten, was sagen sie da?«. Auch hier wird die Grundidee des Coachings aufgegriffen: Der Coachee ist Experte für seine eigene Situation und damit für sein eigenes System. Daher kann der Coachee sich wahrscheinlich gut in die Erlebniswelt anderer Personen aus seinem System hereinversetzen: Zirkuläre Fragen zielen daher auf das Einnehmen neuer Blickwinkel ab und sollen dem Coachee auf diese Weise neue Erkenntnisse verschaffen. Konkret bedeutet der Begriff »zirkulär« in diesem Zusammenhang, jede Sichtweise eines jeden Mitglieds des sozialen Systems reihum einzunehmen (vgl. Wehrle, 2012). In wieweit diese hypothetischen Sichtweisen aus der Perspektive des Coachees tatsächlich mit denen der Personen übereinstimmen, ist nicht entscheidend: Das implizite Wissen eines Coachees darüber, wie ein und dieselbe Situation noch beurteilt werden kann, wird durch diese Art der Fragen hervorragend herausgearbeitet. Auch bei zirkulären Fragen gilt: Sie können einzeln oder in Kombination mit einer Übung eingesetzt werden. Eine sehr plastische Möglichkeit, um die Wirkung zirkulärer Fragen zu verstärken, ist es, dem Coachee mittels Stühlen, Brillen oder anderer Hilfsmittel die Chance zu geben, die »Sichtweise« anderer Personen tatsächlich einzunehmen. Diese Methode wird in verschiedenen Lehrbüchern über Coaching, systemischer Beratung oder Psychodrama in abgewandelter Form als »Rollenwechsel« vorgestellt (vgl. Lippmann, 2013b). Eine dieser Varianten wird im folgenden Übungsbeispiel »Wechsel zwischen den Stühlen« kurz dargestellt.

Übungsbeispiel: Wechsel zwischen den Stühlen

In dem hier genutzten Beispiel stellt sich die Ausgangslage eines Coachees so dar, dass er immer wieder in Konflikte mit seinem direkten Vorgesetzten gerät. Nun möchte er sich auf ein anstehendes Vier-Augen-Gespräch mit seinem Coach vorbereiten, in welchem er die Konfliktsituationen thematisieren will.

Der Coach nutzt das vom Coachee beschriebene Setting, um die anstehende Gesprächssituation nachzustellen: Hierfür werden zwei Stühle sich gegenüber an einen Tisch gestellt. Nachdem der Coachee seine eigene Wahrnehmung der Konflikte dargestellt hat, lässt der Coach den Coachee die Stühle wechseln. Daran wird die Aufforderung angeschlossen, nun die Rolle und Wahrnehmung des Chefs anzunehmen und die gleiche Situation aus Sicht des Chefs zu schildern und zu erleben. Systemische Fragen, wie z. B.: »Wie würde ihr Chef sie in dieser Situation beschreiben?«, werden auf diese Weise durch einen tatsächlichen Wechsel der Sichtweise unterstützt, was es Coachees leichter machen kann, die eigene Situation neu zu reflektieren und zu bewerten.

Wichtig bei der Nutzung einer Übung wie »Wechsel zwischen den Stühlen« ist es, sensibel darauf zu reagieren, inwieweit der Coachee bereit ist, sich in die andere Person tatsächlich hinein zu versetzen. Auch wenn ein Perspektivwechsel durch eine solche Übung, in Kombination mit zirkulären Fragen, einen hohen Erkenntnisgewinn erzielen kann, ist es bei emotionalen Themen auch möglich, dass der Coachee die Sichtweise einer anderen Person nicht einnehmen will. In diesen Situationen sollte kein Druck aufgebaut werden, sondern eher auf andere Perspektiven des sozialen Systems ausgewichen werden.

Da es verschiedenste Fragetypologien gibt, kann dieses Kapitel niemals eine vollständige Übersicht über jede Frageform geben (Übersicht über einige wichtige Fragetypen, ihre Ziele und konkrete Beispielfragen ▶ Tab. 6.1). Im Folgenden soll jedoch noch auf zwei Fragetypen

6.1 Allgemeine Techniken

eingegangen werden, die in vielen Coaching-Büchern thematisiert werden und in kaum einer Coaching-Weiterbildung fehlen: Die sogenannte Wunderfrage und die Skalierungsfrage. Beide Instrumente gehen auf den lösungsorientierten Ansatz zurück (▶ Kap. 2.3, Ertelt & Schulz, 2015).

Tab. 6.1: Fragetypen und jeweilige Ziele und Beispiele

Fragetypus	Ziel	Beispiel
Zielorientierte Fragen (Lippmann, 2013b; Wehrle, 2012)	Ziel der Frage ist es, die Zielstellung des Coachees zu explorieren und zu präzisieren.	»Woran merken Sie, dass Sie Ihrem Ziel näher kommen?«
Wunderfragen (Lippmann, 2013b)	Ziel der Frage ist es, den Coachee den Sollzustand explorieren zu lassen. Hierfür wird als imaginäre Situation die perfekte Zielerreichung mittels eines Wunders genutzt, damit der Coachee sich in die Situation versetzen kann.	»Stellen Sie sich vor, über Nacht geschieht ein Wunder: Ihre persönliche gute Fee kommt vorbei und sorgt dafür, dass Sie Ihr Ziel einfach so im Schlaf erreicht haben. Leider informiert sie Sie nicht. Nun wachen Sie auf: Woran merken Sie das erste Mal, dass nachts dieses Wunder geschehen ist?«
Skalierungsfragen (Lippmann, 2013b)	Ziel der Frage ist es, eine Situation mittels einer numerischen Skala mess- und damit vergleichbar zu machen. Auch kleine Fortschritte können so an Zahlen festgemacht werden.	»Auf einer Skala von 1 bis 100 %: Wo stehen Sie gerade bei Ihrer persönlichen Zielerreichung?«
Zirkuläre Fragen (Lippmann, 2013b; Wehrle, 2012)	Ziel der Frage ist es, den Coachee einen Perspektivwechsel vornehmen zu lassen. Zirkuläre Fragen zielen auf das, was Menschen aus dem Umfeld des Coachee über ihn oder bestimmte Beziehungen denken.	»Wenn ich Ihre besten Freunde anrufen würde und nach Ihren größten Stärken fragen würde: Was würden sie sagen?«

Tab. 6.1: Fragetypen und jeweilige Ziele und Beispiele – Fortsetzung

Fragetypus	Ziel	Beispiel
Hypothetische Fragen (Lippmann, 2013b; Wehrle, 2012)	Ziel der Frage ist es, mittels einer hypothetischen Situation, neue Möglichkeiten und Sichtweisen zu explorieren.	»Mal angenommen, Sie könnten sich aus allen Menschen dieser Welt Ihr perfektes Team zusammenstellen – wen würden Sie nehmen und warum?«
Dissoziierende Fragen (Lippmann, 2013b)	Ziel der Frage ist es, neue Sichtweisen zu öffnen durch die Einbeziehung von Perspektiven Unbeteiligter.	»Stellen Sie sich vor, ein Passant wäre Zeuge Ihres kompletten Streits geworden: Wie hätte er die Situation wahrgenommen?«
Ressourcenfrage (Wehrle, 2012)	Ziel der Frage ist es, den Blick des Coachees auf persönliche Qualitäten und Kontakte zu lenken, die bei der Lösung der Situation helfen könnten.	»Wenn Sie Ihr Ziel als große Bergbesteigung sehen: Welches Rüstzeug besitzen Sie, das Ihnen bei der Besteigung helfen kann?«
Lösungsfrage (Wehrle, 2012)	Ziel der Frage ist es, bisherige Strategien und Lösungsansätze des Coachees zu erfragen und sie dann auf die aktuelle Situation zu übertragen.	»Wenn Sie in der Vergangenheit vor solch einer schwierigen Entscheidung standen: Wie sind Sie da vorgegangen?«
Differenzierungsfrage (Wehrle, 2012)	Ziel der Frage ist es, dem Coachee eine differenziertere Sicht seiner Lage vor Augen zu führen.	»Wo liegen die Vorteile, sich jetzt noch einmal beruflich neu orientieren zu können?«
Provokante Frage (Wehrle, 2012)	Ziel der Frage ist es, die Emotionen des Coachees vorsichtig zu nutzen, um zu einer Klärung beizutragen.	»Sie haben gerade gesagt, niemand hilft Ihnen. Wann haben Sie denn das letzte Mal offen um Hilfe gebeten?«
Paradoxe Frage (Wehrle, 2012)	Ziel der Frage ist es, durch eine völlige Veränderung der Sichtweise, neue Erkenntnisse zu generieren: Statt dem erwünschten wird	»Wenn Sie sicherstellen wollten, dass auf jeden Fall Ihr Kollege die Beförderung erhält: Wie müssten Sie sich in

Tab. 6.1: Fragetypen und jeweilige Ziele und Beispiele – Fortsetzung

Fragetypus	Ziel	Beispiel
	dabei das unerwünschte Verhalten abgefragt, um zu neuen Lösungen zu gelangen.	den nächsten Wochen verhalten?«
Präzisierungsfrage (Wehrle, 2012)	Ziel der Frage ist es, Verallgemeinerungen zu vermeiden und diese durch konkrete Beispiele und Fakten zu ersetzen.	»Sie sagen, Ihr Mann hört nie zu. Woran machen Sie das genau fest? Wann ist ihnen das zum ersten Mal aufgefallen?«

Die Wunderfrage existiert in verschiedenen Varianten und setzt immer an einer hypothetischen Situation an, in der das Problem des Coachees über Nacht verschwunden ist (▶ Tab. 6.1). Die Szenarien, die als Begründung für dieses Wunder geschildert werden, reichen von einer guten Fee bis hin zu einem Flaschengeist oder einer »Wunderpille«, die das Problem verschwinden lassen (vgl. Ertelt & Schulz, 2015; Wehrle, 2012). Die anschließende Frage des Coaches bezieht sich dann konkret darauf, woran der Coachee merken würde, dass sein Problem »weg« ist. Ziel dieser Frage ist, den Coachee eine positive Zukunft antizipieren zu lassen, um ihn in die Lage zu versetzen, die Sollsituation so anschaulich und konkret wie möglich zu beschreiben (Ertelt & Schulz, 2015). Auf diese Weise wird wiederum ein Lösungsfokus erreicht, aus dem die Ableitung von konkreten Lösungswegen und Maßnahmen einfacher möglich ist. Demgegenüber verfolgt die Skalierungsfrage das Ziel, das Monitoring von Fortschritten zu ermöglichen und eine Messbarkeit herzustellen (▶ Tab. 6.1). Beispielsweise könnte der Zielfortschritt oder eine konkrete Situation skaliert werden: »Wo stehen Sie auf einer Skala von 1 bis 10, wobei eine 1 die schlimmstmögliche Situation und eine 10 die bestmögliche Situation beschreibt?« Im Anschluss an eine Antwort des Coachee setzt der Coach auch hier mit Nachfragen an, um nicht nur eine möglichst genaue Beschreibung der Ist-, sondern auch der Sollsituation zu erhalten. Beispiele für Nachfragen wären: »Sie sagen, sie befinden sich auf einer 5. Was genau macht diese 5 aus?« »Sie sagen, sie befinden sich auf einer 5.

Woran würden sie es festmachen, wenn sie morgen auf einer 6 wären?«. Beide Fragetypen haben sich im Coaching bewährt und werden daher sehr häufig eingesetzt (vgl. Ertelt & Schulz, 2015; Wehrle, 2012). Insbesondere bei Coachees mit viel Coaching-Erfahrung bietet es sich daher an, nicht auf Standardformulierungen zurückzugreifen, sondern eine Wunder- oder Skalierungsfrage immer wieder möglichst neu und spannend zu formulieren, um weiterhin eine Aktivierung des Coachees zu erreichen (vgl. Wehrle, 2012).

Grundsätzlich soll der gezielte Einsatz von Fragen nicht nur Informationen generieren, sondern dem Coachee auch verschiedene Perspektiven eröffnen und die Aufmerksamkeit in eine Lösungsrichtung lenken (Lippmann, 2013b). Damit eine Frage dieser Zielsetzung gerecht wird, muss sie immer auf die jeweilige Situation und den Coachee angepasst sein (Wehrle, 2012). Dies setzt nicht nur eine große Kompetenz des Coaches in der Anwendung von Fragetechniken voraus, sondern auch noch andere Fähigkeiten, wie beispielsweise aufmerksames und aktives Zuhören, Schweigen und Paraphrasieren.

6.1.2 Aktives Zuhören und Schweigen

Der Begriff des aktiven Zuhörens geht in den meisten Quellen auf Carl Rogers und seinen klientenzentrierten Ansatz zurück (Rogers, 1972). Dabei gehört zum aktiven Zuhören in erster Linie eine wertschätzende Grundhaltung des Coaches (Lippmann, 2013b). Dies bedeutet in der Praxis, dass der Coach alles, was der Coachee sagt, annimmt und versucht, sich dabei in die Erlebnis- und Gefühlswelt des Coachees empathisch hineinzuversetzen. Ziel des aktiven Zuhörens ist, dass der Coach versucht, sich ganz auf die emotionale und inhaltliche Nachricht des Coachees zu konzentrieren, diese zu entschlüsseln und dabei keine eigene Nachricht in die Interaktion hineinzugeben (vgl. Rogers, 1972). Der Fokus liegt ganz auf dem Nachvollziehen und Verstehen des Coachees, statt in der Beurteilung oder Bewertung des Gesagten (Rogers, 1972). Konkret gibt es verschiedene Techniken, die zum aktiven Zuhören dazugehören: Zum einen sind das die minimalen Ermutigungen zum Sprechen, wie Kopfnicken, Ein-Wort-Fragen oder

6.1 Allgemeine Techniken

ein einfaches »mh-mh« (Ivey et al., 2010). Sie schließen grundsätzlich direkt an das Gesagte des Coachees an und sollen dem Coachee Interesse und aktive Beteiligung am Gespräch signalisieren (Ivey et al., 2010). Darüber hinaus gehören in diese Kategorie auch rein nonverbale Aktivierungen des Coachees, wie ein ermutigendes Lächeln oder verschiedene andere Gesten und Körperhaltungen (Ivey et al., 2010). Letztere können ihre Wirkung jedoch nur entfalten, wenn der Coach eine andere Technik beherrscht, deren Anwendung häufig – insbesondere Anfängern – sehr schwer fällt: das Schweigen nach Aussagen des Coachees (Ivey et al., 2010). Es zeigt sich, dass viele Coaches oder Beratende bereits anfangen zu sprechen, obwohl der Coachee seine Aussage eigentlich noch nicht beendet hat. Dies kann jedoch den Gesprächsverlauf negativ beeinflussen, weshalb Coaches Geduld aufbringen und warten sollten, um 1) den Coachee nicht in seinen Ausführungen zu unterbrechen, 2) ihn nicht unter Druck zu setzen, schnell weitersprechen zu müssen und 3) durch eine entstehende Gesprächspause ggf. einen neuen Gedanken beim Coachee auszulösen. Denn eine ausgedehntere Reaktionszeit des Coaches von bis zu 5 Sekunden, nachdem der Coachee einen Satz beendet hat, führt dazu, dass der Coachee in 25 % der Fälle eine neue Aussage einbringt (vgl. Ivey & Authier, 1983). Im Gegensatz dazu wird auch der Coachee versuchen, Gesprächspausen zu minimieren, wenn der Coach grundsätzlich schnell anfängt zu sprechen oder den Coachee sogar unterbricht: Gesprächspausen sind jedoch für die Selbstexploration des Coachees notwendig und sollten daher nicht vermieden werden (vgl. Ivey & Authier, 1983). Schweigen des Coaches sollte immer durch andere nonverbale Gesprächstechniken, wie beispielsweise Blickkontakt, unterstützt werden, damit der Coachee weiterhin die Aufmerksamkeit des Coaches wahrnimmt und sich wertgeschätzt fühlt. Coaching-Weiterbildungen müssen daher auch darauf ausgelegt sein, Coaches Geduld zu vermitteln und ihnen Möglichkeiten aufzuzeigen, nonverbal Aufmerksamkeit zu vermitteln und dem Coachee gleichzeitig den Raum zu geben, weiterzusprechen.

Neben den kurz vorgestellten verbalen und nonverbalen minimalen Ermutigungen zum Sprechen gibt es auch andere, »aktivere« Formen des aktiven Zuhörens, die im Folgenden kurz vorgestellt werden sollen.

6.1.3 Paraphrasieren und Zusammenfassen

Techniken, wie zum Beispiel das Paraphrasieren, sind aktivere Methoden der Gesprächsführung, werden jedoch von einigen Verfassenden auch zum aktiven Zuhören gerechnet (vgl. Lippmann, 2013b, Rogers, 1972). Unter Paraphrasieren versteht man das inhaltliche Umformulieren und Wiederholen einer Aussage des Coachees. Ziel dieses Umformulierens ist es, dem Coachee zu spiegeln, was bei dem Coach angekommen ist und wie er es verstanden hat. Damit wird sichergestellt, dass keine Missverständnisse zwischen Coach und Coachee auftreten und der Coachee sich, durch erfolgreiches Paraphrasieren, verstanden fühlt (Lippmann, 2013b). Darüber hinaus hat Paraphrasieren, neben der Verständnisrückmeldung, auch eine weitere Aufgabe: Der Coach kann auf diese Weise Inhalte des Coachees prägnanter formulieren und ihn somit im Gespräch weiterbringen. Die Schwierigkeit hierbei ist, weder ein einfaches Echo des Gesagten wiederzugeben, noch zu stark zu interpretieren (Ivey et al., 2010): Beides könnte dazu führen, dass der Coachee sich nicht ernstgenommen bzw. nicht verstanden fühlt. Der Coach muss demnach eine Balance finden und sehr aufmerksam zuhören, um das Wesentliche der letzten Aussage des Coachees mit eigenen Worten wiederholen zu können (Ivey et al., 2010). Eine Paraphrase kann sowohl als Aussage als auch als Frage formuliert werden. Als Beispiel könnte ein Coach die Aussage »Früher war ich fest davon überzeugt, ich würde Anwalt werden. Aber jetzt denke ich immer häufiger, das wäre doch nicht das Richtige und ich sollte lieber Arzt werden« als Aussage paraphrasieren »Ihre Vorstellungen Ihres zukünftigen Berufs haben sich in den letzten Jahren sehr verändert.« oder auch als Frage: »Sie sagen also, dass sich ihre Vorstellungen von ihrem zukünftigen Beruf in den letzten Jahren sehr verändert haben?«. Während eine Paraphrase immer auf den inhaltlichen Aspekt einer Aussage abzielt, fokussiert eine »Reflexion der Gefühle des Gegenübers« auf den emotionalen Aspekt einer Aussage. Auch hier ist das Mittel, einen Aspekt des vorher Gesagten herauszugreifen und prägnant umzuformulieren, um dem Coachee das Gehörte zurückzuspiegeln und Klarheit zu ermöglichen. Jedoch wird hier gezielt der Gefühlsaspekt einer Äußerung herausgegriffen und durch den Coach verbalisiert. Um dies an einem Beispiel zu verdeutlichen: Die Aussage »Ich weiß einfach nicht mehr, was ich tun soll. Früher war ich mir so sicher, dass ich auf jeden Fall Anwalt werde. Aber jetzt denke ich immer häufiger, das wäre doch nicht das Richtige und ich sollte lieber Arzt werden« könnte in einer Kombination aus Paraphrase und Reflexion der Gefühle des Gegenübers zum Beispiel so gespiegelt werden: »Ihre Vorstellungen von ihrem zukünftigen Beruf haben sich in den letzten Jahren sehr verändert (Paraphrase) und nun sind sie verzweifelt und unsicher, da sie nicht mehr wissen, was sie wollen (Reflexion der Gefühle des Gegenübers).« Ziel einer solchen Reflexion ist es, die Gefühle des Coachees zu benennen und konkret auf die genannte Situation zu beziehen. Durch das Benennen des Gefühls zeigt der Coach nicht nur seine Empathie und sein Verständnis für den Coachee: Der Coach verknüpft auch das Gefühl mit einer konkreten Situation und zeigt somit eine Möglichkeit auf, das Gefühl durch die Veränderung der Situation zu kontrollieren (vgl. Ivey & Authier, 1983). Zusammen mit der wertschätzenden und annehmenden Grundhaltung des Coaches kann der Coachee so Vertrauen aufbauen und sich besser öffnen. Auch wenn Paraphrasen und »Reflexion der Gefühle des Gegenübers« als wichtige Techniken im Coaching angesehen werden, wurden sie als Elemente von empathischem Verhalten bislang in der Coaching-Forschung nur bedingt beachtet. Der Forschungsexkurs »Empathie im Coaching« stellt eine Studie vor, in der diese beiden konkreten Verhaltensweisen des Coaches in einzelnen Sitzungen beobachtet wurden.

Exkurs: Verhalten im Coaching – Ergebnisse aus der Forschung

Häufig hängt erfolgreiches Coaching oder beispielsweise auch eine erfolgreiche Therapie von der Qualität der Beziehung zwischen Coach/Therapeut und Coachee zusammen (z. B., Baron & Morin, 2009; Ianiro, Lehmann-Willenbrock & Kauffeld, 2014; Rogers, 1961). In diesem Kontext ist eine der wichtigsten Charakteristika für die Vorhersage eines erfolgreichen Coaches/einer erfolgreichen Therapie die Fähigkeit, eine enge Verbindung zu seinem Coachee zu schaffen

(Wasylylyshn, 2003). Eine der wichtigsten Variablen ist hierbei die Möglichkeit, *Empathie* zu zeigen und diese dem Coachee durch das eigene Verhalten als Coach auszudrücken. Auch wenn die bisherige Coaching-Forschung hier noch einige Lücken zeigt, versucht die Studie von Will, Gessnitzer und Kauffeld (2016) hier anzusetzen.

Was versteht man unter dem Begriff Empathie?
Im Jahr 1909 führte Edward Titchener zum ersten Mal das Wort Empathie, basierend auf dem deutschen Konzept der »Einfühlung«, in die internationale Forschung ein. Nach einer über 100 Jahre anhaltenden Diskussion über Empathie entwickelte sich eine breit aufgestellte Sammlung von Definitionen (Cooper, 2008). Hierbei ähneln sich die meisten inhaltlich, überschneiden sich jedoch nicht immer. Was allerdings den meisten Definitionen gemein ist, ist die Tatsache, dass man das Konstrukt Empathie zweiteilen kann in: (1) emotionale Empathie und (2) kognitive Empathie (z. B., Gini, Albiero, Benelli & Altoe, 2007; Reniers, Corcoran, Drake, Shryane & Völlm, 2011).

Der Unterschied zwischen emotionaler und kognitiver Empathie
Emotionale Empathie wird häufig definiert als eine emotionale Reaktion auf eine emotionale Äußerung eines Gegenübers (z. B. sich traurig fühlen, wenn jemand anderes weint). Kognitive Empathie wird hingegen charakterisiert als eine mentale Perspektivenübernahme (z. B. verstehen, warum jemand traurig ist, wenn er weint).

Wie kann ein Coach seinem Coachee empathisches Verhalten zeigen?
Um diese Frage leichter beantworten zu können, soll das folgende Beispiel helfen: Ein Coachee erzählt seinem Coach, er sei traurig, weil die Balance zwischen seinem Beruf und dem Privatleben nicht zufriedenstellend sei. Nach dieser Aussage muss der Coach diese innere Unzufriedenheit des Coachees verstehen, um ihm ein angemessenes Verhalten hierauf zeigen zu können. Wenn in diesem Kontext der Coach sich ebenfalls traurig fühlen würde (emotionale Empathie), hätte dies keinen direkten Einfluss auf den Coachee, da er diese emotionale innere Empathie des Coaches nicht wahrnehmen würde, solange er sie

nicht sehen kann. Zeigt der Coach hingegen, dass er den Coachee versteht, macht er dies durch kognitives empathisches Verhalten sichtbar – auf das Verstehen folgt ein adäquates Verhalten, das für den Coachee erkennbar ist. Kognitiv-empathisches Verhalten kann hierbei durch das Reflektieren von Gefühlen des Gegenübers oder durch Paraphrasen vermittelt werden. Beide Variablen sind Bestandteil des Beobachtungsinstruments act4consulting (Hoppe & Kauffeld, 2010; Kauffeld, 2006) und können dementsprechend im Coaching-Prozess beobachtet werden. Im Einzelnen werden sie wie folgt definiert: Unter *Paraphrasieren* versteht man eine Zusammenfassung einer Aussage eines Gegenübers (Coachee) in eigenen Worten (Coach). Bei *Gefühlen des Gegenübers ansprechen* bezieht sich ein anderes Gegenüber (Coach) auf die verbal ausgedrückten Gefühle des Gegenübers (Coachee) und spricht diese aktiv an.

Die Studie von Will, Gessnitzer und Kauffeld (2016) legte den Schwerpunkt auf diese beiden Verhaltensweisen und untersuchte dabei im Einzelnen:

1. *Inwieweit die Wahrnehmung der kognitiven Empathie des Coaches zwischen ihm und dem Coachee übereinstimmt.*
   Forschungsergebnisse nehmen hier häufig nur eine geringe Überschneidung zwischen den verschiedenen Wahrnehmungen an und gehen davon aus, dass gezeigtes und wahrgenommenes Verhalten nicht identisch sein müssen (z. B., Gessnitzer & Kauffeld, 2015; Webb, DeRubeis, Amsterdam, Shelton, Hollon & Dimidjian, 2011). Auch in der von Will, Gessnitzer und Kauffeld (2016) durchgeführten Studie zeigte sich kein aussagefähiger Zusammenhang zwischen der Selbstwahrnehmung des Coaches und der Fremdeinschätzung kognitiver Empathie seitens des Coachees.
2. *Wenn die Wahrnehmung der Empathie vom Coach mit der wahrgenommenen Empathie des Coachees nicht übereinstimmt, wie kann der Coach sich aktiv verhalten, damit er vom Coachee als empathisch wahrgenommen wird?*
   Als gute empathische Verhaltensweise zeigte sich in der Studie von Will et al. (2016) *Paraphrasieren*. Die andere hierbei untersuchte

Variable *Gefühle des Gegenübers ansprechen* (act4consulting: Hoppe & Kauffeld, 2010) zeigte hingegen keinen aussagekräftigen Zusammenhang zu wahrgenommener Empathie vom Coachee. Jedoch deutete sich bei beiden Variablen an, dass in der Coaching-Interaktion sowohl auf Paraphrasieren als auch auf Gefühle des Gegenübers ansprechen überzufällig häufig zustimmendes Verhalten durch den Coachee folgt.

Welche Vorhersagen lassen sich dadurch treffen?
Durch die Ergebnisse von Will et al. (2016) wird die Wichtigkeit von Empathie im Coaching gezeigt. Die Ergebnisse sind nicht nur wichtig für praktizierende Coaches, sondern auch für angehende Coaches, die sich noch in ihrer Weiterbildung befinden. Die erste wichtige Erkenntnis fokussiert sich auf die Wahrnehmung von empathischem Verhalten: Obwohl der Coach sich selbst als sehr empathisch wahrgenommen hat, entsprach dies nicht der Wahrnehmung des Coachees. Daher sollten sich Coaches nicht nur auf ihre eigene Einschätzung verlassen, sondern den Coachee als Feedbackquelle heranziehen, um eine genaue Rückmeldung zu ihrem empathischen Verhalten zu erhalten. Wenn es Coaches interessiert, welche konkreten Verhaltensweisen in der Interaktion dazu führen, dass der Coachee den Coach als besonders empathisch wahrnimmt, sollten die anderen Studienergebnisse beachtet werden: Insbesondere Paraphrasieren stellte sich dabei als gewinnbringendes Verhalten dar. Jedoch reagierten Coachees sowohl auf das Paraphrasieren als auch auf das Ansprechen von Gefühlen des Gegenübers mit Zustimmungen, was darauf schließen lässt, dass Coaches insgesamt mit diesem Verhalten erfolgreich sind. Beide Verhaltensweisen können in Coaching-Weiterbildungen leicht erlernt und als eine Basistechnik angewendet werden, was insbesondere Coaching-Anfängern eine gute Möglichkeit gibt, von ihren Coachees als empathisch wahrgenommen zu werden.

Neben Reflexionen der Gefühle gibt es weitere »Subformen« der Paraphrasen, die sich weniger auf eine Umformulierung des Gesagten konzentrieren, sondern bewusste Veränderungen des Inhalts vornehmen, um

6.1 Allgemeine Techniken

verschiedene Wirkungen in der Sitzung zu erreichen. Beispielsweise ermöglicht das sogenannte »drastifizierende Zuhören«, eine emotionale Botschaft zu verstärken, die durch den Coachee nur angedeutet wurde. Damit soll dem Coachee verdeutlicht werden, die eigene Emotion ernst zu nehmen und ihr Raum zu geben (Lippmann, 2013b). Wenn ein Coachee zum Beispiel sagt: »Ich bin manchmal schon ein bisschen genervt davon, immer Überstunden machen zu müssen«, kann ein Coach durch eine drastifizierende Paraphrase dieses Gefühl betonen und auf eine Reaktion des Coachees warten: »Sie sind also stinksauer, dass sie permanent länger als normal arbeiten müssen. Dadurch fühlen sie sich und ihren Einsatz als ›Selbstverständlichkeit‹ behandelt.«. Eine solche Technik sollte sparsam als besonderes Stilmittel eingesetzt werden, damit sich diese Methode nicht »abnutzt« und der Coachee sie nicht als »schlechte Paraphrase« missversteht. Eine andere Technik, die auf Paraphrasen beruht, ist das »Konkretisieren auf Erfahrungen« (vgl. Lippmann, 2013b). Manchmal entpersonalisieren Coachees Aussagen und benutzten Personalpronomen wie »man« statt »ich«. Beispielsweise ist die Aussage »Das könnte man schon machen« typisch für eine Formulierung, die durch das allgemeine Pronomen »man« wenig konkret ist. Durch eine Konkretisierung wie »Was bedeutet dies für Sie? Wer ist ›man‹ in diesem Beispiel?« kann der Coachee auf die Ungenauigkeit hingewiesen werden und die Gründe für diese Wortwahl können gesucht werden. Auch hierbei ist es wichtig, dass Coaches genau zuhören und einen solchen Sprachgebrauch bewusst wahrnehmen (Lippmann, 2013b). Eine entpersonalisierte Sprache kann einfach ein typisches Stilmittel des Coachees sein, es kann jedoch auch mit dem entsprechenden Thema zusammenhängen. In dem konkreten Beispielsatz könnte der Coachee das Pronomen »man« zum Beispiel benutzt haben, da er die angesprochene Handlung selbst auf keinen Fall durchführen möchte. Durch den Satz »man könnte schon«, umgeht der Coachee jedoch einen möglichen Konflikt. In beiden Fällen sollte der Coach vorsichtig vorgehen aber auf jeden Fall versuchen, den Coachee nach konkreteren Erfahrungen zu fragen, um den Inhalt der Aussagen einzuordnen. Auch bestimmte Methaphern oder Bilder, die der Coachee in seiner Sprache nutzt, können interessante Hintergründe haben: Der Coach sollte diese Bilder auf jeden Fall aufnehmen und ggf. mit dem Coachee gemeinsam reflektieren (Lippmann, 2013b). Darüber hinaus kann auch die nonverbale Körpersprache des Coachees durch Paraphrasen gespiegelt werden, um zu neuen Erkenntnissen zu verhelfen. Manchmal ist es Coachees beispielsweise gar nicht bewusst, dass sie bei bestimmten Themen anfangen zu lächeln oder unruhig auf ihrem Platz umherrutschen. Hierin könnten unbewusste Hinweise liegen, die der Coach entschlüsseln muss. Paraphrasen sind hierfür ein gutes Stilmittel, da sie dem Coachee immer ermöglichen, einer möglicherweise falschen Interpretation des Coaches zu widersprechen (Lippmann, 2013b). Die verschiedenen Formen von Paraphrasen dienen demnach der Klärung und der Spiegelung von Inhalten und emotionalen Bestandteilen der Nachricht. Sie stellen damit ein fundamentales Werkzeug im Coaching-Gespräch dar. Wenn ein Gespräch weit vorangeschritten ist, kann ein Coach durch eine Zusammenfassung aller Aussagen eines Coachees zu einem Thema versuchen, die verschiedenen Inhalte, Emotionen und Gedanken zu kombinieren und in einem Bild zu vereinen (Ivey & Authier, 1983; Ivey et al., 2010). Eine Zusammenfassung bezieht sich, im Gegensatz zu einer Paraphrase, immer auf einen größeren Gesprächsabschnitt und dient dazu, ein Problem oder eine Situation ganzheitlich auf Basis des Gesagten zu beschreiben. Eine erfolgreiche Zusammenfassung basiert auf vielen erfolgreichen Paraphrasen und ermöglicht dem Coachee, seine Lage aus einem neuen Blickwinkel zu sehen (Ivey & Authier, 1983; Ivey et al., 2010). Es empfiehlt sich, Zusammenfassungen vor jedem Wechsel des Themas oder des Gesprächsabschnittes bewusst im Coaching zu nutzen, um Missverständnissen und vorschnellen Themensprüngen entgegenzuwirken. Insbesondere, da sich aus guten Zusammenfassungen teilweise neue Anknüpfungspunkte für den Coachee ergeben können (Ivey & Authier, 1983; Ivey et al., 2010).

6.2 Spezifische Coaching-Übungen

Im Folgenden sollen spezifische Übungen vorgestellt werden, die sich bereits in vielen Coaching-Prozessen in verschiedensten Varianten bewährt haben (vgl. Rauen, 2012). In vielen Fällen werden die Übungen in ähnlichen Varianten auch in Trainings- oder psychotherapeutischen Settings genutzt oder wurden sogar ursprünglich für diese Bereiche entwickelt. Auf welche Art diese Übungen eingesetzt werden, ob direkt in der Sitzung, als eine spontane Methode oder als Hausaufgabe für den Coachee, ist themen- und nicht zuletzt auch coach-abhängig. Ein möglicher Vorteil von Hausaufgaben ist dabei, dass der Coachee gezwungen wird, sich zwischen den Coaching-Sitzungen mit den eigenen Zielen auseinanderzusetzen (vgl. Lippmann, 2013b). Darüber hinaus kann es, insbesondere für Coachees, denen es schwerfällt, sich selbst zu reflektieren, eine Möglichkeit darstellen, sich auf die Sitzung vorzubereiten und quasi »vorzuarbeiten«. Dadurch kann in der eigentlichen Coaching-Sitzung, gemeinsam mit dem Coach, auf dieser Vorarbeit aufgebaut und innerhalb kürzerer Zeit eine tiefere Reflexionsebene erreicht werden. Denn grundsätzlich gilt: Auch, wenn eine Übung bereits als Hausaufgabe durch den Coachee durchgeführt worden ist, wird dennoch erst durch die gemeinsame Arbeit mit dem Coach (durch Fragen, aktives Zuhören und Paraphrasen) eine vertiefte Reflexion und Klärung erreicht.

Schreiben von Briefen

Eine typische Übung, die mit verschiedenen thematischen Schwerpunkten genutzt werden kann, ist das Schreiben von Briefen (vgl. Lippmann, 2013b). Beispielsweise kann der Coachee an sich selbst (sein vergangenes oder zukünftiges Ich), an Konfliktpersonen, Freundinnen und Freunde oder Verwandte schreiben. Auch Briefe an einen bestimmten Aspekt der eigenen Persönlichkeit (z. B. den inneren Schweinehund) oder sogar Briefe an Verstorbene sind möglich. Letzteres sollte jedoch, insbesondere im Coaching, sensibel eingesetzt werden, da hier auch emotionale Themen eröffnet werden können, deren Behandlung nicht jeder Coach gewachsen ist und die ggf. auch nicht Teil des Coaching-Ziels sind (Lippmann, 2013b). In der Regel stellt das Schreiben die wichtigste Komponente bei Briefübungen dar: Nur in manchen Fällen kommt es auch zu einem Abschicken der Briefe. Durch das Verschriftlichen eignen sich Briefe gut als Hausaufgabe und für Coachees, die diese Kommunikationsform der mündlichen vorziehen. Der schriftliche Ausdruck ermöglicht Coachees, ihre Worte sehr genau abzuwägen, ihre Argumente zu verändern, sich aber teilweise auch mehr zu öffnen, als ihnen dies ggf. im direkten Kontakt möglich wäre. Briefe können für den Coachee eine Möglichkeit darstellen, Entscheidungsprozesse zu unterstützen oder Konflikte für sich selbst zu lösen. Ein konkretes Beispiel wäre, wenn ein Coachee in einer Konfliktsituation einen Brief an die Konfliktpartei verfasst und sich damit alle aufgestauten negativen Emotionen »von der Seele schreibt«. Auch wenn es in diesem Szenario bewusst nicht zu einer Absendung des Briefes kommt, kann allein das Verfassen eine befreiende Wirkung haben, welche dem Coachee ermöglicht, den Konflikt objektiver zu reflektieren.

Geschichten

Eine andere Übungsart, die von vielen Coaches angewendet wird, stellen »Geschichten« dar. Der Coach fungiert bei diesem Typus als erzählende Person und leitet die Geschichte dabei möglichst offen ein. Beispielsweise durch eine Aussage wie: »Ich habe gestern etwas gelesen, das wollte ich ihnen einfach mal vorlesen: Vielleicht können sie etwas daraus mitnehmen.« Es ist wichtig, dass der Coachee die Freiheit hat, mögliche Parallelen zwischen der Geschichte, sich selbst und seiner Situation zu suchen und zu finden oder die Geschichte als solche stehen zu lassen. Auch können Geschichten Modelle zur Lösung für den Coachee bieten, jedoch nur, wenn er selbst dies erkannt hat. Die Selbsterkenntnis stellt bei Geschichten eine wichtige Schlüsselfunktion dar: Der Coach sollte nicht »auflösen«, was er sich bei der Geschichte gedacht hat, wenn der Coachee selbst keinen Sinn erkennt. In diesen Fällen war die Übung ggf. nicht für den Coachee geeignet oder die Geschichte hat nicht gepasst. Für die Auswahl von Geschichten gilt in der Regel: Eine Geschichte ist meist umso besser geeignet, je mehr verschiedene Deutungsebenen sie zulässt und je weniger offensichtliche Gemeinsamkeiten sich zu der Coacheesituation aufdrängen. Geschichten müssen jedoch nicht zwangsweise vom Coach kommen: Äquivalent zu Briefen kann auch das Aufschreiben der eigenen Geschichte (oder einer Episode) eine Übung darstellen. Dies könnte beispielsweise streng retrospektiv geschehen oder mit einem Fokus auf etwas, was noch nicht passiert ist: So könnte der Coachee gebeten werden, sich vorzustellen, er wäre 100 Jahre alt und würde aus diesem Anlass seine Memoiren verfassen. Wo würden die Highlights seines Lebens liegen, die unbedingt in das Buch gehören? In diesen Fällen werden Geschichten als Stilmittel genutzt, um die Lebenssituation des Coachees aus einem anderen Blickwinkel zu betrachten, Teile wegzulassen oder andere Aspekte zu betonen. Geschichten können demnach eine neue, oftmals fantasievolle Perspektive ermöglichen.

Rollenspiele

Rollenspiele stellen einen Klassiker im Bereich der Coaching-Übungen dar (Lippmann, 2013b). In Zusammenhang mit systemischen Fragen (▶ Kap. 6.1.1) wurde bereits ein Beispiel für einen sogenannten »Rollenwechsel« gegeben, in dem der Coachee systematisch, unter Zuhilfenahme eines Stuhls, in die Rolle seines Gegenübers schlüpfen kann. Eine solche Situation ist selbstverständlich auch in einem größeren Umfang denkbar: Der Coachee kann auch mehrere Stühle oder Positionen im Raum verschiedenen Personen zuweisen und jeweils in deren Rollen schlüpfen (vgl. Lippmann, 2013b). Aber auch Rollenspiele, in denen der Coach einen aktiven Part übernimmt, sind denkbar. Dabei sind verschiedene Szenarien möglich: Der Coachee kann sich selbst spielen oder aber der Coach schlüpft in diese Rolle und der Coachee übernimmt den Part des Gegenspielers (vgl. Lippmann, 2013b). Ein Rollenspiel ermöglicht in jeder Variante das Erleben einer tatsächlichen Interaktion. Statt aus der Metaebene über mögliche Gefühle und Wahrnehmungen in einer Situation zu sprechen, kann ein Rollenspiel diese direkt erfahrbar machen. Auch Feedback wird möglich, da der Coach das Verhalten des Coachees und die Wirkung rückmelden kann. Dadurch können auch Übungsprozesse in die Sitzung integriert werden: Der Coachee kann eine Situation mehrmals durchleben und sein Verhalten immer wieder variieren und anpassen.

Visionen

Eine weitere Variante von Übungen stellen sogenannte »Visionen« dar, die den Coachee in die Lage versetzen sollen, sich eine mögliche Zukunft vorzustellen. Den Einstieg in eine solche Visionsübung können Fantasiereisen, Entspannungsübungen oder eine fantasievolle Geschichte bieten (vgl. Lippmann, 2013b). Damit soll sichergestellt werden, dass der Coachee sich entspannt und sich in eine mögliche Zukunft hineinversetzen kann. Beispielsweise kann als Einstieg das Bild einer Zeitmaschine genutzt werden: Der Coachee soll sich vorstellen, er hätte die Möglichkeit, in seine eigene glückliche Zukunft zu reisen. Was würde er sehen? Und wenn er mit seinem eigenen 60-jährigen »Ich« sprechen würde: Welche Tipps würde dieser ihm geben? Um eine erfolgreiche Visionsübung durchzuführen und aus dieser Erkenntnisse und Themen für die eigene Zukunft abzuleiten, braucht es in der Regel etwas Zeit. Auch sind manche Coachees offener als andere, sich auf eine solch imaginative Übung einzulassen. Es empfiehlt sich, den Ablauf einer solchen Visionsübung transparent zu gestalten und genügend Zeit einzuplanen, um durch eingehende Rückfragen neue Erkenntnisse herauszuarbeiten zu können. Auch bei dieser Übung liegt der Hauptfokus darin, einen Perspektivwechsel zu ermöglichen, um sich einem Thema, wie beispielsweise der beruflichen Zukunft, auf eine für den Coachee völlig neue Art und Weise zu nähern und dadurch neue Ideen, Ansatzpunkt und Lösungswege zu generieren. Bei der Auswahl von Übungen kann es daher sehr sinnvoll sein, einen Ansatz zu wählen, der nicht innerhalb der individuellen Komfortzone des Coachees liegt, so zum Beispiel eine gestalterische Übung für eine strukturiert denkende Ingenieurin oder einen Ingenieur oder aber auch eine Fantasiereise für einen sehr rationalen Menschen. Auf der anderen Seite kann dies natürlich auch dazu führen, dass der Coachee mit der Übung überfordert ist oder sie nicht zu ihm passt. Durch Erfahrung sowie eine intensive Einstiegs- und Diagnostikphase lernt der Coach jedoch, sich ein Bild von dem Coachee zu machen und eine passende Übung zu wählen. Neben den dargestellten Übungen gibt es hunderte weitere Ansätze oder konkrete Tools, um den Coachee zu neuen Erkenntnissen zu führen (vgl. Rauen, 2012). Jede dieser Übungen sollte von einem Coach vorher ausprobiert und ggf. für die eigenen Zwecke angepasst werden. Dabei gilt: Fühlt sich ein Coach mit einer Übung nicht wohl, sollte diese auch nicht zur Anwendung kommen. Die Authentizität des Coaches sollte immer erhalten bleiben: Bei der Fülle von Übungen und Anpassungsmöglichkeiten (siehe auch »Weiterführende Literatur«), kann der Coach trotzdem für den Coachee eine passende auswählen, die auch der eigenen Arbeitsweise entspricht.

6.3 Fazit

In diesem Kapitel lag der Schwerpunkt auf Techniken, die während einer Coaching-Sitzung zum Einsatz kommen. Dabei wurde zwischen allgemeinen Techniken, wie dem aktiven Zuhören, Schweigen und Paraphrasieren, und konkreten Übungen unterschieden. Erstere gehören zum Handwerkszeug eines Coaches und müssen dementsprechend in jeder Coaching-Weiterbildung obligatorisch sein. Die allgemeinen Techniken erfordern hierbei die meiste Übung. Da es hierbei immer um situationsspezifisches verbales und nonverbales Verhalten geht, kann langfristig nur Erfahrung und eine enge Supervision dazu betragen diese Fähigkeiten zu verfeinern. Audio- oder Videoaufzeichnungen eigener Coaching-Sitzungen können für den Coach dabei ein wertvolles Instrument darstellen, die eigenen Fähigkeiten sichtbar zu machen und zu evaluieren (▶ Kap. 7.3.1). Im Allgemeinen zeichnen sich erfahrene Coaches insbesondere dadurch aus, gezielte, offene und dennoch leicht verständliche Fragen zu stellen, die jedoch auf den Coachee einen großen Einfluss haben. Darüber hinaus können erfahrenere Coaches ihre Reaktionszeit nach der Aussage eines Coachees steuern und sind geübt darin, Gesprächspausen »auszuhalten« und dem Coachee trotzdem nonverbal wertschätzende Aufmerksamkeit zu schenken. Sie paraphrasieren sowohl die inhaltliche als auch die emotionale Ebene von Coacheeäußerungen erfolgreich, da sie gezielt zuhören und somit sicherstellen, dass keine Missverständnisse entstehen. Auf diese Weise können sie das Gespräch steuern, ohne inhaltlich die Führung zu übernehmen und dem Coachee eigene Vorstellungen oder Hypothesen in den Mund zu legen. Bei den spezifischen Übungen, die in Kombination mit den genannten allgemeinen Techniken zur Anwendung kommen, gibt es verschiedenste Varianten und Abwandlungen. In dem Kapitel wurden lediglich einige wenige grundlegende Typen wie Briefe,

Geschichten, Rollenspiele und Visionen vorgestellt. Die genaue Anwendung und viele weitere Möglichkeiten für Übungen werden in der weiterführenden Literatur vertieft. Grundsätzlich stellen alle Übungen dabei Hilfsmittel dar, die, über Fragen und Paraphrasen hinaus, dem Coachee neue Sichtweisen eröffnen können. Dabei entwickeln Übungen jedoch nur ihre volle Wirkung, wenn sie passend zu dem Coachee und seiner Zielsetzung ausgewählt und im Anschluss mit dem Coach gezielt bearbeitet werden. Um diese sicherzustellen, sollten Coaches darüber hinaus Übungen immer an sich selbst ausprobieren und sie ggf. auf die eigene Arbeitsweise anpassen.

Weiterführende Literatur

Lippman, E. (2013). Methoden im Coaching. In E. Lippmann (Hrsg.), *Coaching: Angewandte Psychologie für die Beratungspraxis* (S. 427–454). Heidelberg: Springer.

Rauen, C. (2012). *Coachingtools 3*. Bonn: managerSeminare.

Wehrle, M. (2012). *Die 500 besten Coaching-Fragen*. Bonn: managerSeminare.

7 Qualitätssicherung und Forschung im Coaching

Nachdem in den letzten Kapiteln der Schwerpunkt auf der praktischen Arbeit im Coaching gelegen hat, soll sich das folgende Kapitel der Coaching-Forschung widmen. Auch wenn das gestiegene Interesse an Coaching zu immer mehr Artikeln und Buchveröffentlichungen geführt hat, ist ein Großteil der bestehenden Literatur aus der Praxis geschrieben worden, so dass der kritisch-reflektierende Blick auf die Profession naturgemäß fehlt (vgl. Feldman & Lankau, 2005). Der Bereich der Qualitätssicherung wurde dabei im Coaching bislang stark vernachlässigt (Ely et al., 2010): Obwohl Coaching bereits seit Jahren fest im internationalen Markt verankert ist (Feldman & Lankau, 2005), fehlt es noch immer an unabhängigen Evaluationsstudien, die die Wirksamkeit von Coaching belegen und Faktoren für einen erfolgreichen Coaching-Prozess identifizieren (Ely et al., 2010). Eine mögliche Erklärung für diesen Umstand könnte sein, dass sich Coaching eher aus der Praxis heraus entwickelt hat und dass die Forschung erst langsam beginnt, sich Coaching zu nähern. Bislang arbeitet nur eine Minderheit der praktizierenden Coaches mit wissenschaftlich validierten Instrumenten und Vorgehensweisen (Grant & O'Hara, 2006), weshalb der Ruf nach »evidenzbasiertem« Coaching, das sich durch wissenschaftliche Studien als wirksam bewiesen hat, immer lauter wird (Greif, Schmidt & Thamm, 2012). Das vorliegende Kapitel möchte unter anderem die Gründe für die Probleme in der Coaching-Forschung darstellen und einen Überblick über den aktuellen Stand der Wissenschaft bieten: Wirksamkeitsstudien, deren Ergebnisse für die Coaching-Praxis relevant sind, werden vorgestellt und aktuelle Forschungsrichtungen der Coaching-Prozessforschung in Unterkapiteln aufgegriffen.

7.1 Praxis-Forschungs-Lücke

Der Ruf nach mehr Coaching-Forschung wurde bereits sehr früh nach der Etablierung von Coaching als Personalentwicklungsinstrument laut. Aber noch im Jahr 2005 gab es weniger als 20 empirische Studien, die Coaching systematisch mit qualitativen und/oder quantitativen Methoden untersucht haben (Feldman & Lankau, 2005). Anders gesagt lagen demnach 2005 nur 20 Versuche vor, die Wirksamkeit von Coaching unabhängig und objektiv zu evaluieren und Erfolgsfaktoren von wirksamem Coaching zu identifizieren. In Anbetracht der Tatsache, dass zeitgleich bereits mehrere zehntausend Coaches ihre Dienstleistungen allein in den USA erfolgreich anboten (Hall, Otazo & Hollenbeck, 1999), ist dieses Fehlen an empirischen Belegen für die Wirksamkeit von Coaching erstaunlich. Trotz der wiederholten Forderung nach verstärkter Forschung in den folgenden Jahren blieben die durchgeführten Studien hinter den methodischen Anforderungen an gute empirische Forschung zurück (vgl. Grant et al., 2010). Um Coaching auch wissenschaftlich zu etablieren, sind statt Einzelfallstudien ausreichend große Stichproben, mehr quantitative Forschung und randomisiert kontrollierte Forschungsdesigns nötig (Grant et al., 2010). Die Tatsache, dass Coaching-Forschung im Vergleich zu verwandten Forschungsdisziplinen wie Therapie- oder Trainingsforschung noch immer große Schwierigkeiten hat, diese Anforderungen zu erfüllen, ist auf verschiedene Besonderheiten von Coaching zurückzuführen. Zum einen handelt es sich beim Coaching in den meisten Fällen um eine dyadische Intervention (▶ Kap. 3). Außerdem sind die Kosten für Coaching auf den einzelnen Teilnehmenden gerechnet mehr als zehnmal so hoch wie bei Trainingsinterventionen (Geissler, 2005). Daher ist es nicht verwunderlich, dass zwar fast jede berufstätige Person bereits an einem Training teilgenommen hat, jedoch bei weitem nicht so viele als Coachee an einem Coaching teilgenommen haben. Daraus ergibt sich eine sehr viel kleinere Grundgesamtheit an Menschen die überhaupt für Forschung zur Verfügung stehen. Darüber hinaus zeigen viele Coaches kein Interesse daran, sich an Coaching-Forschung zu beteiligen. Eine Untersuchung, die sich mit den Gründen für dieses fehlende Interesse

7.1 Praxis-Forschungs-Lücke

auseinandergesetzt hat, kam zu dem Ergebnis, dass die Coaches Angst vor einer negativen Bewertung ihrer Leistung haben oder die Forschungsvorhaben inhaltlich einfach nicht verstehen (Kotte, Oellerich, Schubert & Möller, 2015). Hinzu kommt darüber hinaus der Aufwand, den die Teilnahme an Forschung mit sich bringt. Auch wenn sich manche Coaches und Coachees noch bereit erklären, einige Fragebögen auszufüllen, spätestens wenn Forscher daran interessiert sind, den eigentlichen Coaching-Prozess zu untersuchen, scheitern die meisten an der Bereitschaft von Coaches, die Sitzung mittels Video- oder Audio-Aufnahmen festzuhalten (Kotte, Oellerich, Schubert & Möller, 2015). Als Begründung geben die Coaches an, die Sitzungen seien zu vertraulich, um aufgezeichnet zu werden. In Anbetracht der Tatsache, dass die Vertraulichkeit auch in therapeutischen Sitzungen einen wichtigen Faktor darstellt und in diesem Bereich die Aufzeichnung von dyadischen Interaktionen zu Forschungszwecken Normalität ist (vgl. Hill, 1990), wirft das jedoch die Frage auf, warum dies im Coaching ein solches Problem darstellt. Die Antwort liegt wahrscheinlich auch in der Lobby der Krankenversicherungen, die stark an der Qualitätssicherung von Therapie interessiert sind und daher eine objektive Evaluierung und eine standardisierte Ausbildung von Therapeuten einfordern, während dies für Coaching zurzeit noch nicht gilt. Solange demnach die Auftraggeberinnen und Auftraggeber von Coaching nicht einheitliche Qualitätsstandards definieren und einfordern, haben Coaches oftmals wenig Motivation sich an Forschungsvorhaben zu beteiligen.

Diese Faktoren führen dazu, dass nur die wenigsten Studien im Bereich Coaching über adäquate Stichprobengrößen verfügen und viele Forschende auf Einzelfallanalysen zurückgreifen. Auch wenn diese interessante Einblicke gewähren können, ermöglichen sie doch keine generalisierbaren und übertragbaren Ergebnisse, weshalb die Forderung nach quantitativen Untersuchungen mit angemessenen Stichprobengrößen sehr berechtigt ist (Grant et al., 2010).

Eine weitere Problematik von Coaching-Forschung bezieht sich auf die bereits darstellte Individualität von Coaching-Prozessen (▶ Kap. 1), bedingt durch die Vielzahl an Coaching-Themen und Settings (▶ Kap. 3) sowie den genutzten Tools und Techniken (▶ Kap. 5 und ▶ Kap. 6). Gegenüber anderen Interventionen, wie beispielsweise Training, welches oftmals standardisiert durchgeführt wird (Geissler, 2005; Kühl, 2006), ist es im Coaching schwierig Erfolgsfaktoren zu identifizieren, wenn Coaching-Prozesse nicht vergleichbar sind (Grant et al., 2010; Greif, 2015b). Daraus resultierend ist die Messung von Coaching-Erfolg ebenso individuell und damit oftmals problematisch (Greif, 2015b): Während bei einem Gesundheits-Coaching die Messung des Erfolges durch Gesundheitsvariablen sehr sinnvoll sein kann, wird der Erfolg in Karriere-Coachings durch andere Variablen sehr viel besser dargestellt (Grant et al., 2010). Natürlich gilt dies grundsätzlich auch für Trainingsmaßnahmen, die für jeden Themenkomplex eingesetzt werden und deren Fokus von Kommunikationstrainings über Vertriebstrainings bis zu Stressbewältigungstrainings reichen kann. Im Gegensatz zu einem Training, in welchem die Zielsetzung (»Vermittlung von Wissen zu einem Themenbereich«) jedoch meist klarer umrissen ist, handelt es sich bei Coaching um eine sehr viel komplexere und individuellere Dienstleistung als Training, was dazu führt, dass die Qualität von Coaching von den Coachees sehr viel schwieriger zu bewerten ist (Greif, 2015b).

Um Coaching-Erfolg daher vergleichbar zu erfassen, nutzen Forschende verstärkt Maße wie Selbstwirksamkeitsüberzeugung oder individuelle Zielerreichung aus Coacheeensicht (für ein praktisches Beispiel zur Nutzung von Zielerreichung siehe auch »Abschlussphase« in Kapitel 4.1), da diese Variablen zumindest teilweise eine Vergleichbarkeit zwischen verschiedenen Interventionen ermöglichen (Grant et al., 2010). Auch die Umsetzungsrate von Plänen und Maßnahmen kann durch vorher definierte – und möglichst objektivierbare – Zahlen als Erfolgsmaß verwendet werden (Greif, 2015). Dies wird beispielsweise nach Trainingsmaßnahmen durch die Transferquantität oder -qualität bereits genutzt (vgl. Kauffeld, 2016) und könnte zum Beispiel so aussehen: 100 % Umsetzung = »Der Coachee hat sich bei mindestens 5 Firmen beworben und wurde einmal zum Vorstellungsgespräch eingeladen«, 80 % Umsetzung = »Der Coachee hat seine Bewerbungsunterlagen vollständig zusammengestellt und überarbeitet«, etc. Auch wenn praktisch arbeitenden Coaches geraten wird, zusätzlich zu solchen Werten auch nichtstandardisierte Meinungsäußerungen zu offenen Fragen als Feedback zur Qualitätssicherung einzubeziehen (Greif, 2015), sind diese im Forschungskontext oftmals schwer zu nutzen.

Eine Möglichkeit, den Schwierigkeiten der Vergleichbarkeit von Coaching-Prozessen in der Forschung zu begegnen, sind experimentelle Forschungsdesigns. Auch wenn durch Experimente eine Kontrolle der Coachings und aller individueller Faktoren sichergestellt wird, bringen diese andere Schwierigkeiten mit sich: Es handelt sich in diesen Fällen oftmals nicht mehr um echte Coaching-Prozesse, in denen Coachees ein genuines Interesse daran haben, ihre persönlichen Themen zu bearbeiten. Vielmehr werden leichter kontrollierbare Settings, wie etwa Selbst-Coachings (für eine Definition von Selbst-Coaching ▶ Kap. 3.2) genutzt, wodurch eine Übertragbarkeit der Erkenntnisse auf klassische Coaching-Interventionen wiederum eingeschränkt wird (vgl. Grant, 2012b).

Zusammengefasst stellen die Stärken von Coaching als Intervention (Individualität, Vertraulichkeit, Unabhängigkeit, etc.) die größten Probleme für Coaching-Forschung dar. Nur im Zuge einer Professionalisierung von Coaching (▶ Kap. 8) kann langfristig auch Coaching-Forschung profitieren. Bis zu diesem Zeitpunkt bleibt Forschung im Coaching weit zurück im Vergleich zu Therapie oder Training (e.g. Jones et al., 2015) und Coaches können sich nur auf die wenigen guten Studien aus dem Bereich der Wirksamkeits- und Prozessforschung beziehen und versuchen, ihre tägliche Praxis nach diesen Erkenntnissen auszurichten.

7.2 Wirksamkeitsstudien (struktur- und ergebnisbezogene Evaluation)

Grundsätzlich kann bei der Überprüfung der Wirksamkeit von Interventionen zwischen struktur-, prozess- und ergebnisbezogener Evaluation unterschieden werden (vgl. Kauffeld, 2016). Auch für Coaching bietet sich eine solche Unterscheidung an (Heß & Roth, 2001). Unter Strukturqualität werden hierbei die Rahmenbedingungen der Intervention verstanden. Hierzu gehören, auf Coaching bezogen, unter anderem Settingfaktoren, die Weiterbildung, Fähigkeiten und Kenntnisse des Coaches, Räumlichkeiten, Arbeitskonzepte und vertragliche Bestimmungen (vgl.

Heß & Roth, 2001). Zur Prozessqualität gehören alle Faktoren, die die Art und Weise, wie das Coaching durchgeführt wird, betreffen (vgl. Heß & Roth, 2001). Dies beinhaltet die eingesetzten Tools, Techniken und Methoden sowie die Merkmale der Interaktion und Arbeitsbeziehung zwischen Coach und Coachee (Heß & Roth, 2001). Zuletzt umfasst die Ergebnisqualität die – durch das Coaching erzielten – positiven Veränderungen, wie die Zielerreichung oder die gestiegene Selbstwirksamkeitsüberzeugung, aber auch die Zufriedenheit des Coachees (vgl. Heß & Roth, 2001). Viele der ersten Wirksamkeitsstudien haben sich ausschließlich auf die Ergebnisqualität von Coaching fokussiert. Es galt nachzuweisen, dass Coaching wirkt; Interesse an der Untersuchung der dahinterliegenden Prozesse kam erst später auf (vgl. Grant et al., 2010). Aus dieser Phase der Coaching-Forschung stammen insbesondere Coacheebefragungen nach der Zufriedenheit mit dem Coaching oder nach dem selbsteingeschätzten Return-of-Invest (ROI) der Intervention. Unter dem sogenannten ROI wird der monetäre Nutzen einer Intervention nach Abzug ihrer Kosten verstanden. Die Berechnung des Coaching-spezifischen ROIs resultierte insbesondere aus den hohen Kosten von Coaching und dem Wunsch, dieses Investment gegenüber den Auftrag gebenden zu rechtfertigen. Als Ergebnis präsentierten Forschende Coacheeeinschätzungen zwischen 221 % (Phillips, 2007) und 788 % (Kampa-Kokesch & Anderson, 2001). Aus methodischer Sicht wurden diese Berechnungen stark kritisiert, da Coachees schwerlich in der Lage seien, den tatsächlich durch das Coaching verursachten monetären Nutzen zu beziffern (Ely et al., 2010). Darüber hinaus würde die daraus resultierende Überschätzung des ROI dazu führen, dass Auftrag gebende nicht alle positiven Wirkungen von Coaching wahrnehmen können, da sie sich zu sehr auf den monetären Nutzen fokussieren (Grant, 2012c).

Neben dem ROI wurden jedoch auch andere Selbsteinschätzungen aus Sicht des Coachees kritisiert: Auch wenn die Zufriedenheit des Coachees mit dem Coaching sehr hoch ist, stellte dies allein keinen Beweis für die Wirksamkeit von Coaching dar (Kühl, 2008). Daher wurden verstärkt vor und nach dem Coaching Fragebögen zu Variablen wie Fähigkeiten (McGovern et al., 2001; Kombarakaran, Yang, Baker & Fernandes, 2008) oder Performance (Kim et al., 2013; Kim, Egan & Moon, 2014) genutzt. Die Ergebnisse dieser Studien zeigten, dass Coaching sich positiv

7.2 Wirksamkeitsstudien (struktur- und ergebnisbezogene Evaluation)

auf diese Variablen auswirkte: Nach der Intervention waren die Werte der Coachees signifikant angestiegen. Doch auch an diesen Studien wurde nach einiger Zeit Kritik geübt: Selbsteinschätzungen gäben lediglich Auskunft darüber, dass der Coachee das Coaching positiv erlebt habe und nicht, dass er oder sie sich tatsächlich verändert habe, da dies nur mittels objektiverer Einschätzungen nachzuweisen sei (vgl. Smither, London, Flautt, Vargas & Kucine, 2003). Daher werden seit einigen Jahren neben Selbsteinschätzungen verstärkt Fremdeinschätzungen zur Ergebnisevaluation von Coaching genutzt. Auf diese Weise konnte gezeigt werden, dass Coaching sich beispielsweise positiv auf die Leistung von Beschäftigten aus Sicht der Führungskraft auswirkt (Kim & Kuo, 2015), aber auch aus Sicht des Kollegiums und der Untergebenen: Durch eine Coaching-Intervention verbesserten sich auch die Bewertungen in 360-Grad-Feedbacks (Grant, Curtayne & Burton, 2009; Smither et al. 2003; Thach 2002), was dafür spricht, dass Veränderungen, die durch Coaching verursacht werden, für alle Ebenen des organisationalen Umfeldes sichtbar sind. Einschränkend ist hierbei zu erwähnen, dass eine Fremdbeurteilung von Coaching-Erfolg je nach Thema des Coachings mehr oder weniger sinnvoll ist: Wenn beispielsweise das Ziel von Coaching war, dass das persönliche Wohlbefinden steigt, können Führungskräfte vielleicht positive Veränderungen des Coachings nicht wahrnehmen, obwohl der Coachee selbst von einem großen Erfolg berichtet.

Nach den Bemühungen, die Ergebnisqualität von Coaching nachzuweisen, entwickelte sich verstärkt das Bedürfnis, die zugrundeliegenden Faktoren von Coaching-Erfolg zu identifizieren. Hierbei wurde zu Beginn insbesondere bei der Strukturqualität angesetzt: Ein Faktor, der dabei untersucht wurde, war der Weiterbildungshintergrund von Coaches. Entgegen einiger Annahmen konnte sich dadurch nicht bestätigen, dass Psychologinnen und Psychologen bessere Coaches darstellten als Nicht-Psychologinnen und Nicht-Psychologen (Bono et al., 2009). Auch Charakteristika des Coachees, wie beispielsweise seine Persönlichkeit, waren nur selten erfolgsrelevant (Steward, Palmer, Wilkin & Kerrin, 2008). In den meisten Studien hatten sie keinen Einfluss auf das Coaching-Ergebnis (DeHaan, Duckworth, Birch & Jones, 2013). Auch die Passung zwischen der Persönlichkeit von Coach und Coachee konnte den Erfolg von Coaching nicht erklären (Boyce, Jackson & Neal, 2010; de Haan et al., 2013). Insgesamt waren die ersten Versuche, Coaching-Erfolg auf die Struktur zurückzuführen, eher ernüchternd. Einer der wenigen bestätigten Erfolgsfaktoren war die Dauer von Coaching-Prozessen (Baron & Morin, 2009): Es zeigte sich, dass die erfolgreiche Entwicklung von Selbstwirksamkeit beim Coachee von der Anzahl der erhaltenen Coaching-Sitzungen abhängt (Baron & Morin, 2009). Das bedeutet konkret, dass für die erfolgreiche Entwicklung von Selbstwirksamkeit eine gewisse Mindestzeit notwendig ist, was für längere Coaching-Prozesse und gegen einzelne Sitzungen spricht (▶ Kap. 4). Darüber hinaus untersuchten Forscher verschiedene Setting-Faktoren, wie beispielsweise Telefoncoaching (Aoun, Osseiran-Moisson, Shahid, Howat & O'Connor, 2011; Berry, Ashby, Gnilka & Matheny, 2011; Bono, Purvanova, Towler & Peterson, 2009, ▶ Kap. 3.4), Selbstcoaching (Green, Oades & Grant, 2006; Sue-Chan & Latham, 2004, ▶ Kap. 3.2) oder Gruppen-Coaching (Mühlberger & Traut-Mattausch, 2015, ▶ Kap. 3.2): Immer mit dem Ergebnis, dass Coaching in jeder Form erfolgreich war, auch wenn dyadisches Coaching gegenüber anderen Formen wie Selbst- oder Gruppen-Coaching effektiver war (Mühlberger & Traut-Mattausch, 2015; Sue-Chan & Latham, 2004).

Nachdem die Strukturfaktoren im Coaching empirisch belegt werden konnten, gingen einige Forschende dazu über, den Erfolg von Coaching insbesondere im Prozess zu vermuten (Cavanagh, 2006). Der folgende Abschnitt widmet sich ganz den Forschungsansätzen, die sich auf den Coaching-Prozess fokussieren.

7.3 Prozessbezogene Forschung

Obwohl der Coaching-Erfolg primär auf die komplexe Interaktion von Coach und Coachee zurückgeführt wird (Cavanagh, 2006), steigt derzeit vor allem die Anzahl ergebnisorientierter, quantitativ-methodischer Wirksamkeitsevaluationen (z. B. Wasylyshyn, 2003; Spence & Grant, 2007), während die Prozessforschung zum Coaching noch am Anfang steht (Greif, 2010, 2015a). Erste Studien, die es sich zum Ziel gesetzt haben, den Prozess von Coaching zu erforschen, fokussierten bei ihren Untersuchungsmethoden primär auf den Einsatz von Fragebögen. Um herauszufinden, was tatsächlich während eines Coachings passiert und welche Methoden und Tools zum Einsatz kommen, befragten die Forschenden Coaches nach ihren vergangenen Prozessen (e.g. Bono et al., 2009; de Haan, Culpin & Curd, 2011; Newsom & Dent, 2011). Beispielsweise legte eine Befragung von 428 Coaches nahe, dass fast jeder Coach in der Diagnostikphase Tests psychometrischer oder nicht-psychometrischer Verfahren einsetzt (Bono et al., 2009). Andere Studien fokussierten sich auf das konkrete Verhalten von Coaches (Bono et al., 2009; de Haan, Culpin & Curd, 2011; Newsom & Dent, 2011). Die Ergebnisse variierten stark je nach eingesetztem Fragebogen oder Interviewleitfaden: Während manche Angaben zu spezifischem Coach-Verhalten sehr allgemein waren (»Erhöhung von Motivation«, Bono et al., 2009), waren andere sehr konkret (»Benutzung von offenen Fragen«, Newsom & Dent, 2011). An dieser Stelle muss kritisch angemerkt werden, dass die Studien ausschließlich auf den Angaben der Coaches beruhten. Inwiefern diese tatsächlich offene Fragen benutzten, kann nicht nachvollzogen werden.

Ein anderer Schwerpunkt von Studien, die Fragebögen zur Erfassung von Prozessfaktoren nutzen, ist die Coaching-Beziehung. Die (Arbeits-) Beziehung zwischen Coach und Coachee wird als einer der wichtigsten Erfolgsfaktoren im Coaching bezeichnet (Baron & Morin, 2009; de Haan et al., 2013; Gyllensten & Palmer, 2007; Kemp, 2008) und verschiedene empirische Studien haben versucht, dies zu bestätigen, indem sie hohe Zusammenhänge zwischen der Wahrnehmung der Beziehungsqualität und des Coaching-Erfolges nachgewiesen haben (Baron & Morin, 2009; Baron, Morin & Morin, 2011; Berry, Ashby, Gnilka & Matheny, 2011; de Haan et al., 2013; Grant, 2014; Gyllensten & Palmer, 2007; Jowett, Kanakoglou & Passmore, 2012; O'Broin & Palmer, 2010). Offen bleibt hier, ob das wahrgenommene Verhalten von Coach und Coachee tatsächlich so stattgefunden hat und ob man an dieser Stelle von einer Kausalität ausgehen kann: Führte positives Verhalten zu einer positiven Wahrnehmung der Arbeitsbeziehung, was dann zu erfolgreichem Coaching beigetragen hat? Oder beurteilt ein Coachee nach einem erfolgreichen Coaching einfach nur die Arbeitsbeziehung positiv? Um sowohl echtes Verhalten zu analysieren als auch Kausalitäten zu untersuchen, müssen Forschende auf interaktionsanalytische Methoden zurückgreifen: Statt bei Fragebögen einfach nach Verhalten zu fragen, wird hierbei echtes Verhalten, meist aufgezeichnet mit Hilfe von Videotechnik, beobachtet und mit dem anschließenden Coaching-Erfolg in Verbindung gesetzt (vgl. Baumeister, Vohs & Funder, 2007). Nur durch die Beobachtung von Verhalten können Rückschlüsse gezogen werden, welche Verhaltensweisen, Techniken oder Methoden welchen Einfluss auf den Erfolg von Coaching haben. Obwohl daher viel für die Untersuchung des tatsächlichen Coaching-Prozesses spricht und Forschende immer wieder solche Untersuchungen fordern (Baron & Morin, 2009, Greif, 2010, 2015a), sind interaktionsanalytische Studien leider noch immer selten (Greif, 2010, 2015a). Gründe hierfür sind auch in Kapitel 7.1. aufgeführt: Obwohl das Aufzeichnen von Therapiesitzungen zur Qualitätssicherung bereits seit den 1930er Jahren im Bereich der Psychotherapie selbstverständlich ist (vgl. Hill, 1990), sind vergleichbare Untersuchungen zum Coaching immer noch kaum zu finden (Greif, 2010, 2015a). Im Folgenden sollen kurz einige wenige dieser Untersuchungen vorgestellt werden, bevor in zwei Unterkapiteln auf die interaktionsanalytische Erfassung von nonverbalem und verbalem Verhalten eingegangen wird.

Viele der Studien die tatsächliche Beobachtungen von Coaching-Sitzungen nutzen, fokussieren sich auf spezifische Verhaltensweisen des Coaches. In einigen Fällen werden darüber hinaus auch nur experimentelle Settings genutzt: Beispielsweise nutzt eine deutsche Forschungsgruppe aufgezeichnete Videos von Coachings und folgt einem intervallbasierten Ansatz. Hierbei stoppen speziell geschulte kodierende Personen das Video eines Coaching-Gesprächs alle fünf Minuten und beurteilen das Verhalten des Coaches auf verschiedenen fest definierten Beobachtungsfaktoren für dieses feste Zeitintervall (vgl. Greif, 2010, 2015a; Greif, Schmidt & Thamm, 2009, 2012). Die Erfolgsfaktoren basieren dabei auf den fünf allgemeinen, schulenübergreifenden Wirkfaktoren der Psychotherapie (Grawe, Donati & Bernauer, 1994), welche für Coaching angepasst und auf sieben Faktoren erweitert wurden: (1) Wertschätzendes, empathisches und kongruentes Verhalten des Therapeuten/Coaches; (2) Affektaktivierung und -kalibrierung; (3) ergebnisorientierte Problemreflexion; (4) ergebnisorientierte Selbstreflexion; (5) Zielklärung; (6) Ressourcenaktivierung und (7) Umsetzungsunterstützung (Greif, Schmidt & Thamm, 2012). Da manche der Verhaltensweisen nur sehr vereinzelt auftraten, hatten die kodierenden Personen Schwierigkeiten, einige der Verhaltensweisen klar zu identifizieren: Daher waren die Übereinstimmungen zwischen den kodierenden Personen teilweise relativ gering ausgeprägt (Greif, Schmidt & Thamm, 2009, 2012). Darüber hinaus zeigten die Verhaltensweisen jedoch angenommene Zusammenhänge mit zusätzlich erhobenen Fragebögen zur Zielerreichung und Zufriedenheit mit dem Coaching (vgl. Greif, Schmidt & Thamm, 2009, 2012). Behrendt (2004, 2006) nutzt ebenfalls die allgemeinen Wirkfaktoren der Psychotherapie, um vier verschiedene Erfolgsfaktoren im Coaching zu identifizieren: Ressourcenaktivierung, Themenaktualisierung, Motivationale Klärung und Bewältigung. Auch hier wurden Coaching-Gespräche aufgezeichnet und im Anschluss ausgewertet und es zeigten sich hohe Übereinstimmungen zwischen den vier Erfolgsfaktoren und der anschließenden subjektiven Bewertung des Coachings durch die Coachees (vgl. Behrend, 2004, 2006). Die Ergebnisse der vorgestellten Studien legen den Schluss nahe, dass in den inhaltlich beobachteten Faktoren wichtige Aspekte erfolgreicher Coachings vorhanden sind. Darüber hinaus passt die Nutzung von Erkenntnissen aus dem Bereich der Psychotherapie sehr gut zu der Forderung, sich im Rahmen der Coaching-Forschung mehr an etablierten Erkenntnissen zu orientieren (Smither, 2011). Inwieweit der Coachee auf das Verhalten des Coaches reagiert und wie durch diesen Interaktionsprozess ein erfolgreiches Coaching entsteht, können die benannten Studien jedoch noch nicht beantworten, da sie sich ausschließlich auf das Verhalten des Coaches beziehen und den Coachee nur zur Erfolgsbewertung heranziehen (vgl. Greif, Schmidt & Thamm, 2012).

Dagegen fokussieren andere Ansätze, wie beispielsweise aus der Linguistik, eher auf qualitative Einzelfall-Studien und versuchen, die tiefergehenden Prozesse während eines Coaching-Gesprächs zu entschlüsseln (e.g. Graf, 2011; Graf, Aksu & Rettinger, 2010; Rettinger, 2011). Durch eine solche Betrachtung einzelner Gespräche ermöglichen Einzelfallanalysen eine detaillierte Analyse der Kommunikation beider Interaktionspartner, dem Coach und dem Coachee, und der gegenseitigen Beeinflussung. Einen guten Überblick über Erkenntnisse, die aus einer solchen Methodik gezogen werden können, ermöglicht ein kürzlich erschienenes Buch (Geißler & Wegener, 2015), in welchem Praktizierende und Wissenschaftler unabhängig voneinander Aufzeichnungen von Coaching-Gesprächen analysiert haben und ihre unterschiedlichen Erkenntnisse und Blickwinkel zusammentragen. Einschränkend muss bei der Einzelfallanalyse angemerkt werden, dass die Ergebnisse einer solchen Analyse nicht immer auf andere Coaching-Situationen übertragbar sind, da sie aus Betrachtungen weniger oder nur eines Gesprächs oder Prozesses entstanden sind.

In den folgenden zwei Unterkapiteln werden zwei Ansätze vorgestellt, die versuchen, sowohl das (verbale, bzw. nonverbale) Verhalten von Coach und Coachee zu erfassen, als auch durch die Nutzung quantitativer statistischer Analysen übertragbare Ergebnisse zu ermöglichen. Zusammengefasst birgt jeder der vorgestellten Ansätze der Prozessforschung eigene Vor- und Nachteile und kann damit die bisherigen Erkenntnisse zu Coaching-Prozessen voranbringen. Praktisch arbeitende Coaches sollten daher versuchen, sich zur wissenschaftlichen Absicherung ihrer eigenen Coaching-Praxis über aktuelle Publikationen auf dem Laufenden zu halten und das eigene Verhalten zu reflektieren. Kapitel 7.4 gibt Vorschläge zur wissenschaftlich fundierten Qualitätssicherung der eigenen Arbeitsweise (▶ Kap. 7.4).

7.3.1 Act4consulting: Analyse von verbalem Verhalten von Coach und Coachee

Das verbale Verhalten eines Coaches steht immer wieder im Mittelpunkt seiner Arbeit. Wie bereits in Kapitel 6 verdeutlicht wurde, gehören offene Fragen, aktives Zuhören oder Paraphrasieren zu wichtigen Elementen, um eine Coaching-Interaktion erfolgreich zu gestalten. Leider wurde bis zu diesem Zeitpunkt eine umfassende empirische Überprüfung dieser Verhaltensweisen in Coaching-Prozessen vernachlässigt. Annahmen, warum diese Techniken zum Coaching-Erfolg beitragen sollen oder warum manche Fragetypen besser oder schlechter sind, beruhen meist auf theoretischen Überlegungen statt auf tatsächlichen Untersuchungen (vgl. Grant, 2012b). In zwei seltenen Studien dieser Art wurde der Effekt durch verschiedene Coaching-Fragen überprüft. Dabei wurde aus pragmatischen Gründen ein experimentelles Studiendesign gewählt: In Selbstcoachings wurden die Coachees entweder mit offen lösungsorientieren oder mit offenen problemorientierten Fragen konfrontiert (Grant, 2012b; Grant & O'Connor, 2010). Die Fragen waren schriftlich formuliert und die Coachees arbeiteten mit ihnen in schriftlicher Form. Die Ergebnisse zeigten zwar, dass beide Fragetypen die Zielerreichung erhöhten, jedoch war der Effekt bei lösungsorientierten Fragen sehr viel stärker (Grant, 2012b; Grant & O'Connor, 2010). Die Selbstwirksamkeit des Coachees wurde nur in einer der beiden Studien durch beide Fragetypen erhöht (Grant & O'Connor, 2010), in der anderen Studie zeigten problemorientierte Fragen einen negativen Effekt (Grant, 2012b). Obwohl diese Ergebnisse erstmals die tatsächliche Wirkung zweier konkreter Verhaltensweisen empirisch untersuchten und mittels statistischer Auswertungen verglichen, blieb die Frage offen, inwieweit die Ergebnisse auf das spezifische Setting (Experiment, Selbstcoaching, nur schriftliche Unterlagen, kein Coach anwesend) zurückzuführen waren.

Im Folgenden soll eine Methode vorgestellt werden, die eine Untersuchung vergleichbarer Fragestellungen in echten Coaching-Settings ermöglicht. Auf Basis von Videodaten bietet die Nutzung von spezieller Software (Mangold, 2010) eine immer effizientere Auswertung der Gespräche, da die Kodierenden das Video direkt in einzelne Interaktionsakte unterteilen können, ohne dass es vorher transkribiert werden muss. Diese unterteilten Interaktionsakte können im Anschluss einer Sprecherin oder einem Sprecher zugeordnet werden (in diesem Beispiel Coach oder Coachee) und im Anschluss auf Basis eines Kodierschemas mit einem inhaltlichen Code versehen werden. Für die Untersuchung von Coaching-Interaktionen bietet sich hierbei das Instrument »act4consulting« an (Hoppe, 2013; Hoppe & Kauffeld, 2010), welches für die Analyse dyadischer Interaktionen aus dem Spektrum der Beratungsgespräche entwickelt wurde. Act4consulting ist darauf ausgerichtet, eine vollständige Erfassung der verbalen Kommunikation von Coach und Coachee zu ermöglichen. Das bedeutet, dass jede noch so kleine Äußerung mit einem speziellen Code versehen wird. Damit ist das Verfahren »exclusive« und »exhaustive« (Bakeman & Gottman, 1997), da auch niemals mehr als ein Code für die gleiche Äußerung vergeben werden kann. Entweder eine

Aussage ist beispielsweise eine »Problembeschreibung« oder eine »Wertschätzung«, – niemals eine wertschätzende Problembeschreibung. Act4consulting unterscheidet insgesamt zwischen 47 Codes, unterteilt in vier Cluster: In fachliche Äußerungen, in methodisch-strukturierende Äußerungen, in sozial-interaktionale Äußerungen und partizipative Äußerungen. Jeder Code kann hierbei von jeder Sprecherin oder jedem Sprecher benutzt werden. Sowohl der Coach als auch der Coachee können daher beispielsweise einen Code wie »Interesse an Veränderung« nutzen (aus dem Bereich der partizipativen Äußerungen). Ein Beispiel für eine solche Äußerung wäre: »Ich freue mich wirklich darauf, das endlich anzupacken«. Neben funktionalen Codes umfasst act4consulting auch dysfunktionale Codes (z. B.: »Verlieren in Details und Beispielen«), um die gesamte Interaktion abbilden zu können. Die folgende Tabelle (▶ Tab. 7.1) gibt einen Überblick über einige der act4consulting-Kriterien und zugeordnete Beispielaussagen aus echten Coaching-Gesprächen.

Tab. 7.1: Überblick über die 4 Act4consulting-Cluster, einige der insgesamt 47 zugehörigen act4consulting-Codes mit Beispiel-Äußerungen aus Coaching-Gesprächen

Act4consulting-Cluster	Beispiele für Act4consulting-Codes	Funktional (+) oder dysfunktional (−)	Beispielaussage aus einem Coaching
Fachliche Äußerungen	Offene Frage	(+)	»Wer kann Ihnen dabei helfen?«
	Geschlossene Frage	(+)	»Können Sie mir helfen?«
	Lösung/Ratschlag	(+)	»Sie könnten doch z. B. ...«
	Problembenennung	(+)	»Das Hauptproblem dabei ist...«
methodisch-strukturierende Äußerungen	Weiteres Vorgehen im Gespräch	(+)	»Als nächstes würde ich gerne über Folgendes sprechen...«

7.3 Prozessbezogene Forschung

Tab. 7.1: Überblick über die 4 Act4consulting-Cluster, einige der insgesamt 47 zugehörigen act4consulting-Codes mit Beispiel-Äußerungen aus Coaching-Gesprächen – Fortsetzung

Act4consulting-Cluster	Beispiele für Act4consulting-Codes	Funktional (+) oder dysfunktional (−)	Beispielaussage aus einem Coaching
	Zusammenfassung	(+)	»Zusammengefasst sieht die Situation folgendermaßen aus...«
	Visualisieren	(+)	Nutzung von Material, Flipchart, etc.
	Verlieren in Details und Beispielen	(−)	»Apropos Mobbing: Haben Sie eigentlich den Tatort letzte Woche gesehen?«
sozial-interaktionale Äußerungen	Aktives Zuhören	(+)	»Mh...«
	Wertschätzung	(+)	»Das war eine großartige Leistung von Ihnen!«
	Abwertung	(−)	»Da hätte ich jetzt schon mehr von Ihnen erwartet«
	Unterbrechung	(−)	Dem Gegenüber ins Wort fallen
partizipative Äußerungen	Maßnahmenplan	(+)	»Ich werde direkt morgen früh um neun den Termin machen«
	Verantwortungsübernahme	(+)	»Da kümmere ich mich drum«
	Schuldigensuche	(−)	»Also, da war definitiv nicht ich dran schuld!«
	Kein Interesse an Veränderung	(−)	»Das bringt doch eh nichts.«

Durch die detaillierte Auswertung können im Anschluss nicht nur quantitative Auswertungen stattfinden, die Aufschluss darüber geben, welche Äußerungen besonders wichtig für den Coaching-Erfolg sind. Es ist auch möglich, dass mittels sequenzanalytischer Auswertungen Reaktionen auf Verhaltensweisen untersucht werden. Beispielhafte Fragestellungen wären: Was muss der Coach tun, damit der Coachee Lösungen nennt? Was folgt auf wertschätzende Äußerungen des Coaches? Wie muss der Coach auf Maßnahmenpläne des Coachees reagieren, damit dieser weitere formuliert?

Im Folgenden sollen kurz einige Ergebnisse bisheriger Studien vorgestellt werden, die mittels act4consulting echte Coaching-Gespräche analysiert haben. In einer Studie konnten beispielsweise die theoretisch angenommenen Unterschiede zwischen Inhaltsberatungen und Coaching-Sitzungen bestätigt werden (Gessnitzer & Kauffeld, 2011a). Durch Videoaufzeichnungen von Coaching-Sitzungen und Beratungsgesprächen konnten beide Interventionstypen anhand ihrer Interaktion verglichen werden. Es zeigte sich, dass die Redeanteile von Beraterinnen und Beratern in Interaktionen signifikant höher ausfallen als bei Coaches (Gessnitzer & Kauffeld, 2011a). Darüber hinaus zeigt sich, dass Beraterinnen und Berater mehr Wissen vermitteln als Coaches und dass diese Wissensvermittlung einen starken Erfolgsfaktor darstellt. Im Coaching hingegen spricht der Coachee sehr viel mehr über seine eigenen Ziele und die durch den Coachee generierten Lösungen sind erfolgsrelevant, nicht jedoch Wissen vom Coach (Gessnitzer & Kauffeld, 2011a). Bei dem Verhalten des Coaches zeigt sich, dass mehr offene Fragen gestellt werden und diese auch direkt den Erfolg vorhersagen, während dies nicht für Beratung gilt: Hier zeigen sich geschlossene Fragen als erfolgsrelevant (Gessnitzer & Kauffeld, 2011a).

Eine zweite Studie fokussierte ausschließlich auf Coachings und konnte die Prozesse identifizieren, die zu der Generierung von Lösungen und Zielen durch den Coachee führen (Gessnitzer & Kauffeld, 2011b): Auch hier zeigten sich offene Fragen als wichtige Techniken, die in der Interaktion dazu beitragen können, dass der Coachee erwünschtes Verhalten zeigt (Gessnitzer & Kauffeld, 2011b).

Weitere Studien stellten beziehungsförderliches Verhalten in den Fokus und fanden Hinweise darauf, dass sich Coachees im erfolgreicheren

7.3 Prozessbezogene Forschung

Coaching offener äußern und dass Coaches in diesen Fällen verstärkt auf beziehungsförderndes Verhalten, wie beispielsweise Wertschätzung (»Sie haben in diesen Fällen wirklich Unglaubliches geleistet«) und Fragen nach Gefühlen (»Was empfinden Sie, wenn Sie daran denken?«), zurückgriffen (Gessnitzer & Kauffeld, 2012). In einer darauf aufbauenden Studie wurden insgesamt 31 Coaching-Prozesse über mehrere Sitzungen lang gefilmt und ausgewertet (Gessnitzer & Kauffeld, 2015). Der Fokus lag dabei auf der Arbeitsbeziehung, die nach Bordin (1979) die gemeinsame Vorstellung von Zielen, Maßnahmen und Lösungen sowie eine vertrauensvolle Atmosphäre beinhaltet. Dabei wurden erstmals die subjektive Wahrnehmung der Arbeitsbeziehung und das tatsächliche beziehungsförderliche Verhalten gegenübergestellt. Es zeigte sich, dass es keine signifikanten Zusammenhänge zwischen der Wahrnehmung von Verhalten, erfasst durch einen Fragebogen (Beispielfrage: »Mein Coach und ich stimmen darüber überein, welche Ziele ich im Coaching verfolge«), und dem tatsächlichen Verhalten im Prozess (bspw. das tatsächliche Ausmaß der gegenseitigen Zustimmung auf Zielbenennungen) gibt (Gessnitzer & Kauffeld, 2015). Aufbauend auf diesem Ergebnis zeigte die Studie, dass tatsächlich nur durch den Coachee gestartetes Verhalten förderlich für die Zielerreichung ist. Wenn der Coach dieses Verhalten forcierte, wirkte sich dies teilweise sogar negativ auf die Zielerreichung aus (Gessnitzer & Kauffeld, 2015). Konkret bedeutete dies: Wenn der Coach ein Ziel formuliert und der Coachee stimmte dem zu, war dies eher kontraproduktiv. Langfristig förderlich für die Zielerreichung war es, wenn der Coachee das Ziel formulierte und der Coach zustimmte. Es scheint daher für den Coach sehr wichtig zu sein, die Aktivität des Coachees in dem Prozess zu fördern und zu unterstützen.

Die gezeigten Beispiele stellen nur erste Ergebnisse dar, die mit der dargestellten Methodik erzielt werden konnten. Grundsätzlich ergeben sich verschiedenste Fragestellungen, da sowohl das Verhalten des Coaches als auch das Verhalten des Coachees vollständig erfasst wird und mit verschiedensten Fragebögen kombiniert werden kann. Dadurch kann erstmals die Frage beantwortet werden, welches konkrete Verhalten im Coaching-Prozess sich wie auf den anschließenden Erfolg oder die subjektive Wahrnehmung von verschiedenen Variablen auswirkt. Ein weiteres Einsatzgebiet erstreckt sich auf die Qualitätssicherung von

Coaching-Prozessen: Wie bereits in Kapitel 7.1 deutlich wurde, ist die Evaluierung von Coaching grundsätzlich schwierig. Darüber hinaus greift eine einfache Bewertung des Ergebnisses bei einer Dienstleistung wie Coaching meist zu kurz (vgl. Greif, 2015). Um neben dem Ergebnis auch die Prozessqualität zu bewerten (vgl. Heß & Roth, 2001), ist es daher nötig, den tatsächlichen Coaching-Prozess zu erfassen. Die vorgestellte Methode ermöglicht Coaches dies: Durch die act4consulting-gestützte Analyse von Audio- oder Videomaterial von Coaching-Gesprächen können Coaches ein detailliertes Feedback über die gesamte Kommunikation innerhalb ihres Coachings erhalten (Gessnitzer & Kauffeld, 2015). In Kombination mit den hier vorgestellten Forschungsergebnissen, lassen sich aus der Analyse konkrete Verbesserungsoptionen ableiten: Beispielsweise könnte der Coach das Feedback erhalten, dass er zu wenig paraphrasiert, dass er einen sehr hohen Redeanteil in den Gesprächen hat oder den Coachee nicht wertschätzt. Der Coach erhält aber auch ein objektives Feedback über das Verhalten des Coachees: Beispielsweise könnte die act4consulting-Analyse enthüllen, dass der Coachee keine eigenen Maßnahmenpläne definiert oder sehr viel Zeit in Problembeschreibungen und sehr wenig Zeit in konkrete Lösungsexplorationen investiert. Auf diese Weise könnte die Methodik zur Qualitätssicherung der Coaching-Interaktion eingesetzt werden und sowohl erfahrenen Coaches als auch Coaching-Novizen ein objektives Feedback auf Basis wissenschaftlicher Erkenntnisse zur Verfügung stellen (Gessnitzer & Kauffeld, 2015).

7.3.2 Analyse von nonverbalem Verhalten von Coach und Coachee

Nonverbales Verhalten dient in sozialen Interaktionen dazu, beziehungsrelevante Aspekte wie Status, Sympathie und Intimität auszudrücken (Burgoon, 1995; Schachner, Shaver & Mikulincer, 2005). Daher spielt nonverbales Verhalten auch bei dem Aufbau einer guten Beziehung zwischen Coach und Coachee eine wichtige Rolle. Beispielsweise können Coach und Coachee durch nonverbale Botschaften ausdrücken oder unterstreichen, wie sie sich fühlen (vgl. Burgoon, 1995; Guerrero &

Floyd, 2006). Grundsätzlich kann die Bedeutung nonverbaler Botschaften auf Grundlage der interpersonalen Basisdimensionen, Dominanz und Affiliation beschrieben werden (Scholl, 2013). Diese beruhen auf zahlreichen sozialpsychologischen Theorien, wie z. B. unter anderem auf der interpersonalen Theorie (Leary, 1957; Kiesler, 1983). Die Dimension Affiliation beschreibt dabei auf ihren beiden Extrempolen, wie freundlich (positiver Extrempol) oder feindlich (negative Extrempol) sich eine Interaktionsperson verhält (Kiesler, 1996; Leary, 1957). In der Interaktion zwischen Coach und Coachee kann sich dies nonverbal beispielsweise durch Lächeln, Augenkontakt, geringe Distanz sowie eine sanfte Stimme zeigen (vgl. Schermuly & Scholl, 2012). Wenn es dem Coach durch eine freundliche, zugewandte Mimik und Gestik gelingt, nonverbal Aufmerksamkeit und Wertschätzung gegenüber dem Coachee auszudrücken, ist es wahrscheinlich, dass auch der Coachee diese freundlichen Signale erwidert, was die Entwicklung einer positiven affektiven Bindung unterstützt (Burgoon, Guerrero & Floyd, 2010). Obwohl der andere Extrempol der Affiliation, Aggressivität, wahrscheinlich eher weniger im Coaching gezeigt wird, kann sich trotzdem in manchen Situationen zumindest abweisendes Verhalten zeigen. Hierzu wäre beispielsweise auch das Zeigen von Ungeduld oder das Abwenden in der Interaktion zu zählen. Solches Verhalten sollte sich negativ auf die Beziehung auswirken.

Die zweite interpersonale Basisdimension, Dominanz, lässt sich wiederum am einfachsten anhand ihrer beiden Extrempole beschreiben: Submissivität und Dominanz. Während Dominanz im allgemeinen Sprachgebrauch meist im Sinne von Machtausübung und Einschüchterung verstanden wird, ist der Begriff in seiner eigentlichen Bedeutung weniger negativ konnotiert. Hohe nonverbale Dominanz lässt sich am besten durch durchsetzungsfähiges und selbstbewusstes Verhalten beschreiben, das erst durch die Kombination mit freundlichen oder feindlichen Gesten (Basisdimension Affiliation) eine positive oder negative Wirkung in der Interkation bekommt (Burgoon & Dunbar, 2000). Ein Beispiel für dominantes Verhalten im Coaching würde beispielsweise eine »raumeinnehmende« Körperhaltung, starke Gestik sowie klare und laute Artikulation darstellen (vgl. Schermuly & Scholl, 2012). Im Coaching scheinen selbstbewusste Verhaltensweisen für den Coach wichtig zu sein, da diese Selbstsicherheit und Durchsetzungsfähigkeit ausdrücken, was für eine kompetente Wahrnehmung und eine gute Prozessführung hilfreich sein kann. In diesem Sinne können Coaches durch den Ausdruck nonverbaler Dominanz sowohl ihre Kompetenz als auch ihre Rolle im Coaching-Prozess unterstreichen. Submissivität hingegen würde sich durch eine zusammengesunkene Sitzposition, durch abwesendes Verhalten oder durch zögerliche Antworten zeigen.

Grundsätzlich wird Verhalten immer auf beiden Basisdimensionen eingeordnet. Dadurch kann beispielsweise dominant-freundliches oder auch ein submissiv-neutrales zwischenmenschliches Verhalten gezeigt werden. Die Wichtigkeit von nonverbalem Verhalten wurde in verschiedenen Studien bestätigt und die Einordnung in die beiden Dimensionen Dominanz und Affiliation hat sich dabei in verschiedenen sozialen und professionellen Kontexten bestätigt, wie beispielsweise bei Freund- und Partnerschaften (z. B. Jacobs, 2008) oder auch bei Therapeuten und Coachee (z. B. Heller, Myers & Kline, 1963; Tracey, 2004). Im Folgenden soll kurz ein Ansatz dargestellt werden, in dem Dominanz und Affiliation in der Coach-Coachee-Interaktion untersucht wurden.

Auf Basis von Video-aufgezeichneten Coaching-Gesprächen haben insgesamt drei empirische Studien das gesamte zwischenmenschlichen Verhalten von Coach und Coachee erfasst (Ianiro et al., 2012, 2013, 2014). Die Datengrundlage bildeten hierbei Verhaltensbeobachtungen von 30 bis 48 Coaching-Erstgesprächen aus dem Bereich Karriere-Coaching (▶ Kap. 3 und ▶ Kap. 8). Das nonverbale Verhalten von Coach und Coachee wurde mit dem Instrument zur Kodierung von Diskussionen analysiert (IKD, Schermuly & Scholl, 2012). Hierzu werden die Videos in einzelne Verhaltensakte unterteilt, die der jeweiligen Interaktionsperson zugewiesen und im Anschluss auf den beiden Basisdimensionen eingeschätzt werden (vgl. Ianiro et al., 2012). Die Ergebnisse aller drei Studien zeigen, dass die nonverbale Dominanz und Affiliation von Coach und Coachee mit dem Verlauf und dem Erfolg des Coachings zusammenhängen. Im Detail hat die erste Studie gezeigt, dass die vom Coach gezeigte Dominanz sich positiv auf die Zielerreichung des Coachees auswirkt. Darüber hinaus wurde die Beziehungsqualität in Dyaden, in denen sich Coach und Coachee in ihrem nonverbalen Verhalten auf den Basisdimensionen ähnelten, von Coachees positiver eingeschätzt (Ianiro et al., 2012). Durch die Erfassung beider Interaktionspersonen konnte eine zweite Studie die direkten Abfolgen nonverbalen Verhaltens zwischen Coach und Coachee in den Fokus nehmen. Hierbei wurde deutlich, dass sich Coach und Coachee in ihrem nonverbalem Verhalten wechselseitig beeinflussten (Ianiro et al., 2013). Beispielswese folgte auf Freundlichkeit des Coaches in der Interaktion Freundlichkeit des Coachees (und umgekehrt). Diese Sequenzen ähnlichen Verhaltens stellten sich als besonders erfolgsrelevant für das Coaching heraus. Insbesondere, wenn der Coach auf diese Weise das Dominanzverhalten des Coachees beeinflusste, war dies wichtig: Dominantes Coacheeverhalten zeigte einen positiven Effekt auf die Zielerreichung des Coachees. Submissives Verhalten des Coachees hing hingegen negativ mit Zielerreichung zusammen. Als Schlussfolgerungen kann man ziehen, dass aktives, selbstbewusstes Coacheeverhalten auch nonverbal durch den Coach gefördert werden sollte. Die dritte Studie hatte zum Ziel herauszufinden, inwiefern sich Stimmungen des Coaches vor einer Sitzung in konkretem Verhalten während der Sitzung zeigen. Denn nicht nur nonverbales Verhalten kann ansteckend sein: Auch Stimmungen können sich von einem Interaktionspartner auf den anderen übertragen (z. B. Barsade, 2002). Die Ergebnisse zeigten, dass eine gute Stimmung (gekennzeichnet durch positiven Affekt und Gelassenheit) des Coaches vor der Sitzung sowohl eigenes dominant-freundliches Verhalten auf Seiten des Coaches begünstigt, als auch dazu führen kann, dass der Coachee eine positivere Beziehungseinschätzung vornimmt. Sehr wahrscheinlich lag hierbei eine Abfolge der Effekte vor: Je besser die Stimmung des Coaches, desto häufiger zeigt der Coach dominant-freundliches Verhalten, desto häufiger zeigt der Coachee dominant-freundliches Verhalten, desto positiver schätzt der Coachee die Beziehung ein (Ianiro & Kauffeld, 2014).

Für die Praxis ermöglichen diese Studien verschiedene Rückschlüsse: Coaches sollten sowohl ihrer Stimmung als auch ihrem interpersonalen Verhalten höchste Aufmerksamkeit schenken, da beide Variablen für eine positive Beziehungseinschätzung aus Sicht des Coachees entscheidend sind und zum Erfolg des Coachings beitragen können.

7.4 Fazit

Das Kapitel widmete sich der aktuellen Coaching-Forschung und sollte sowohl die aktuellen Ergebnisse zielgruppengerecht zusammenfassen als auch im Kapitel »Praxis-Forschungs-Lücke« einen Überblick über die Schwierigkeiten von Forschungsbegleitung im Coaching geben. Dabei sollte jedoch auch der Nutzen von Forschung deutlich werden: Coachees, Auftrag gebende und Coaches profitieren langfristig von einer starken, unabhängigen Forschung, die sich ganz der Qualität und den Prozessen von Coaching widmet. Wie durch die bisherigen Beispiele deutlich wurde, kann Forschung zum einen die Wirksamkeit von Coaching bestätigen, aber auch für Coaches konkrete Ansatzpunkte zur Verbesserung ihrer eigenen Tätigkeit bieten. Manche Coaches nutzen bereits kurze Feedbackbögen oder Skalen zur Zielerreichung oder zum Transfer, um im Anschluss an einen Prozess eine Rückmeldung zu den eigenen Leistungen zu erhalten. Dies stelle einen ersten wichtigen Schritt in Richtung Qualitätssicherung dar, auch wenn durch dieses Kapitel deutlich geworden sein sollte, dass damit nur die Ergebnisqualität in der subjektiven Wahrnehmung des Coachees erfasst wird. Wenn für diesen Zweck Instrumente ohne wissenschaftliche Güte genutzt werden (► Kap. 5), ist der Erkenntnisgewinn zusätzlich eingeschränkt. Um eine umfassende Evaluation von Coaching durchzuführen, sollten demnach auch die Strukturqualität und insbesondere die Prozessqualität von Coaching erfasst werden. Obwohl die Forschung zu Coaching-Prozessen noch weit hinter den Standards aus der Therapieforschung zurückliegt, gibt es doch bereits erste vielversprechende Ergebnisse, die erstmals Möglichkeiten aufzeigen, wie das Verhalten in Coaching-Interaktionen mit dem Erfolg einer Intervention zusammengebracht werden kann (siehe Analyse von verbalem und nonverbalem Verhalten). Diese Forschungsrichtung kann noch sehr viel stärker von Coaches zur eigenen Qualitätssicherung eingesetzt werden: Durch das Aufzeichnen eigener Coaching-Gespräche kann der Coach dazu beitragen, dass die Prozesse, die zum Erfolg einer Interaktion führen, ähnlich gut untersucht werden können wie im Therapie-Bereich (vgl. Hill, 1990). Darüber hinaus profitiert der Coach von einer Forschungsbegleitung, da er ein objektives Feedback zu der

7.4 Fazit

Coaching-Interaktion, basierend auf Video- oder Audiodaten, erhält. Auf diese Weise kann eine Qualitätssicherung der Coaching-Prozesse für erfahrene Coaches und auch für angehende Coaches während einer Weiterbildung sichergestellt werden (Gessnitzer & Kauffeld, 2015). Dadurch würden Praxis und Forschung gegenseitig stärker voneinander profitieren und Coaching würde seinem Ziel einer Professionalisierung, die mit Bereichen wie Psychotherapie vergleichbar ist, näherkommen.

Weiterführende Literatur

Böning, U. & Kegel, C. (2015). Ergebnisse der Coaching-Forschung. Aktuelle Studien - ausgewertet für die Coaching-Praxis. Berlin/Heidelberg: Springer.

8 Professionalisierung von Coaching

Dieses letzte Kapitel geht auf die fortschreitende Professionalisierung von Coaching ein: Durch einen kurzen Überblick über den beruflichen Hintergrund von Coaches sowie die aktuelle Weiterbildungssituation wird die aktuelle Coaching-Landschaft, speziell in Deutschland, in den Fokus gerückt. Durch einen praktischen Exkurs wird ein Einblick in den Ablauf und Umfang einer Coaching-Weiterbildung gegeben, die in dieser Struktur an der Technischen Universität Braunschweig für Psychologiestudierende angeboten wird. Mit Hilfe von aktuellen Zahlen zu Verdienstmöglichkeiten soll der Coaching-Markt näher beleuchtet werden, bevor abschließend die größten nationalen und internationalen Coaching-Verbände in Kürze vorgestellt werden.

8.1 Beruflicher Hintergrund von Coaches

Die Berufsbezeichnung »Coach« ist genauso wenig geschützt wie die eines »Beraters« oder »Trainers« (▶ Kap. 1). Aus diesem Grund weisen professionell arbeitende Coaches die verschiedensten beruflichen Hintergründe auf. Einige Verfassende plädieren stark für eine psychologische Ausbildung von Coaches (vgl. Bono et al., 2009; Grant et al., 2010), da Coaches durch ein Studium der Psychologie besser auf verschiedenste Themenbereiche der persönlichen Entwicklung von Menschen vorbereitet seien und außerdem erkennen könnten, wann eher eine Therapie als ein Coaching angebracht ist. Trotz dieser Forderung und der Tatsache, dass einige

8.1 Beruflicher Hintergrund von Coaches

Coaches einen solchen beruflichen Hintergrund aufweisen, konnten Studien bislang nicht nachweisen, dass Psychologen den Nicht-Psychologen als Coach überlegen sind (Bono et al., 2009). Was in dieser Studie jedoch nicht einbezogen wurde, ist, inwieweit die untersuchten Coaches beispielsweise über spezifische Feldkompetenz (wie z. B. eigene Führungserfahrung) verfügten. In einer großen deutschlandweiten Befragung gaben 70 % der Coaches an, dass sie, bevor sie begonnen hätten als Coach zu arbeiten, in ihrem vorherigen Beruf Führungserfahrung gesammelt hätten (Middendorf, 2014). Viele Forscher begrüßen dies und argumentieren, dass Erfahrung im Führungsbereich eine Voraussetzung darstellt, um als Coach zu arbeiten (Rauen, 2003, Schreyögg, 2012). Demnach brauche ein Coach ein breites Wissen und Erfahrungsspektrum über die Arbeit in Organisationen, Führungserfahrung und ebenso Erfahrungen im beruflichen Scheitern (Schreyögg, 2012). Es ist denkbar, dass die psychologischen Coaches in der Studie von Bono, Purpanova, Towler und Peterson (2009) genau in diesem Bereich der Feldkompetenz Schwächen gegenüber den Nicht-Psychologinnen und Nicht-Psychologen aufwiesen und deshalb trotz ihres psychologischen Hintergrundwissens nicht besser abgeschnitten haben.

Die Forderung, dass Coaches grundsätzlich über Erfahrungen in der Arbeit in Organisationen und über Führungserfahrung verfügen sollten (vgl. Schreyögg, 2012), ist für Führungskräfte-Coachings im Rahmen der erforderlichen Feldkompetenz nachvollziehbar. Wie jedoch in Kapitel 3.3 bereits dargestellt wurde, gibt es auch zahlreiche Coaching-Formen, die inhaltlich nichts mit Führungssituationen zu tun haben. Welche spezifische »Feldkompetenz« (▶ Kap. 3.3, Schreyögg, 2012) ein Coach daher braucht, ist abhängig von dem inhaltlichen Bereich, in dem er coacht (▶ Kap. 3).

Beispielsweise wird an einigen Hochschulen ein Karriere-Coaching für Studierende kurz vor ihrem Abschluss angeboten (▶ Exkurs: Weiterbildung zum Karriere-Coach an der TU Braunschweig). Die inhaltlichen Schwerpunkte dieser Coachings liegen in dem Bereich berufliche Orientierung, Bewerbungssituationen und Umgang mit Prüfungsstress (vgl. Biberacher, Braumandl & Strack, 2009; Gessnitzer & Kauffeld, 2015). Die durchführenden Coaches sind frisch ausgebildete Psychologie-Studierende, die im Laufe eines Semesters darauf vorbereitet wurden, andere

Studierende in Fragen der Bewerbung, der Karriereplanung und ähnlichem zu coachen (▶ Exkurs: Weiterbildung zum Karriere-Coach an der Technischen Universität Braunschweig). Darüber hinaus verfügen die studentischen Coaches – bedingt durch ihre eigene Situation – über das notwendige Orientierungswissen für den Coaching-Anlass, um die Situation ihrer Coachee-Zielgruppe nachvollziehen zu können (Schreyögg, 2010, ▶ Kap. 3.3). Daher ist es nicht verwunderlich, dass diese studentischen Coaches in den Karriere-Coachings sehr erfolgreich agieren, da sie über ausreichend Feldkompetenz für eben diese Coaching-Anliegen verfügen (Biberacher, Braumandl & Strack, 2009). Abschließend ist trotzdem festzuhalten, dass diese studentischen Coaches, trotz ihrer umfassenden Weiterbildung und ihres psychologischen Hintergrundes, eher ungeeignet wären, eine Führungskraft mit 20-jähriger Erfahrung zu Themen der Personalführung zu coachen. Auf Grund der hierfür wiederum fehlenden Feldkompetenz im Bereich der Führung würden die studentischen Coaches sehr wahrscheinlich der Komplexität von Führungssituationen nicht gerecht werden können: Hierfür benötigt ein Coach tatsächlich ein breites Spektrum an Wissensressourcen aus verschiedenen Disziplinen sowie eigene praktische Erfahrungen um Organisations-, Führungs- und Gruppendynamiken verstehen zu können und die Anliegen des Coachees zu durchdringen (vgl. Schmidt-Lellek, 2015). Da immer noch vor allem Führungsthemen im Coaching eine große Rolle spielen, ist eine Selbstständigkeit als Coach für junge Studienabgänger demnach oftmals schwierig. Darüber hinaus besteht das Problem, dass der durchschnittliche Coach in Deutschland im Schnitt 50 Jahre alt ist und über eine 16-jährige Berufserfahrung verfügte, bevor er Coach wurde (Middendorf, 2014). Gegenüber diesem Bild wirkt ein Coach mit Ende 20 oder Anfang 30 sehr unerfahren.

Um als Coach der Voraussetzung von Feldkompetenz gerecht zu werden (Schreyögg, 2012), ist eine Spezialisierung auf ein Coaching-Thema oder eine Coaching-Zielgruppe anzuraten (▶ Kap. 3), da kein Coach über Feldkompetenz in allen Lebensbereichen verfügen kann. Aus ökonomischer Sicht ermöglicht eine Spezialisierung bessere Leistungen und sinkende Kosten (z. B. auf Grund geringerer Vorbereitung, Richter-Kaupp, Braun & Kalmbacher, 2014). Für einen Coach bedeutet eine Spezialisierung auch eine erleichterte Werbung, klarere Vermarktungs-

8.1 Beruflicher Hintergrund von Coaches

möglichkeiten und eine gewisse Marktmacht (Richter-Kaupp, Braun & Kalmbacher, 2014). Dabei kann zwischen verschiedenen Spezialisierungen unterschieden werden: der Primärspezialisierung auf eine einzelne Dienstleistung (z. B. Führungskräftecoaching für die ersten 100 Tage einer Führungskraft in der produzierende Automobilbranche), eine Problemspezialisierung auf ein Problem oder Bedürfnis (Coaching für den Berufswechsel) oder eine Zielgruppenspezialisierung (Coaching für Schulleiterinnen und Schulleiter, Coaching für Projektleiterinnen und Projektleiter in der Automobilindustrie, etc.). Um eine solche Spezialisierung vorzunehmen schlagen Verfassende vor, auf Basis der eigenen Stärken ein Geschäftsfeld zu identifizieren (vgl. Richter-Kaupp, Braun & Kalmbacher, 2014). Dies würde beispielsweise bedeuten, auf Basis der eigenen Erfahrungen festzulegen, in welchen Bereichen eine Feldkompetenz vorliegt. Im nächsten Schritt sollten dann die Zielgruppe und deren Probleme identifiziert werden (vgl. Richter-Kaupp, Braun & Kalmbacher, 2014).

Neben der Feldkompetenz ist ein zweiter wichtiger Faktor die Erfahrung eines Coaches: Nach einer Einordnung von Grant (2011) lassen sich Coaches nach ihrem Erfahrungslevel von Novizen- bis zu Experten-Coaches in insgesamt fünf Stufen einordnen. Dabei zeichnet eine Fachkraft beispielsweise aus, dass er verschiedenste Face-to-Face-Coaching-Situationen erfolgreich gemeistert hat und dadurch ein hohes Level an analytischen Fähigkeiten entwickelt hat, das auch in neuen Situationen sicher angewendet werden kann (Grant, 2011). Demnach kann die Fähigkeit eines Coaches immer auf mehreren Ebenen eingeschätzt werden: Inwieweit er oder sie über Feldkompetenz für das Coaching-Thema oder die Zielgruppe verfügt und wie hoch die Erfahrung und Expertise als Coach ausgeprägt ist. Zusammengefasst kann daher ein 30-jähriger Coach mit Feldkompetenz und sechs Jahren intensiver Coaching-Erfahrung ein sehr viel besserer Coach sein, als ein 50-jähriger Coaching-Novize, der jedoch 20 Jahre mehr Berufserfahrung als Führungskraft hat. Der Unterschied hierbei ist, dass es sich bei Coaching nicht um Beratung handelt und daher der Experten-Status des Coaches nicht entscheidend und manchmal sogar eher hinderlich sein kann. Je eher ein Coach auf Grund seiner beruflichen Erfahrung, bspw. als Führungskraft, davon überzeugt ist, die »richtige« Antwort für das Anliegen des Coachees zu kennen, desto eher läuft er ggf. Gefahr, Ratschläge zu erteilen, anstatt bei dem Coachee Selbstreflexion und Selbsterkenntnis zu fördern.

8.2 Coaching-Qualifizierungen

Im Alltag werden die Begriffe Aus- und Weiterbildung oft uneinheitlich oder synonym verwendet. Inwieweit es sich im Coaching eher um Aus- oder Weiterbildungen handelt, ist umstritten. Während eine Ausbildung in der Regel zu einem Basisberuf führt und sowohl institutionalisiert als auch formalisiert abläuft, baut Weiterbildung auf dem Basisberuf auf und führt zu einer Spezialisierung. Auf der einen Seite wird oftmals von »Coaching-Ausbildungen« gesprochen, da einige Anbieter das Bild vermitteln, alle für einen Beruf notwendigen Fähigkeiten zu vermitteln (Kuntz, 2010), was tatsächlich eher für eine vollständige Ausbildung sprechen würde. Folgt man hingegen Rauen (2003) oder Schreyögg (2012), muss ein Coach über einen großen Wissens- und Erfahrungsstand über die Arbeit in Organisationen sowie eigene Führungserfahrung verfügen. Darauf basierend liegt die Argumentation nahe, dass auch Coaching auf einem Beruf aufbaut, welcher dem Coach die notwendige Erfahrung und Feldkompetenz für eine erfolgreiche Coaching-Arbeit liefert. Um im Folgenden eine einheitliche Begrifflichkeit zu nutzen, werden wir daher von Coaching-Weiterbildungen sprechen.

In den letzten zehn Jahren entstanden immer mehr Coaching-Weiterbildungen und sogar Coaching-Studiengänge (vgl. Kuntz, 2010). Neben dem gestiegenen Angebot an Weiterbildungen wird Coaching als Studiengang, meist in Kombination mit anderen Beratungsformaten, angeboten (Strikker & Strikker, 2013). Dies steht jedoch noch in keinem Verhältnis zum Weiterbildungsmarkt: Teilweise wird deutschlandweit von über 300 Anbietern von Coaching-Weiterbildungen ausgegangen (vgl. Webers, 2015). Der Markt ist dementsprechend hart umkämpft und die Qualität der Weiterbildungen variiert bedauerlicherweise: Auf viele gut fundierte und sehr gut durchgeführte Weiterbildungen kommen auch einige mit mangelnder Qualität (vgl. Stiftung Warentest, 2013). Der umkämpfte Markt führt auch dazu, dass einige Anbieter mit Versprechen werben, die nicht als seriös zu beurteilen sind. Teilweise wird den Teilnehmenden einer solchen Weiterbildung versprochen, sie erwürben eine sichere Einkommensquelle, auf der sich eine sichere berufliche Existenz aufbauen ließe (Kuntz, 2010). Stiftung Warentest (2013) stuft solche Versprechen als äußerst dubios ein: Eine einmalige Ausbildung kann demnach nicht ausreichen, um sich auf die komplexen Aufgaben eines Coaches ausreichend vorzubereiten. Daher sei der Begriff »Ausbildung« auch grundsätzlich falsch gewählt, da ein Coach mehrere Weiterbildungen bräuchte, um zu einem »fertigen Coach« zu werden (Stiftung Warentest, 2013).

Im Zuge eines Tests verschiedener Coaching-Qualifizierungen hat Stiftung Warentest jedoch insgesamt ein positives Urteil gezogen: Die getesteten Weiterbildungen waren insgesamt gut, wiesen jedoch verschiedene Stärken und Schwächen auf. Zur besseren Einordnung der Ergebnisse hat die Stiftung Warentest daher Gütekriterien definiert, die als Anhaltspunkt für die Beurteilung einer berufsbegleitenden Weiterbildung im Bereich Coaching hilfreich sein können (Stiftung Warentest, 2013; ▶ Tab. 8.1). Diese Gütekriterien, die mit Coaching-Experten und Vertretern von Coaching-Verbänden diskutiert wurden, können erstmals Standards darstellen, die es ermöglichen, Coaching-Weiterbildungen zu vergleichen (Stiftung Warentest, 2013). Auch wenn die Kriterien sehr viel mehr als nur einen Mindeststandard darstellen, können sie sowohl für Weiterbildungsinteressierte eine Orientierung darstellen, als auch für Anbieter von bereits sehr guten Weiterbildungen eine Motivation bieten, ihre Angebote weiter zu verbessern (vgl. Stiftung Warentest, 2013). Auch wenn diese Kriterien einen hervorragenden Versuch von objektiver Seite darstellen, zur Professionalisierung von Coaching beizutragen, konnten bis heute keine übergreifend anerkannten Weiterbildungsstandards und Ethikrichtlinien definiert und festgelegt werden (vgl. Webers, 2015), auch wenn es von einzelnen Berufsgruppen und Interessensverbänden immer wieder Bestrebungen in diese Richtung gibt (bspw. durch den Berufsverband Deutscher Psychologen).

Tab. 8.1: Kriterien zur Beurteilung von Coaching-Weiterbildungen nach der Stiftung Warentest (2013)

Kriterien	Ideale Ausprägung
Teilnehmenden-Voraussetzungen	• Teilnehmenden-Voraussetzungen sollten klar kommuniziert und überprüft werden • Idealerweise umfassen diese ein Hochschulstudium in einem einschlägigen Fach (bspw. Psychologie, Sozial- oder Wirtschaftswissenschaften)
Zieldefinition	• Eine Coaching-Weiterbildung muss Personen in die Lage versetzen, Coachings im beruflichen Kontext qualifiziert durchzuführen • Seriöse Weiterbildungen dürfen keine falschen Erwartungen wecken und müssen klarstellen, dass ein Absolvent im Anschluss kein fertiger Coach ist, sondern sich weiterqualifizieren und ggf. spezialisieren muss
Umfang und Dauer	• Einstiegsqualifikationen sollten einen Umfang von 250 Präsenzstunden haben plus zusätzlicher Zeit für Selbststudium, Gruppenarbeiten und Praxisanteile • Auf Grund des Umfangs sollte sich ein Kurs über mindestens 12 Monate erstrecken
Inhalte	• Folgende Inhalte sollten behandelt werden: • Grundlagen • Ablauf und Phasen des Coaching-Prozesses • Settings im Coaching • Rollenkonzepte • psychologische Konzepte • berufliche und persönliche Veränderungsprozesse • Methoden und Techniken der Intervention im Coaching • persönliche und sozial-kommunikative Kompetenz • Positionierung im Berufsfeld • Organisationstheoretische Themen im Coaching • Führung und Management • Umgang mit Krisen im Coaching • Umgang mit Konflikten im Coaching
Vermittlung	• Verschiedene Didaktische Mittel sollten im Unterricht genutzt werden • Außerhalb des Unterrichts sollte unter anderem Supervision und die Arbeit in Peer-Groups eingeplant sein

8.2 Coaching-Qualifizierungen

Tab. 8.1: Kriterien zur Beurteilung von Coaching-Weiterbildungen nach der Stiftung Warentest (2013) – Fortsetzung

Kriterien	Ideale Ausprägung
	• Eine Teilnehmendengruppe sollte ca. 15 Personen umfassen, um einen Austausch zu ermöglichen • Gleichzeitig sollte eine solche Gruppengröße von mindestens zwei Dozenten begleitet werden, die jedoch nicht zeitgleich anwesend sein müssen
Abschluss	• Qualifikation sollte mit einer Prüfungsleistung abschließen • Zulassung zur Prüfung sollte nur nach Nachweis aller Leistungen (bspw. der Präsenzzeit) möglich sein • Nach erfolgreichem Abschluss der Prüfung sollte ein Zertifikat übergeben werden

Exkurs: Weiterbildung zum Karriere-Coach an der TU Braunschweig

Die Weiterbildung zum Karriere-Coach an der TU Braunschweig basiert in den Grundzügen auf dem Coaching-Konzept von Braumandl und Discherl (2005) und wurde seit 2008 laufend weiterentwickelt. Die Weiterbildung basiert auf konstruktivistischen Lernprinzipen (Kauffeld, 2016) und ermöglicht es Masterstudierenden der Psychologie, bereits während des Studiums eine fundierte Weiterbildung zum Karriere-Coach zu absolvieren. Darüber hinaus profitieren Studierende aller Fachrichtungen, da sie sich als Coachees für die Teilnahme an einem kostenfreien Karriere-Coaching bewerben können.

Insgesamt umfasst die Weiterbildung zum Karriere-Coach derzeit ca. 250 Stunden, welche sich auf drei Teile in zwei Semestern aufteilen (Gessnitzer, Braumandl & Kauffeld, 2011) und stark durch E-Learning-Elemente und Praxisbestandteile unterstützt werden. Im ersten Semester erfolgen im ersten Weiterbildungsteil die Coaching-Theorie sowie die praktische Vermittlung aller Techniken und Tools. Konkret besteht diese Weiterbildungsphase aus einem intensiven Literaturstudium, einem Wissenstest, der Selbsterfahrung aller Übungen sowie zwei 3-tägigen Workshops. Im zweiten Teil der Weiterbildung erfolgt dann die Durchführung eines sogenannten »Peer-Coachings«, bei dem die zukünftigen Karriere-Coaches sich sowohl als Coach als auch als Coachee erfahren können. Der dritte Weiterbildungsteil umfasst schlussendlich die Durchführung eines vollständigen Coaching-Prozesses unter ständiger Supervision durch erfahrene Coaches (Gessnitzer, Braumandl & Kauffeld, 2011).

Der erste Weiterbildungsteil: Die theoretischen Grundlagen von Coaching werden zum einen über ein Selbststudium einschlägiger Coaching-Literatur, zum anderen über zwei Wochenendworkshops vermittelt. In der ausgewählten Literatur wird der Fokus stärker auf den Hintergrund von Coaching, seinen Abgrenzungen zu anderen Professionen und konkreten Anwendungsbereichen gelegt. Zur Qualitätssicherung der Weiterbildung erfolgt eine schriftliche Überprüfung des theoretischen Stoffes mit einer eventuellen Nachschulung. In den Workshops geht es weniger um die Theorie als vielmehr um die praktische Durchführung eines Coachings. Die Teilnehmenden erhalten in kleinen Gruppen und unter detaillierter Anleitung von mehreren erfahrenen Dozierenden mit einschlägiger Coaching-Erfahrung eine Schulung im Aufbau des Karriere-Coaching-Prozesses. Nach einer Überarbeitung im Jahre 2013 werden an dieser Stelle in der Weiterbildung zeitweise bis zu sechs Dozierende gleichzeitig eingesetzt, um eine optimale Betreuung in Kleingruppen inklusive intensivem Feedback zu ermöglichen.

Der Coaching-Prozess setzt sich konkret aus fünf Sitzungen zusammen und folgt einem semi-strukturierten Aufbau: Während alle fünf Coaching-Sitzungen einer grundlegenden Struktur folgen, haben lediglich drei der Sitzungen einen festen inhaltlichen Schwerpunkt (bspw. Zieldefinition in der ersten Sitzung). In der zweiten Sitzung wird mit dem VaMoS ein diagnostisches Tool angewendet, das wissenschaftlichen Gütekriterien entspricht und speziell für den Einsatz in Coachings entwickelt wurde (Gessnitzer, Schulte & Kauffels, 2015). In drei von fünf Sitzungen des Coaching-Prozesses können die Coaches darüber hinaus frei auswählen, welche konkrete Coaching-Übung sie für das Anliegen ihres Coachees am geeignetsten halten. Hierzu werden den

8.2 Coaching-Qualifizierungen

angehenden Coaches verschiedene Coaching-Tools und Übungen nähergebracht, so dass sie zum Ende ihrer Weiterbildung über einen Methodenkoffer verfügen, der für verschiedene Coacheeanliegen »gerüstet« ist. Zu diesen Methoden gehören unter anderem auch speziell für dieses Konzept entwickelte Übungen, die ausschließlich in Braunschweig gelehrt werden. Inhaltliches Ziel der theoretischen Weiterbildung ist im ersten Schritt, das Sitzungskonzept zu vermitteln sowie die Inhalte der einzelnen Sitzungen samt Struktur. Die Studierenden sollen hierbei die Techniken, Methoden und Tools zu Themen rund um Potenzialanalyse, Work-Life-Balance und Bewerbungsverfahren kennenlernen und ausprobieren. Die Workshop-Tage sind hierzu durch einen hohen praktischen Anteil geprägt: Neben Modelllernen werden in Kleingruppen Rollenspiele und praktische Übungen zu Sitzungen, Methoden und Techniken durchgeführt, die von ausgebildeten Karriere-Coaches betreut werden. Durch ausführliches Feedback mehrerer Beobachtender soll das Erfahrungswissen jedes einzelnen Studierenden gefestigt und die Selbstreflexion zur eigenen Arbeitsweise gefördert werden. Zusätzlich finden seit 2013 Lerneinheiten statt, die durch Videosequenzen und E-Learning unterstützt werden. In diesen werden u. a. Beispielszenen zur Anwendung von Methoden oder Fragetechniken vorgeführt und mit interaktiven Fragen und Aufgaben angereichert. Abgerundet wird der zweite Wochenendworkshop durch eine Expertenrunde, in der erfahrene Coaches ihre Arbeitsweise darstellen und für verschiedenste Fragen der Teilnehmenden verfügbar sind. Durch diese Kombination verschiedener Methoden soll ein ganzheitliches Lernen und tieferes Verständnis der Materie von Coaching gefördert und die Teilnehmenden damit zu handlungsfähigen Coaches ausgebildet werden.

Der zweite Weiterbildungsteil: Nach dem ersten Wochenendworkshop beginnt für die Teilnehmenden das sogenannte Peer-Coaching, in welchem sie sich in Zweiergruppen zusammenfinden und jeweils als Coach des anderen fungieren (Gessnitzer, Kauffeld & Braumandl, 2011). Dabei profitieren die Studierenden in zweifacher Hinsicht von diesem Vorgehen: Zum einen durchlaufen die Coaches einen gesamten Coaching-Prozess, den sie eigenständig anhand einer realistischen

Problemstellung mit Zuhilfenahme ihres gesamten Wissens planen und durchführen müssen. Zum anderen lernen sie als Coachee auch die Coacheesicht kennen, was sie zum einen bei der Bearbeitung ihrer eigenen Karriereziele unterstützt, aber ihnen auch einen empathischen Umgang mit ihren späteren Coachees ermöglichen soll. Das Peer-Coaching nimmt insgesamt ca. drei Monate in Anspruch und findet begleitend zu den Wochenendworkshops statt.

Der dritte Weiterbildungsteil: Im zweiten Semester der Weiterbildung beginnt der Praxisteil, das Coacheecoaching, bei dem die Teilnehmenden einen Studierenden eines anderen Fachbereichs durch dessen Coaching-Prozess begleiten (Gessnitzer et al., 2011). Die Coachees bewerben sich um die Teilnahme an einem solchen Coaching und werden ihrem Coach per Zufall zugeordnet. Die Themen, welche die Studierenden kurz vor Eintritt in ihr Berufsleben beschäftigen, liegen dabei primär im Karriere- und Lebensplanungsbereich (siehe auch: Gessnitzer, Braumandl & Kauffeld, 2011). Beispielsweise erhoffen sich die studentischen Coachees durch das Coaching besonders häufig eine Unterstützung bei einer beruflichen Entscheidung oder Vorbereitung für den Bewerbungsprozess oder auch Hilfe bei Work-Life-Balance-Themen. Die angehenden Karriere-Coaches werden bei der Durchführung dieser Coaching-Prozesse mehrfach mittels Gruppensupervision von erfahrenen Coaches begleitet, um die Reflexion der eigenen Arbeitsweise zu fördern und Hilfestellung bei der Gestaltung des Prozesses zu geben.

Qualitätssicherung: Neben den verschiedenen didaktischen Mitteln und Lernmethoden kommt unter anderem auch ein Lerntagebuch zum Einsatz. Dieses wird über die gesamte einjährige Weiterbildung von den Studierenden geführt und dient zur Dokumentation alles Gelernten. Zum einen werden hier Notizen während des Workshops und Hausaufgaben festgehalten und zum anderen müssen inhaltliche Fragen zu Videosequenzen, Literatur und Methoden beantwortet werden, was den Lernprozess zusätzlich fördert. Darüber hinaus finden sich Reflexionsfragen zu den einzelnen Coaching-Sitzungen, jeweils für das Peer- und Coachee-Coaching, um die gezielte Selbstreflexion des eigenen Handelns als Coach zu verstärken. Abschließend stellt das Lerntagebuch komplett mit einer kritischen Reflexion des eigenen Vorgehens in den zwei selbstständig durchgeführten Coaching-Prozessen sowie die aktive Mitarbeit in mehreren Supervisionen die Prüfungsleistung dar. Als ein weiteres Element zur Qualitätssicherung wird eine umfassende Forschungsbegleitung mittels Fragebögen durchgeführt, um sicherzustellen, dass die Coachings die gewünschte Wirkung erzielen. Zusätzlich werden Videos aller durchgeführten Coaching-Sitzungen angefertigt, welche nachträglich für die Reflektion des eigenen Verhaltens genutzt werden können und auch zur weiteren Verbesserung der Coaching-Weiterbildung herangezogen werden.

8.3 Verdienstmöglichkeiten im Coaching

Nach der Befragung der International Coach Federation (2012) arbeiten derzeit fast 48 000 Menschen weltweit als Coaches, davon alleine 17 600 in Westeuropa (ICF, 2012). Coaching ist jedoch nicht bei allen diesen Personen die Haupteinnahmequelle: Nach aktuellen Befragungen leben lediglich acht Prozent der Coaches in Deutschland ausschließlich von Coaching-Dienstleistungen (Stephan & Gross, 2013). Die Tätigkeit als Coach wird dabei am häufigsten gekoppelt mit einer Trainertätigkeit, gefolgt von Dienstleistungen zur Organisationsentwicklung und Prozess-/Organisationsberatung (Stephan & Gross, 2013) sowie andere Beratungs-, Dozierenden- oder therapeutische Tätigkeiten (Middendorf, 2014). Dabei verteilt sich durchschnittlich nur 30 % der Jahresarbeitszeit auf Coaching, während die übrigen 70 % auf andere Tätigkeiten entfallen (Middendorf, 2014). Dementsprechend geben Coaches im Mittel an, dass sie mit Coaching auch nur 35 % ihres Bruttojahreseinkommens verdienen (Middendorf, 2014). Ein Viertel der Befragten verdient sogar nur unter 10 % ihres Jahreseinkommens durch Coaching-Dienstleistungen (Middendorf, 2014). Diese Zahlen mögen verwundern, da in den Medien meist vom »Coaching-Boom« und hohen Verdiensten gesprochen wird (vgl.

Kuntz, 2010). Die durchschnittlichen Stundensätze für Coaching liegen dabei, je nach Quelle, etwas variierend zwischen 165 Euro (Middendorf, 2014) und 181,99 Euro (Stephan & Gross, 2013). Die Preise sind dabei unter anderem vom Auftrag gebenden abhängig: Coachings, die von Unternehmen in Auftrag gegeben werden, liegen mit durchschnittlich 187 Euro pro Zeitstunde im Preis deutlich höher als privat in Auftrag gegebene Coachings (130 Euro, Middendorf, 2014). Laut Befragungen belohne der Markt dabei insbesondere langjährige Coaching-Erfahrung, Investitionen in Weiterbildung und eine Spezialisierung auf Coaching mit höheren Honoraren (vgl. Middendorf, 2014). Darüber hinaus finden Coachings noch immer hauptsächlich »Face-to-Face« statt, was für den Coach auch immer mit Fahrtkosten und damit einem Verlust von Zeit einhergeht, welcher nicht auf den Kunden übertragbar ist (Kuntz, 2010). Bei Befragungen stellt sich immer wieder heraus, dass die Coaches, die am besten »im Geschäft« sind, vor allem mit festen Großkunden wie Unternehmen zusammenarbeiten: Nur 2 % der Coaches sind festangestellte, interne Coaches (Stephan & Gross, 2013).

8.4 Coaching-Verbände

Seit der Jahrtausendwende haben sich im Zuge der Professionalisierung von Coaching zahlreiche Berufs- und Interessensverbände gebildet (vgl. Fietze, 2015). Teilweise sind diese ausschließlich auf Coaching spezialisiert (z. B.: der Deutsche Coaching Verband), teilweise verbinden sie verschiedene Interventionsformen wie Training und Coaching in einem Verband (z. B.: der Berufsverband der Trainer, Berater und Coaches e.V.). Der Kasten gibt einen Überblick über einige der bekannteren Verbände im deutschsprachigen Raum. Seit ihrer Gründung ist in den Verbänden ein gestiegener Grad der Organisation zu beobachten, der sich unter anderem in wachsenden Mitgliederzahlen und differenzierten Verbandsstrukturen zeigt (Fitze, 2015).

8.4 Coaching-Verbände

Überblick über Berufs- und Interessensverbände für Coaching im deutschsprachigen Raum

- BDVT – Berufsverband der Trainer, Berater und Coaches e.V.
- BSO – Berufsverband für Coaching, Supervision, Organisationsberatung
- DBVC – Deutscher Bundesverband Coaching e.V.
- DCV – Deutscher Coaching Verband
- DFC – Deutscher Fachverband Coaching
- DGfC – Deutsche Gesellschaft für Coaching
- DGSF – Deutsche Gesellschaft für Systemische Therapie, Beratung und Familientherapie e. V.
- DGSv – Deutsche Gesellschaft für Supervision e.V.
- EASC – European Association for Supervision and Coaching
- ECA – European Coaching Association
- EMCC – European Mentoring & Coaching Council Deutschland e.V.
- ICF – International Coach Federation Deutschland e.V.
- IFS Essen
- QRC – Qualitätsring Coaching und Beratung e.V.
- SCA – Swiss Coaching Association
- SG – Systemische Gesellschaft
- SSCP – Swiss Society for Coaching Psychology

Die Verbände definieren ihre Hauptaufgaben in der Regel unter folgenden Aspekten: Vernetzung von Coaches untereinander, Interessensvertretung der Coaches, Entwicklung von Qualitätsstandards im Coaching, aber auch Aus- und Weiterbildung von Coaches sowie Vermittlung von Coaching-Dienstleistungen an Organisationen. Im Rahmen der Professionalisierung kommt berufsständischen Verbänden jedoch auch die Rolle einer berufsbezogenen, kollegialen Selbstkontrolle der professionellen Arbeit zu (Fietze, 2015). Nur in der kollegialen Zusammenarbeit können berufsethische Grundsätze formuliert, der Zuständigkeitsbereich einer Profession definiert und die Inhalte und Formen der Berufsausbildung festgelegt werden (vgl. Fietze, 2015). Damit kommt es Berufsverbänden grundsätzlich auch zu, den Marktzugang durch Prüfverfahren zu kontrollieren (Fietze, 2015). Die so definierten fachlichen und ethischen Standards können dafür sorgen, dass eine Profession geschützt wird, da eine Nicht-Einhaltung dieser Standards zum Ausschluss führt (Fietze, 2015). Bezogen auf Coaching verfolgen die Verbände zwar größtenteils eben diese Ziele, jedoch müssen hierbei auch Einschränkungen vorgenommen werden: Zum einen hat die Mitgliedschaft in einem Coaching-Verband auf Grund der Fülle von Angeboten an Exklusivität verloren (vgl. Webers, 2015). Für beinahe jeden Aus- und Weiterbildungshintergrund und jeden inhaltlichen Schwerpunkt gibt es mittlerweile einen Interessensverband und es ist schwierig, die Grenzen zwischen ernsthaftem Berufsverband und reinem Marketingzirkel festzumachen (vgl. Webers, 2015). Damit sinken die Möglichkeiten für Laien und Organisationen, anhand der Mitgliedschaft in einem Verband oder der Weiterbildung die Qualität eines Coaches zu beurteilen. Sobald jedoch die Mitgliedschaft in einem Verband nicht mehr attraktiv für einen Coach ist, haben die Verbände keine Machtposition mehr inne und können ihrem vornehmlichen Ziel, der Definition und Sicherstellung von Qualitätsstandards, nicht mehr gerecht werden.

Hinzu kommt, dass Unternehmen aus der Problematik der fehlenden Qualitätsstandards heraus einen neuen Weg gehen, der auf lange Sicht die Professionalisierung von Coaching eher verhindert: Wie bereits angesprochen, stellen Unternehmen auf der einen Seite – mit den lohnendsten Honoraren – den wichtigsten Auftrag gebenden für Coaches dar und fördern damit die Ausübung und Akzeptanz von Coaching (Fietze, 2015). Auf der anderen Seite nehmen sie auf diese Weise als marktbestimmende Auftrag gebende Einfluss auf die Dienstleistung Coaching, so dass es schwieriger wird eine kollegiale Selbstkontrolle durch Verbände aufzubauen (Fietze, 2015).

Zur Professionalisierung trägt die langsame Öffnung von Coaching gegenüber der Forschung bei: Es gibt erste Kongresse (z. B. der internationale Kongress »Coaching meets Research« der Fachhochschule Nordwestschweiz) und Fachzeitschriften. Böning und Kegel (2015) bieten hierbei einen guten Überblick über die derzeitigen Fachzeitschriften mit Schwerpunkten und Erläuterungen. Bei nationalen und internationalen Zeitschriften für Forschung und Praxis sind hierbei unter anderem zu nennen (vgl. Böning & Kegel, 2015): »Coaching-Magazin«, »Organisa-

8.4 Coaching-Verbände

tionsberatung – Supervision – Coaching«, »International Journal of Coaching in Organizations«, »International Journal of Evidence-Based Coaching und Mentoring«, »The Coaching Psychologist«, »International Coaching Psychology Review«, »Coaching Psychology International«, »Coaching: An International Journal of Theory, Research and Practice«, »The Annual Review of High Performance Coaching and Consulting«, »International Journal of Mentoring and Coaching«, »Worldwide Coaching Magazine« und – erst seit Ende 2015 – »Coaching: Theorie & Praxis«.

Trotz der Vernetzung der Verbände untereinander im »Roundtable der Coaching-Verbände«, welcher 2005 gegründet wurde und derzeit 10 Verbände umschließt (vgl. Webers, 2015; Fietze, 2015), ist es den Verbänden bislang nicht gelungen, Coaching vollständig als Profession zu etablieren. Dies liegt insbesondere auch daran, dass praktisch arbeitenden Coaches der kritische Blick auf die eigene Profession oft fehlt und dass eine klare Zieldefinition von Coaching derzeit mit einer Einschränkung der Praxisfelder einhergehen würde. Letzteres widerspricht jedoch monetären Interessen von Coaches, was vielleicht eine Erklärung dafür darstellt, warum Coaching bis heute noch immer als »Container-Begriff« gilt (vgl. Fietze, 2015). Auch wenn die Coaching-Verbände sich im Bereich der Coaching-Forschung engagieren und zur Qualitätssicherung beitragen wollen, kann langfristig nur eine objektive und distanziertere Betrachtung in Kombination mit einer klaren Formulierung des Zuständigkeitsanspruchs von Coaching zu der Festigung einer professionellen Autonomie und damit zu einer Professionalisierung von Coaching beitragen. Die Verbände sollten sich daher noch stärker von Marketing-Zielen distanzieren um, mithilfe objektiver, wissenschaftlich fundierter Forschung, Coaching von anderen Interventionen abzugrenzen und Standards für Aus- und Weiterbildung zu schaffen. Es ist zu hoffen, dass diese Entwicklung durch die Auftraggebenden von Coaching unterstützt wird, in dem diese eben nicht auf eigene Kriterien zurückgreifen, sondern der Coach-Auswahl objektive Qualitäts- und Weiterbildungsstandards zugrunde legen, die sich aus der Berufsgruppe der Coaches entwickelt haben.

8.5 Fazit

Die Situation von Coaches stellt sich derzeit so dar, dass die Anzahl praktizierender Coaches weltweit zwar immer noch steigt, allerdings nur wenige von der Dienstleistung Coaching alleine leben können. Die Chancen, von den guten Coaching-Honoraren zu profitieren, werden dabei durch eine gute Aus- und Weiterbildung sowie durch eine Spezialisierung (bspw. auf eine Zielgruppe) erhöht. Denn neben einer umfassenden Coaching-Erfahrung wird auch immer eine spezifische Feldkompetenz von Coaches erwartet, die jedoch nicht in Coaching-Weiterbildungen vermittelt werden kann, sondern immer nur durch eigene Erfahrungen erworben wird (Schreyögg, 2012).

Obwohl sich immer mehr Coaches in Berufsverbänden organisieren, die die Kooperation mit Forschung fördern, ist der Professionalisierungsgrad von Coaching immer noch eher mangelhaft. Bislang konnte der Zuständigkeitsbereich von Coaching noch immer nicht klar definiert werden, weshalb das Marktmonopol bis heute nicht geregelt ist. Daraus resultierend existieren noch immer keine übergeordneten Qualitätsstandards, weder für Aus- und Weiterbildungen noch für die Intervention »Coaching« selbst, obwohl insbesondere die angesprochenen Berufsverbände diese im Rahmen einer Professionalisierung entwickeln sollten.

Als Herausforderung stellt sich hierbei insbesondere heraus, dass 1) einige der Verbände eher im Bereich eines Marketingzirkels anzusiedeln sind und dementsprechend auch eigene, monetäre Interessen vertreten, und 2) Unternehmen in ihrer Rolle als Hauptauftraggeber von Coaching immer häufiger eigene Qualitätsstandards von Coaching entwickeln.

Weiterführende Literatur

Fietze, B. (2015). Coaching auf dem Weg zur Profession? Eine professionssoziologische Einordnung. In A. Schreyögg & Ch. Schmidt-Lellek (Hrsg.), *Die Professionalisierung von Coaching. Ein Lesebuch für den professionellen Coach* (S. 3–22). Wiesbaden: VS-Verlag.

8.5 Fazit

Stiftung Warentest (Hrsg.) (2013). *Coachen im beruflichen Kontext. Was eine gute Einstiegsqualifizierung bieten sollte.* https://www.test.de/filestore/4605175_Coachingausbildung_09_2013neu.pdf?path=/protected/41/46/42eb9746-0a14-495e-97f5-6e7af18c3831-protectedfile.pdf. Zugegriffen: 06.12.2015.

Literaturverzeichnis

Allsworth, E. & Passmore, J. (2008). Using psychometrics and psychological tools in coaching. In J. Passmore (Hrsg.), *Psychometrics in Coaching: Using Psychological and Psychometric Tools for Development* (S. 7–25). London/ Philadelphia: Kogan Page Limited.
Antiss, T. & Passmore, J. (2013). *Motivational Interviewing Approach.* Hoboken: John Wiley & Sons.
Aoun, S., Osseiran-Moisson, R., Shahid, S., Howat P. & O'Connor, M. (2011). Telephone lifestyle coaching intervention for men: Is it feasible in a community service club setting? *Journal of Health Psychology, 17* (2), 227–236. doi: 10.1177/1359105311413480.
Armstrong, M., Mottershead, T., Ronksley, P., Sigal, R., Campbell, T. & Hemmelgarn, B. (2011). Motivational interviewing to improve weight loss in overweight and/or obese patients: A systematic review and meta-analysis of randomized controlled trials. *Obesity Reviews, 12*(9), 709–723. doi: 10.1111/j.1467-789X.2011.00892.x.
Bachmann, T. (2015). Coaching und Gruppenddynamik. In A. Schreyögg & C. Schmidt-Lellek (Hrsg.), *Die Professionalisierung von Coaching* (S. 283–308). Wiesbaden: Springer.
Bakeman, R. & Gottman, J. M. (1997). *Observing interaction.* (2. Aufl.). Cambridge: Cambridge University Press.
Bales, K. (2010). Zivil- und strafrechtliche Gefahren für Berater und Insolvenzverwalter in der Krise und in der Insolvenz. *ZInsO-Aufsätze, 45,* 2073–2080.
Bamberg, E., Hänel, K. & Schmidt, J. (Hrsg.) (2006). *Beratung – Counseling – Consulting.* Göttingen: Hogrefe Verlag.
Bamberger, G. G. (2005). *Lösungsorientierte Beratung* (3. Aufl.). Weinheim: Beltz-Verlag PVU.
Bamberger, G. G. (2007). Beratung unter lösungsorientierter Perspektive. In E. Nestmann, F. Engel & U. Sickendiek (Hrsg.), *Das Handbuch der Beratung, Band 2: Ansätze, Methoden und Felder* (S. 737–748). Tübingen: dgvt-Verlag.
Bandura, A. (1994). Self-efficacy. In V. S. Ramachaudran (Hrsg.), *Encyclopedia of human behavior* (Vol. 4, S. 71–81). New York: Academic Press.

Baron, L. & Morin, L. (2009). The Coach–Client Relationship in Executive Coaching: A Field Study. *Human Resource Development Quarterly, 20* (1), 85–106. doi: 10.1002/hrdq.20009.

Baron, L., Morin, L. & Morin, D. (2011). Executive Coaching: The effect of working alliance discrepancy on the development of coachees' self-efficacy. *Journal of Management Development, 30* (9), 847–864. doi: 10.1108/02621-711111164330.

Barsade, S. G. (2002). The ripple effect: Emotional contagion and its influence on group behavior. *Administrative Science Quarterly, 47,* 644–675. doi:10.2307/3094912.

Baumeister, R. F., Vohs, K. D. & Funder, D. C. (2007). Psychology as the science of selfreports and finger movements: Whatever happened to actual behavior? *Perspectives on Psychological Science, 2,* 396–403. doi:10.1111/j.1745-6916.2007.00051.x.

Berger, F. (2006). Personenzentrierte Beratung. In J. Eckert, E.-M. Biermann-Ratjen & D. Höger (Hrsg.), *Gesprächspsychotherapie: Lehrbuch für die Praxis* (S. 333–372). Berlin: Springer.

Berglas, S. (2002). The very real dangers of executive coaching. *Harvard Business Review, 80,* 87–92.

Bernhard, H. & Wermuth, J. (2011). *Stressprävention und Stressabbau: Praxisbuch für Beratung, Coaching und Psychotherapie.* Weinheim/Basel: Beltz-Verlag.

Berry, R. M., Ashby, J. S., Gnilka, P. B. & Matheny, K. B. (2011). A comparison of face-to-face and distance coaching practices: Coaches' perceptions of the role of the working alliance in problem resolution. *Consulting Psychology Journal: Practice and Research, 63* (4), 243–253. doi: 10.1037/a0026735.

Biberacher, L., Braumandl, I. & Strack, M. (2009). Evaluation einer zweisemestrigen Ausbildung zur/m Karriere-Coach für Studierende. Vortrag bei der 6. Tagung der Fachgruppe Arbeits- und Organisationspsychologie der Deutschen Gesellschaft für Psychologie in Wien, 09.–11. September 2009.

Bilimoria, D., Joy, S. & Liang, X. (2008). Breaking Barriers and creating Inclusiveness: Lessons of organizational transformation to advance women faculty in academic science and engineering. *Human Ressource Development Quarterly, 47*(3), 423–441. doi: 10.1002/hrm.20225.

Blickle, G., Kuhnert, B. & Rieck, S. (2003). Laufbahnförderung durch ein Unterstützungsnetzwerk: Ein neuer Mentoringansatz und seine empirische Überprüfung. *Zeitschrift für Personalpsychologie, 2*(3), 118–128.

BMBF, Bundesministerium für Bildung und Forschung (Hrsg.). (2013). *Bundesbericht wissenschaftlicher Nachwuchs 2013.* Verfügbar unter: http://www.buwin.de/site/assets/files/1002/buwin_kurzfassung_barrierefrei.pdf.

Böning, U. (2005). Coaching: Der Siegeszug eines Personalentwicklungs-Instruments - Eine 15-Jahres-Bilanz. In C. Rauen (Hrsg.), *Handbuch Coaching* (3., aktual. u. erw. Aufl., S. 21–54). Göttingen: Hogrefe.

Böning, U. (2015). Coaching jenseits von Tools und Techniken. Philosophie und Psychologie des Coaching aus systemischer Sicht. Berlin/Heidelberg: Springer.

Böning, U. & Kegel, C. (2013). Psychometrische Persönlichkeitsdiagnostik. In H. Möller & S. Kotte (Hrsg.), *Diagnostik im Coaching* (S. 81–99). Heidelberg: Springer.

Bono, J. E., Purpanova, R. K., Towler, A. J. & Peterson, D. B. (2009). A Survey of Executive Coaching Practices. *Personnel Psychology, 62*(2), 361–404. doi: 10.1111/j.1744-6570.2009.01142.x.

Bordin, E. S. (1979). The generalizability of the psychoanalytic concept of the working alliance. *Psychotherapy, 16,* 252–260. doi:10.1037/h0085885.

Boyce, L. A., Jackson, R. J. & Neal, L. J. (2010). Building successful leadership coaching relationships: Examining impact of matching criteria in a leadership coaching program. *Journal of Management Development, 29,* 914–931. doi: 10.1108/02621711011084231.

Braumandl, I. & Dirscherl, B. (2005). *Karrierecoachingkonzept für Studierende.* Unveröffentlichtes Seminarkonzept.

Braumandl, I., Sauer, J. & Hoppe, D. (2010). »Mein Coach ist unter 25«: Karriere-Coaching-Ausbildung auch schon für Psychologiestudierende. In J. Smettan (Hrsg.), *Chancen und Herausforderungen der Wirtschaftspsychologie* (S. 165–174). Berlin: Deutscher Psychologen Verlag. Zugriff unter: http://www.cobece.¬ de/service/wp_kongressband_mein_coach_ist_unter_25_braumandl_sauer_¬ hoppe.pdf.

Brueck, R. K., Frick, K., Loessl, B., Kriston, L., Schondelmaier, S., Go, C., Haerter, M., Berner, M. (2009). Psychometric properties of the German version of the Motivational Interviewing Treatment Integrity Code. *Journal of Substance Abuse Treatment, 36*(1), 44–48. doi:10.1016/j.jsat.2008.04.004.

Burgoon, J. K. (1995). Cross-cultural and intercultural applications of expectancy violations theory. In R. L. Wiseman (Ed.), *Intercultural communication theory* (S. 194–214). Thousand Oaks, CA: Sage.

Burgoon, J. K. & Dunbar, N. E. (2000). Interpersonal dominance as a situationally, interactionally and relationally contingent social skill. *Communication Monographs, 67,* 96–121. doi:10.1080/03637750009376497.

Burgoon, J. K., Guerrero, L. K. & Floyd, K. (2010). *Nonverbal communication.* New York, NY: Pearson.

Burke, B. L., Arkowitz, H. & Menchola, M. (2003). The efficacy of motivational interviewing: A meta-analysis of controlled clinical trials. *Journal of Consulting and Clinical Psychology, 71*(5), 843–860. doi: 10.1037/0022-006X.71.5.843.

Cavanagh, M. (2006). Coaching from a systemic perspective: A complex adaptive conversation. In D. Stober & A. M. Grant (Hrsg.), *Evidence-based coaching handbook* (S. 313–355). New York: Wiley.

Cavanagh, M. & Grant, A. M. (2010). The Solution-focused Coaching Approach to Coaching. In E. Cox, T. Bachkirova & D. Clutterbuck (Hrsg.), *Sage Handbook of Coaching* (S. 34–47). London: Sage.

Cooper, C. (2008). Elucidating the bonds of workplace humor: A relational process model. *Human Relations, 61*, 1087–1115. doi: 10.1177/0018726708094861.

Curado, C., Lopes Henriques, P. & Ribeiro, S. (2015). Voluntary or mandatory enrolment in training and the motivation to transfer training. *International Journal of Training and Development, 19*(2), 98–109. doi: 10.1111/ijtd.12050.

D'Abate, C. P., Eddy, E. R. & Tannenbaum, S. I. (2003). What's in a Name? A Literature-Based Approach to Understanding Mentoring, Coaching, and Other Constructs that Describe Developmental Interactions. *Human Resource Development Review, 2*(4), 360–384. doi: 10.1177/1534484303255033.

Day, D. & Unsworth, K. (2013). Goals and Self-Regulation: Emerging perspectives across levels and time. In E. A. Locke & G. P. Latham (Hrsg.), *New developments in goal setting and task performance* (S. 158–176). New York, NY: Routledge.

DeHaan, E., Baldwin, A., Carew, N. & Conway, S. (2013). *Behind Closed Doors: Stories from the coaching room*. Oxfordshire: Libri Publishing.

DeHaan, E., Culpin, V. & Curd, J. (2011). Executive coaching in practice: What determines helpfulness for clients of coaching? *Personnel Review, 40*, 24–44. doi:10.1108/00483481111095500.

DeHaan, E., Duckworth, A., Birch, D. & Jones, C. (2013). Executive Coaching Outcome Research: The Contribution of Common Factors such as Relationship, Personality Match, and Self-Efficacy. *Consulting Psychology Journal: Practice and Research, 65*(1), 40–57.doi: 10.1037/a0031635.

Dehner, U. & Dehner, R. (2004). *Coaching als Führungsinstrument*. Frankfurt/New York: Campus Verlag.

Dembkowski, S. & Eldridge, F. (2003). Beyond GROW: A new coaching model. *The International Journal of Mentoring and Coaching, 1*(1), 1-6.

Dennis, S. M., Harris, M., Lloyd, J., Powell Davies, G., Faruqi, N. & Zwar, N. (2013). Do people with existing chronic conditions benefit from telephone coaching? A rapid review. *Australian Health Review, 37*(3), 381–388. doi: 10.1071/AH13005.

DeVries, D. L. (1992). Executive selection: Advances but no progress. *Issues & Observations, 12*, 1–5. doi: 10.1002/lia.4070120401.

DiClemente, C. & Prochaska, J. (1998). Towards a comprehensive, transtheoretical model of change. In W. Miller & N. Heather (Hrsg.), *Treating Addictive Behaviours* (S. 3–24). New York: Plenum Press.

Ducharme, M. J. (2004). The Cognitive-Behavioral Approach to Executive Coaching. *Consulting Psychology Journal: Practice and Research, 56*(4), 214–224. doi: 10.1037/1065-9293.56.4.214.

Ely, K., Boyce, L. A., Nelson, J. K, Zaccaro, S. J., Hernez-Broome, G. & Whyman, W. (2010). Evaluating leadership coaching: A review and integrated framework. *The Leadership Quarterly, 21*, 585–599.

Enders, J. (2005). Brauchen Universitäten in Deutschland ein neues Paradigma der Nachwuchsausbildung? *Beiträge zur Hochschulforschung, 27*, 34–47.

Literaturverzeichnis

Ertelt, B.-J. & Schulz, W. E. (2015). *Handbuch Beratungskompetenz*. Wiesbaden: Springer.

Feldman, D. & Lankau, M. (2005). Executive Coaching: A Review and Agenda for Future Research. *Journal of Management, 31*(6), 829–848. doi: 10.1177/0149206305279599.

Fietze, B. (2015). Coaching auf dem Weg zur Profession? Eine professionssoziologische Einordnung. In A. Schreyögg & Ch. Schmidt-Lellek (Hrsg.), *Die Professionalisierung von Coaching. Ein Lesebuch für den professionellen Coach* (S. 3–22). Wiesbaden: VS-Verlag.

Forret, M. L. & Dougherty, T. W. (2004). Networking behaviors and career outcomes: Differences for men and women? *Journal of Organizational Behavior, 25*(3), 419–437. doi: 10.1002/job.253.

Freire, T. (2013). Positive Psychology Approaches. In J. Passmore, D. B. Peterson & T. Freire (Hrsg.), *The Wiley-Blackwell Handbook of the Psychology of Coaching and Mentoring* (S. 426–442). Oxford, UK: John Wiley & Sons, Ltd, Inc. doi: 10.1002/9781118326459.

Geißler, H. (2005). Der Seminarmarkt wird sich mit Coaching verbinden. *managerSeminare, 90*, 16–19.

Geißler, H. (2008). E-Coaching – eine konzeptionelle Grundlegung. In H. Geißler, (Hrsg.), *E-Coaching* (S. 3–23). Baltmannsweiler: Schneider Verlag.

Geißler, H. & Kanatouri, S. (2015). Coaching mit modernen Medien. In A. Schreyögg & C. Schmidt-Lellek (Hrsg.), *Die Professionalisierung von Coaching* (S. 399–419). Wiesbaden: Springer.

Gessnitzer, S., Hahn, M.-C., Saathoff, J. & Kauffeld, S. (2015). Gründerteams zum Erfolg führen: Was Teamcoaching neben Organisationsberatung für Gründungsprozesse tun kann. *Gruppendynamik und Organisationsberatung, 46*(3), 265–288. doi: 10.1007/s11612-015-0292-4.

Gessnitzer, S. & Kauffeld, S. (2011a). Black Box Coaching Prozess: Was passiert wirklich in der Interaktion zwischen Coach und Klient und wo liegen die Unterschiede zu Beratungsgesprächen? Vortrag beim 2. LOCCS Symposium, 27.–29.05.2011, München.

Gessnitzer, S. & Kauffeld, S. (2011b). Black Box Coaching Prozess: Eine Interaktionsanalytische Untersuchung der Kommunikation zwischen Coach und Klient. Vortrag bei der 7. Tagung der Fachgruppe Arbeits-, Organisations- und Wirtschaftspsychologie, 07.–09.09.2011, Rostock.

Gessnitzer, S. & Kauffeld, S. (2012). Gefühle und Selbstoffenbarungen: Erfolgsfaktoren im Coaching. Vortrag auf dem 48. Kongress der Deutschen Gesellschaft für Psychologie, 23.–27.09.2012, Bielefeld.

Gessnitzer, S. & Kauffeld, S. (2015). The working alliance in coaching: Why behavior is the key to success. *Journal of Applied Behavioral Science, 51*, 177–197. doi:10.1177/0021886315576407.

Gessnitzer, S., Kauffeld, S. & Braumandl. I. (2011). Karriere-Coaching: Personalentwicklung für Berufseinsteiger. *PERSONALquarterly, 63*, 12–17.

Gessnitzer, S., Schulte, E.-M. & Kauffeld, S. (2015). VaMoS: Measuring the »within person fit« of affective Values, cognitive Motives, and Skills. *Journal of Career Assessment, 23*(4), 559–581. doi:10.1177/1069072714553080.
Gini, G., Albiero, P., Benelli, B. & Altoè, G. (2007). Does Empathy Predict Adolescents' Bullying and Defending Behavior? *Aggressive Behavior, 33*, 467–476.
Graf, E. (2011). Wirksamkeitsforschung und authentische Coaching- Gesprächsdaten: Ist ›Veränderung‹ im Coaching mittels sprachwissenschaftlicher Methoden analysierbar? In E. Graf, Y. Aksu, I. Pick & S. Rettinger (Hrsg.), *Beratung, Coaching, Supervision: Multidiszipinäre Perspektiven vernetzt* (S. 131–146). Wiesbaden: VS-Verlag.
Graf, E., Aksu, Y. & Rettinger, S. (2010). Qualitativ-diskursanalytische Erforschung von Coaching-Gesprächen. *Zeitschrift für Organisationsberatung, Supervision und Coaching, 17* (2), 133–149.
Grant, A. M. (2003). The impact of Life Coaching on Goal Attainment Metacognition and Mental Health. *Social Behavior and Personality, 31*(3), 253–264. doi: 10.2224/sbp.2003.31.3.253.
Grant, A. M. (2011). Is it time to REGROW the GROW model? Issues related to teaching coaching session structures. *The Coaching Psychologist, 7*(2), 118–126.
Grant, A. M. (2012a). An integrated model of goal-focused coaching: An evidence-based framework for teaching and practice. *International Coaching Psychology Review, 7*(2), 146–165.
Grant, A. M. (2012b). Making positive change: A randomized study comparing solution focused vs. problem focused coaching questions. *Journal of Systemic Therapies, 31*(2), 21–35. doi: 10.1521/jsyt.2012.31.2.21.
Grant, A. M. (2012c). ROI is a poor measure of coaching success: Towards a more holistic approach using a well-being and engagement framework. *Coaching: An International Journal of Theory, Research and Practice, 5*(2), 74–85.
Grant, A. M. (2014). Autonomy support, relationship satisfaction and goal focus in the coach–coachee relationship: Which best predicts coaching success? *Coaching: An International Journal of Theory, Research and Practice, 7*(1), 18–38.
Grant, A. M. & Cavanagh, M. (2007). Evidence-based coaching: Flourishing or languishing? *Australian Psychologist, 42*(4), 239–254. doi: 10.1080/00050060701648175.
Grant, A. M., Cavanagh, M., Parker, H. & Passmore, J. (2010). The state of play in coaching today: A comprehensive review of the field. In G. P. Hodgkinson & J. K. Ford (Hrsg.), *International review of industrial and organizational psychology* (S. 125–167). Chichester, England: Wiley-Blackwell. doi:10.1002/9780470661628.ch4.
Grant, A. M. & O'Connor, S. A. (2010). The differential effects of solution-focused and problem-focused coaching questions: A pilot study with implications for practice. *Industrial and Commercial Training, 42*(2), 102–111. doi: 10.1108/00197851011026090.

Grant, A. M. & O'Hara, B. (2006). The self-presentation of Australian life coaching Schools: Cause for concern? *International Coaching Psychology Review*, 1(2), 21–33. Grant, A. M., Curtayne, L. & Burton, G. (2009). Executive coaching enhances goal attainment, resilience and workplace well-being: A randomised controlled study. *Journal of Positive Psychology, 4*, 396–407. doi: 10.1080/17439760902992456.

Grawe, K., Donati, R. & Bernauer, F. (1994). *Psychotherapie im Wandel: Von der Konfession zur Profession*. Göttingen: Hogrefe Verlag.

Green, L. S., Oades, L. G. & Grant, A. M. (2006). Cognitive-behavioral, solution-focused life coaching: Enhancing goal striving, well-being, and hope. *The Journal of Positive Psychology, 1*(3), 142–149. doi: 10.1080/17439760600-619849.Greif, S. (2008). *Coaching und ergebnisorientierte Selbstreflexion: Theorie, Forschung und Praxis des Einzel- und Gruppencoachings*. Göttingen: Hogrefe Verlag.

Greif, S. (2010). A new frontier of research and practice: Observation of coaching behaviour. *Coaching Psychologist, 6*(2), 21–29.

Greif, S. (2015a). Allgemeine Wirkfaktoren im Coachingprozess – Verhaltensbeobachtungen mit einem Ratingverfahren. In H. Geißler & R. H. Wegener (Hrsg.), *Bewertung von Coachingprozessen* (S. 51–80). Wiesbaden: VS-Verlag. doi: 10.1007/978-3-658-04140-3.

Greif, S. (2015b). Evaluation von Coaching: Eine schwer zu bewertende Dienstleistung. In A. Schreyögg & C. Schmidt-Lellek (Hrsg.), *Die Professionalisierung von Coaching* (S. 47–70). Wiesbaden: Springer.

Greif, S., Schmidt, F. & Thamm, A. (2009). *Rating of Eight Coaching Success Factors. Online published Observation Manual.* Zugriff am 07.06.2016 unter: http://www.hsu-hh.de/download-1.5.1.php?brick_id=r4JVyUI02y1QFC33.

Greif, S., Schmidt, F. & Thamm, A. (2012). Warum und wodurch Coaching wirkt. Ein Überblick zum Stand der Theorieentwicklung und Forschung über Wirkfaktoren. *OSC Organisationsberatung - Supervision - Coaching, 19*(4), 375–390.Guerrero, L. K. & Floyd, K. (2006). *Nonverbal communication in close relationships*. Mahwah, N. J.: Lawrence Erlbaum Associates.

Gyllensten, K. & Palmer, S. (2007). The coaching relationship: An interpretative phenomenological analysis. *International Coaching Psychology Review, 2*(2), 168–177.

Haberleitner, E., Deistler, E. & Ungvari, R. (2004). *Führen, Fördern, Coachen: So entwickeln Sie die Potenziale Ihrer Mitarbeiter*. Frankfurt, Wien: Wirtschaftsverlag Carl Ueberreuter.

Hackman, J. R. & Wageman, R. (2005). A Theory of Team Coaching. *Academy of Management Review, 30*(2), 269–287. doi: 10.5465/AMR.2005.16387885.

Hall, D. T. & Moss, J. E. (1998). The new protean career contract: Helping organizations and employees adapt. *Organizational Dynamics, 26*(3), 22–37. doi:10.1016/S0090-2616(98)90012-2.

Hall, D. T., Otazo, K. L. & Hollenbeck, G. P. 1999. Behind closed doors: What really happens in executive coaching. *Organizational Dynamics*, 27, 39–53.

Harper, A. (2008). Psychometric tests are now a multi-million-pound business: What lies behind a coach's decision to use them. *International Journal of Evidence Based Coaching and Mentoring*, 2, 40–51.

Heller, K., Myers, R. A. & Kline, L. V. (1963). Interviewer behavior as a function of standardized client roles. *Journal of Consulting Psychology*, 27, 117–122. doi: 10.1037/h0041886.

Heppelter, N. & Möller, H. (2013). Kompetenzorientierte Diagnose im Coaching: Wie ich wurde, was ich bin. In H. Möller & S. Kotte (Hrsg.), *Diagnostik im Coaching* (S. 263–279). Heidelberg: Springer.

Heß, T. & Roth, W. L. (2001). *Professionelles Coaching. Eine Expertenbefragung zur Qualitätseinschätzung und -entwicklung*. Heidelberg: Asanger.

Heyse, V., Kreuser, K. & Robrecht, T. (Hrsg.). (2012). *Mediationskompetenz: Mediation als Profession etablieren Theoretischer Ansatz und zahlreiche Praxisbeispiele*. Münster: Waxmann.

Hill, C. E. (1990). Exploratory in-session process research in individual psychotherapy: A review. *Journal of Consulting and Clinical Psychology*, 58, 288–294. doi: 10.1037/0022-006X.58.3.288.

Hofer, J. & Chasiotis, A. (2003), Congruence of life goals and implicit motives as predictors of life satisfaction: Cross-Cultural Implications of a Study of Zambian Male Adolescents. *Motivation and Emotion*, 27, 251–272. doi: 10.1023/A:1025011815778.

Holm-Hadulla, R. (2000). Die therapeutische Beziehung. *Psychotherapeut*, 45, 124–136.

Hölscher, S. (2010). *Coaching – Was ist das eigentlich?* Erschienen als E-Book unter www.active-books.de. Paderborn: Junfermann.

Höpfner, A. (2006). Zukunftstrends und ihre Implikationen für das Coaching. *Organisationsberatung – Supervision – Coaching*, 3, 281–292.

Hoppe, D. (2013). *Was passiert in Beratungsgesprächen? Eine mikroanalytische Betrachtung von Berater-Klienten-Interaktionen in der Inhaltsberatung* [What happens in consulting? A microanalytical investigation of the interaction between consultant and client] (Doctoral dissertation). Technische Universität Braunschweig, Braunschweig, Germany.

Hoppe, D. & Kauffeld, S. (2010). Positive Gefühle zählen – Ein Analyseverfahren zeigt, was in Beratungen wirkt [Positive feelings count – An analytical method shows what is effective in consultations]. *Wirtschaftspsychologie aktuell*, 3, 34–37.

Hörmann, G. & Nestmann, F. (Hrsg.). (1988). *Handbuch der psychosozialen Intervention*. Opladen: Westdeutscher Verlag.

Ianiro, P. M. & Kauffeld, S. (2012). Wann stimmt die »Chemie« im Coaching? Untersuchungen zur gemeinsamen »Augenhöhe« von Coach und Klient. [The right chemistry in the coaching process? An examination about equal footing between coach and client]. *Coaching Magazin*, 1, 44–48.

Ianiro, P. M. & Kauffeld, S. (2014). Take care what you bring with you: How coaches mood and interpersonal behavior affect coaching success. *Consulting Psychology Journal: Practice and Research*, 66(3), 231–257. doi: 10.1037/cpb0000012.

Ianiro, P. M., Lehmann-Willenbrock, N. & Kauffeld, S. (2015). Coaches and Clients in Action: A Sequential Analysis of Interpersonal Coach and Client Behavior. *Journal of Business and Psychology*, 30(3), 435–456. doi: 10.1007/s10869-014-9374-5.

Ianiro, P. M., Schermuly, C. C. & Kauffeld, S. (2013). Why interpersonal affiliation and dominance matter: An interaction analysis of the coach-client relationship. *Coaching: An International Journal of Theory Research and Practice*, 6, 25–46. doi: 10.1080/17521882.2012.740489.

Ivey, A. E. & Authier, J. (1983). *Microcounseling. Neue Wege im Kommunikationstraining*. Goch: Bratt-Institut für Neues Lernen.

Ivey, A. E.; Ivey, M. B.; Zalaquett, C. P. (2010). *Intentional Interviewing and Counseling: Facilitating Client Development in a Multicultural Society* (7. Aufl.). Belmont: Brooks/Cole

Jacobs, I. (2008). *Interpersonaler Circumplex: Validierung der Interpersonalen Adjektivliste und Analyse interpersonaler Komplementarität in engen persönlichen Beziehungen* [Interpersonal circumplex: validation of the Interpersonal Adjective List and analysis of interpersonal complementary in close personal relationships]. Unpublished doctoral dissertation, Humboldt University, Berlin.

Jonas, E., Mühlberger, C., Böhm, A. & Esser, V. (2018). Soziale Austausch- und Interdependenzprozesse im Karrieremanagement: Training, Coaching, Mentoring und Supervision in einem sozialpsychologischen Vergleich. In S. Kauffeld & D. Spurk (Hrsg.) *Handbuch Laufbahnmanagement und Karriereplanung*. Berlin: Springer.

Jonas, E., Kauffeld, S., & Frey, D. (2007). Psychologie der Beratung [Psychology in consulting]. In L. v. Rosenstiel, & D. Frey (Eds.), *Enzyklopädie der Psychologie. Wirtschaftspsychologie* (S. 283-324). Göttingen, Germany: Hogrefe.

Jones, R. J., Woods, S. A. & Guillaume, Y. R. F. (2015). The effectiveness of workplace coaching: A meta-analysis of learning and performance outcomes from coaching. *Journal of Occupational and Organizational Psychology*, Advanced online publication. doi:10.1111/joop.12119.

Joo, B. (2005). Executive coaching: A conceptual framework from an integrative review of practice and research. *Human Resource Development Review*, 4, 462–488. doi: 10.1177/1534484305280866.

Jordan, S., Gessnitzer, S. & Kauffeld, S. (submitted for publication). Keep calm... and get coached. Effects of a Group Coaching for the Vocational Orientation of Secondary School Pupils.

Joseph, S. (2006). Person-centered coaching psychology: A meta-theoretical perspective. *International Coaching Psychology Review*, 1, 47–57.

Jowett, S., Kanakoglou, K. & Passmore, J. (2012). The application of the 3+1Cs relationship model in executive coaching. *Consulting Psychology Journal, 64*, 183–197.

Kampa-Kokesch, S. & Anderson, M. Z. (2001). Executive coaching: A comprehensive review of the literature. *Consulting Psychology Journal: Practice and Research, 53*(4), 205–228. doi: 10.1037/1061-4087.53.4.205.

Kanning, U. P. (2013). *Wenn Manager auf Bäume klettern…: Mythen der Personalentwicklung und Weiterbildung.* Lengerich: Pabst.

Kauffeld, S. (2001). *Teamdiagnose.* Göttingen: Hogrefe.

Kauffeld, S. (2004). *Der Fragebogen zur Arbeit im Team.* Göttingen: Hogrefe.

Kauffeld, S. (2016). *Nachhaltige Personalentwicklung und Weiterbildung. Betriebliche Seminare und Trainings entwickeln, Erfolge messen, Transfer sichern.* Berlin: Springer.

Kauffeld, S. & Gessnitzer, S. (2013). Das Team nutzen: Verfahren der Teamdiagnose im Führungskräftecoaching. In H. Möller & S. Kotte (Hrsg.), *Diagnostik im Coaching* (S. 263–279). Heidelberg: Springer.

Kauffeld, S. & Montasem, K. (2009). Ein Kompetenzmodell als Basis. Professionelle Video-Analyse im Coaching. *Coaching-Magazin, 4*, 44–49.

Kauffeld, S. & Schulte, E.-M. (2012). Teamentwicklung und Teamführung. In P. Heimerl & R. Sichler (Hrsg.), *Strategie – Organisation – Personal – Führung* (S. 559–594). Wien: falcultas wuv (UTB).

Kauffman, C. (2006). Positive psychology: The science at the heart of coaching. In D. R. Stober & A. M. Grant (Hrsg.), *Evidence based coaching handbook: Putting best practices to work for your clients* (S. 219–253). Hoboken, NJ: John Wiley.

Kaul, F. (2013). Verhaltensstichproben als diagnostische Instrumente im Coaching. In H. Möller & S. Kotte (Hrsg.), *Diagnostik im Coaching* (S. 151–164). Heidelberg: Springer.

Kehr, H. M. (2004). Integrating implicit motives, explicit motives and perceived abilities: The compensation model of work motivation and volition. *Academy of Management Review, 29*, 479–499. doi:10.5465/AMR.2004.13670963.

Kemp, T. (2008). Self-management and the coaching relationship: Exploring coaching impact beyond models and methods. *International Coaching Psychology Review, 3*(1), 32–42.

Kiesler, D. J. (1983). The 1982 interpersonal circle: A taxonomy for complementarity in human transactons. *Psychological Review, 90*, 185–214. doi:10.1037// 0033-295X.90.3.185.

Kiesler, D. J. (1996). *Contemporary interpersonal theory and research.* New York, NY: Wiley. doi:10.1207/s15327752jpa6602_6.

Kilburg, R. R. (1996). Toward a conceptual understanding and definition of executive coaching. *Consulting Psychology Journal: Practice and Research, 48* (2), 134–144. doi: 10.1037/1061-4087.48.2.134.

Kim, S., Egan, T. M., Kim, W. & Kim, J. (2013). The impact of managerial coaching behavior on employee work-related reactions. *Journal of Business and Psychology, 28*, 315–330. doi: 10.1007/s10869-013-9286-9.

Kim, S., Egan, T. M. & Moon, M. J. (2014). Managerial coaching efficacy, work-related attitudes, and performance in public organizations: A comparative international study. *Review of Public Personnel Administration, 34*(3), 237–262. doi: 10.1177/0734371X13491120.Kim, S. & Kuo, M.-H. (2015). Examining the Relationships Among Coaching, Trustworthiness, and Role Behaviors: A Social Exchange Perspective. *The Journal of Applied Behavioral Science, 51*(2), 152–176. doi: 10.1177/0021886315574884.

Klenke, K. (2014). *Studieren kann man lernen: Mit weniger Mühe zu mehr Erfolg* (2. Aufl.). Wiesbaden: Springer Gabler.

Klonek, F.E., Güntner, A.V. & Kauffeld, S. (2016). Damit Sie auch im Coaching bekommen, was auf der Verpackung steht: Qualitätssicherung von Coachings am Beispiel der Prozessanalyse im Motivational Interviewing. In C. Triebel, J. Heller, B. Hauser & A. Koch (Hrsg.), *Qualität im Coaching* (S. 155-168). Heidelberg: Springer.

Klonek, F. E. & Kauffeld, S. (2012). »Muss, kann ... oder will ich was verändern?« Welche Chancen bietet die Motivierende Gesprächsführung in Organisationen. *Wirtschaftspsychologie (Pabst Science Publishers), 14*(4), 58–71.

Kombarakaran, F. A., Yang, J. A., Baker, M. N. & Ferndandes, P. B. (2008). Executive Coaching: It works! *Consulting Psychology Journal: Practice and Research, 60*(1), 78–90. doi: 10.1037/1065-9293.60.1.78.

König, E. & Volmer, G. (2012). *Handbuch Systemisches Coaching* (2. Aufl.). Weinheim: Beltz.

Kotte, S., Oellerich, K., Schubert, D. & Möller, H. (2015). Das ambivalente Verhältnis von Coachingforschung und –praxis: Dezentes Ignorieren, kritisches Beäugen oder kooperatives Miteinander? In A. Schreyögg & Ch. Schmidt-Lellek (Hrsg.), *Die Professionalisierung von Coaching. Ein Lesebuch für den professionellen Coach* (S. 42–46). Wiesbaden: VS-Verlag.

Kowalski, K. & Casper, C. (2007). The coaching process: An effective tool for professional development. *Nursing Administration Quarterly, 31*(2), 171–179. doi: 10.1097/01.NAQ.0000264867.73873.1a.

Kreggenfeld, U. & Reckert, H.-W. (2008). ›Virtuelles Transfercoaching‹: Die Transferquote verdreifachen. In H. Geißler (Hrsg.), *E-Coaching* (S. 71–81). Baltmannsweiler: Schneider Verlag.

Kühl, S. (2006). Coaching zwischen Qualitätsproblemen und Professionalisierungsbemühung: Thesen zur Entwicklung des Coachings. *Organisationsberatung, Supervision, Coaching, 1*, 86–96.

Kühl, S. (2008). *Coaching und Supervision. Zur personenzentrierten Beratung in Organisationen*. Wiesbaden: VS Verlag.

Kuntz, B. (2010). Als Coach wird man kein Millionär. *Organisationsberatung, Supervision, Coaching, 17*, 217–222. doi: 10.1007/s11613-010-0189-6.

Lawlor, B. & Hornyak, M. (2012). Smart goals: How the application of smart goals can contribute to achievement of student learning Outcomes. *Developments in Business Simulation and Experiential Learning, 39*, 269–276.
Leary, T. F. (1957). *Interpersonal Diagnosis of Personality*. New York: The Ronald Press Company.
Linley, P. A. & Harrington, S. (2005). Positive psychology and coaching psychology: Perspectives on integration. *The Coaching Psychologist, 1,* 13–14.
Linley, A. & Kauffman, C. (2007). Editorial – Positive coaching Psychology: Integrating the science of positive psychology with the practice of coaching psychology. *International Coaching Psychology Review, 2*(1), 5–8.
Lippman, E. (2013a). Grundlagen. In E. Lippmann (Hrsg.), *Coaching: Angewandte Psychologie für die Beratungspraxis* (S. 12–46), Heidelberg: Springer.
Lippman, E. (2013b). Methoden im Coaching. In E. Lippmann (Hrsg.), *Coaching: Angewandte Psychologie für die Beratungspraxis* (S. 325–350), Heidelberg: Springer.
Lippmann, E. & Ullmann-Jungfer, G. (2008). E-Mail-Coaching und Präsenzcoaching – Überlegungen zu zwei Beratungsformen. In H. Geißler (Hrsg.), *E-Coaching* (S. 71–81). Baltmannsweiler: Schneider Verlag.
Locke, E. A. & Latham, G. P. (Hrsg.). (2013). *New developments in goal setting and task performance*. New York, NY: Routledge.
Mackintosh, A. (2005). Growing on GROW – a more specific coaching model for busy managers; OUTCOMES. *Ezinearticles*. Zugriff am 6.11.2015 unter: http://ezinearticles.com/?Growing-On-G.R.O.W-A-More-Specific-Coaching-¬Model-For–Busy-Managers&id=27766.
Mangold (2010). *INTERACT quick start manual V2.4.* Mangold International GmbH (Ed.). Zugriff unter: www.mangold-international.com.
McDowall, A. & Smewing, C. (2009). What assessments do coaches use in their practice and why. *The Coaching Psychologist, 5*(2), 98–103
McGovern, J., Lindemann, M., Vergara, M., Murphy, S., Barber, L. & Warrenfeltz, R. (2001). Maximizing the impact of executive coaching: Behavioral change, organizational outcomes and return on investment. *The Manchester Review, 6*(1), 1–9.
McKenna, D. D. & Davis, S. L. (2009). Hidden in plain sight: The active ingredients of executive coaching. *Industrial and Organizational Psychology, 2,* 244–260. doi:10.1111/j.1754-9434.2009.01143.x.
McLeod, J. (2004). *Counselling – eine Einführung in die Beratung*. Tübingen: dvgt.
Meister, H.-P. & Gohl, C. (2004). Politische Mediation bei umstrittenen Infrastrukturprojekten -Das Beispiel des Frankfurter Flughafens. In R. Fisch & D. Beck (Hrsg.), *Komplexitätsmanagement: Methoden zum Umgang mit komplexen Aufgabenstellungen in Wirtschaft, Regierung und Verwaltung* (S. 263–279). Wiesbaden: VS Verlag für Sozialwissenschaften/Springer.

Middendorf, J. (2014). 13. Coaching-Umfrage Deutschland 2014/2015: Ergebnisbericht für Teilnehmer der Umfrage. Zugriff unter: http://www.coaching-¬umfrage.de/PDF/Ergeb%20Coaching-Umfrage%202014.pdf.

Miller, W. R. (1983). Motivational interviewing with problem drinkers. *Behavioral Psychotherapy, 11*(2), 147–172. doi:10.1017/S0141347300006583.

Miller, W. R. & Rollnick, S. (2004). *Motivierende Gesprächsführung* (3. Aufl.). Freiburg: Lambertus.

Moen, F. & Skaalvik, E. (2009). The Effect from Coaching on Performance Psychology. *International Journal of Evidence Based Coaching and Mentoring, 7*(2), 31–49.

Mohe, M. (2015). In the Neighbourhood of Management Consulting – Neue Konzepte im Beratungsmarkt. In M. Mohe (Hrsg.), *Innovative Beratungskonzepte. Ansätze, Fallbeispile, Reflexionen* (S. 3–18). Wiesbaden: Springer Gabler.

Möller, H. & Kotte, S. (2015). Zur Relevanz systematisch-diagnostischen Vorgehens im Coaching. In H. Möller & S. Kotte (Hrsg.), *Diagnostik im Coaching. Grundlagen, Analyseebenen, Praxisbeispiele* (S. 3–14). Heidelberg: Springer-Medizin.

Mühlberger, M.D. & Traut-Mattausch, E. (2015). Leading to effectiveness: Comparing dyadic coaching and group coaching. *The Journal of Applied Behavioral Science, 51*(2), 198–230. doi: 10.1177/0021886315574331.

Natale, S. M. & Diamante, T. (2005). The Five Stages of Executive Coaching: Better Process Makes Better Practice. *Journal of Business Ethics, 59*, 361–374. doi: 10.1007/s10551-005-0382-2.

Newsom, G. & Dent, E.B. (2011). A Work Behaviour Analysis of Executive Coaches. *International Journal of Evidence Based Coaching and Mentoring, 9* (2), 1–22.

Nissen, V. (Hrsg.) (2007). *Consulting Research. Unternehmensberatung aus wissenschaftlicher Perspektive.* Wiesbaden: Deutscher Universitätsverlag.

O'Broin, A. & Palmer, S. (2010). Exploring key-facets in the formation of coaching relationships: Initial indicators from the perspective of the client and the coach. *Coaching: An International Journal of Theory, Research and Practice, 3*(2), 124–143. doi:10.1080/17521882.2010.502902.

O'Connell, B., Williams, H. & Palmer, S. (2014). *Lösungsorientiertes Coaching*. Paderborn: Junfermann Verlag.

Offermanns, M. (2004). *Braucht Coaching einen Coach? Eine evaluative Pilotstudie*. Stuttgart: Ibidem-Verlag.

Olivero, G., Bane, K. D. & Kopelman, R. E. (1991). Executive Coaching as a Transfer of Training Tool: Effects on Productivity in a Public Agency. *Public Personnel Management, 26*(4), 461–469. doi: 10.1177/009102609702600403.

Palmer, S. (2007). PRACTICE: A model suitable for coaching, counselling, psychotherapy and stress management. *The Coaching Psychologist, 3*(2), 71–77.

Passmore, J. (2011). Motivational Interviewing – a model for coaching psychology practice. *The Coaching Psychologist, 7*(1), 36–40.

Phillips, J.J. (2007). Measuring the ROI of a coaching intervention. *Performance Improvement, 46*(10), 10–23.

PsychThG (1998). *Gesetz über die Berufe des Psychologischen Psychotherapeuten und des Kinder- und Jugendlichenpsychotherapeuten (Psychotherapeutengesetz – PsychThG)*. Zugriff am 05.12.2015 unter http://www.gesetze-im-internet.de/psychthg/BJNR131110998.html.

Radatz, S. (2008). *Beratung ohne Ratschlag*. Wien: Verlag Systemisches Management.

Rauen, C. (2003). *Coaching – Praxis der Personalpsychologie*. Göttingen: Hogrefe Verlag.

Rauen, C. (2012). *Coachingtools 3*. Bonn: managerSeminare.

Rauen, C. (2014). *Coaching* (3., akt. und erw. Aufl.). Göttingen: Hogrefe.

Reichel, R. (Hrsg.). (2006). *Beratung Psychotherapie Supervision. Einführung in die psychosoziale Beratungslandschaft*. Wien: Facultas.

Reniers, R. L, Corcoran, R., Drake, R., Shryane, N. M. & Völlm, B. A. (2011). The QCAE: A Questionnaire of Cognitive and Affective Empathy. *Journal of Personality Assessment, 93*, 84–95. doi: 10.1080/00223891.2010.528484.

Rettinger, S. (2011). Construction and Display of Competence and (Professional) Identity in Coaching Interactions. *Journal of Business Communication, 48*(4), 426–445. doi: 10.1177/0021943611414540.

Richter-Kaupp, S., Braun, G. & Kalmbacher, V. (2014). *Business Coaching: Wie man Menschen wirksam unterstützt und sich als Coach erfolgreich am Markt etabliert*. Offenbach: GABAL Verlag.

Robbins, P. (1991). *How to plan and implement a peer coaching program*. Alexandria: Association for Supervision and Curriculum Development.

Robrecht, T. (2012). Mediation – Entstehung und heutiger Stand. In K. Kreuser, V. Heyse & T. Robrecht (Hrsg.), *Mediationskompetenz. Mediation als Profession etablieren. Theoretischer Ansatz und zahlreiche Praxisbeispiele* (S. 79–94). Münster: Waxmann.

Rogers, C. R. (1972). *Die nicht-direktive Beratung*. Frankfurt am Main: Fischer Verlag.

Rubak, S., Sandbaek, A., Lauritzen, T. & Christensen, B. (2005). Motivational interviewing: a systematic review and meta-analysis. *British Journal of General Practice, 55*, 305–312.

Schachner, D. A., Shaver, P. R. & Mikulincer, M. (2005). Patterns of nonverbal behavior and sensitivity in the context of attachment relationships. *Journal of Nonverbal Behavior, 29*, 141–169. doi:10.1007/s10919-005-4847-x.

Schardt, F. (2009). *Coaching für Lehrer: Unterricht konkret - kritische Situationen von Anfang an bewältigen*. Göttingen: Vandenhoeck & Ruprecht.

Schermuly, C. C. & Scholl, W. (2012). The Discussion Coding System (DCS). A new instrument for analyzing communication processes. *Communication Methods and Measures, 6*, 12–40. doi:10.1080/19312458.2011.651346.

Schiessler, B. (2009). *Coaching als Maßnahme der Personalentwicklung. Aktuelle Praxis, Analyse und wissenschaftlicher Ansatz für eine einheitliche Coachingmethodik*. Wiesbaden: VS Verlag für Sozialwissenschaften, Springer Fachmedien.

Schlippe, A. von & Schweitzer, J. (2013). *Lehrbuch der systemischen Therapie und Beratung 1* (2. Aufl.). Göttingen: Vandenhoeck & Ruprecht.

Schmeh, K. (2007). *Das trojanische Pferd – klassische Mythen erklärt*. München: Rudolf Haufe Verlag.

Schmidt-Lellek, C. (2015). Coaching in Relation zur Psychotherapie. In A. Schreyögg & C. Schmidt-Lellek (Hrsg.), *Die Professionalisierung von Coaching* (S. 119–134). Wiesbaden: Springer.

Schmitz, M. (2015). *Teamcoaching: Grundlagen, Anleitungen, Fallbeispiele*. Weinheim/Basel: Beltz.

Schnoor, H. (2006). *Psychosoziale Beratung in der Sozial- und Rehabilitationspädagogik*. Stuttgart: Kohlhammer.

Scholl, W. (2013). The socio-emotional basis of human interaction and communication. How we construct our social world. *Social Science Information, 52*, 3–33. doi: 10.1177/0539018412466607.

Schreyögg, A. (2004). *Supervision: Ein integratives Modell Lehrbuch zu Theorie und Praxis*. Wiesbaden: VS Verlag für Sozialwissenschaften.

Schreyögg, A. (2008). Dual Career Couples – eine Konstellation fürs Life-Coaching. *Organisationsberatung, Supervision, Coaching, 15*(4), 385–404. doi: 10.1007/s11613-008-0103-7.

Schreyögg, A. (2010). *Coaching für die neu ernannte Führungskraft* (2. Aufl.). Wiesbaden: VS Verlag für Sozialwissenschaften, Springer Fachmedien.

Schreyögg, A. (2011). *Konfliktcoaching* (2. Aufl.). Frankfurt am Main: Campus Verlag.

Schreyögg, A. (2012). *Coaching. Eine Einführung für Praxis und Ausbildung* (7. Aufl.). Frankfurt/New York: Campus Verlag.

Schreyögg, A. (2015). Life-Coaching: Dynamiken der Herkunftsfamilie. In A. Schreyögg & C. Schmidt-Lellek (Hrsg.), *Die Professionalisierung von Coaching* (S. 373–388). Wiesbaden: Springer.

Schüler, U. (2015). Coaching in Projekten. In A. Schreyögg & C. Schmidt-Lellek (Hrsg.), *Die Professionalisierung von Coaching* (S. 149–166). Wiesbaden: Springer.Seligman, M. E. P. & Csikszentmihalyi, M. (2000). Positive Psychology: An Introduction. *American Psychologist, 55*(1), 5–14. doi: 10.1037//0003-066X.55.1.5.

Simmons, L. A. & Wolever, R. Q. (2013). Integrative Health Coaching and Motivational interviewing: Synergistic Approaches to Behavior Change in Healthcare. *Global Advances in Health and Medicine, 2*(4), 28–35. doi: 10.7453/gahmj.2013.037.

Smith, T. J. & Campbell, C. (2009). The relationship between occupational interests and values. *Journal of Career Assessment, 17*, 39–55. doi: 10.1177/1069072708325740.

Smither, J. W. (2011). Can psychotherapy research serve as a guide for research about executive coaching? An agenda for the next decade. *Journal of Business and Psychology, 26,* 135–145. doi: 10.1007/s10869-011-9216-7.Smither, J. W., London, M. L., Flautt, R., Vargas, Y. & Kucine, I. (2003). Can working with an executive coach improve multisource feedback ratings over time? A quasi-experimental field study. *Personnel Psychology, 56,* 23–44.

Spence, G. B. & Grant, A. M. (2007). Professional and peer life coaching and the enhancement of goal striving and well-being: An exploratory study. *Journal of Positive Psychology, 2,* 185–194. doi: 10.1080/17439760701-228896.

Spurk, D., Kauffeld, S., Barthauer, L. & Heinemann, N. S. R. (2015). Fostering networking behavior, career planning and optimism, and subjective career success: An intervention study. *Journal of Vocational Behavior, 87,* 134–144. doi: 10.1016/j.jvb.2014.12.007.

Steinebach, C. (2006). *Handbuch Psychologische Beratung.* Stuttgart: Klett-Cotta.

Stephan, M. & Gross, P.-P. (2013). Zusammenfassung 3. Marburger Coaching-Studie. Zugriff am 06.12.2015 unter: http://www.coachcommunity.de/networks/files/file.162286.

Steward, L. J., Palmer, S., Wilkin, H. & Kerrin, M. (2008). The Influence of Character: Does Personality Impact Coaching Success? *International Journal of Evidence Based Coaching and Mentoring, 6*(1), 32–42.

Stiftung Warentest (Hrsg.) (2013). Coachen im beruflichen Kontext. Was eine gute Einstiegsqualifizierung bieten sollte. Zugriff am 06.12.2015 unter: https://www.test.de/filestore/4605175_Coachingausbildung_09_2013neu.pdf?path=/protected/41/46/42eb9746-0a14-495e-97f5-6e7af18c3831-protectedfile.pdf.

Stober, D. R. & Grant, A. M. (2006). *Evidence based coaching handbook.* Hoboken: John Wiley & Sons.

Strikker, H. & Strikker, F. (2013). Coaching studieren? Akademisierung im Business-Coaching. *Coaching-Magazin, 2,* 36–41.

Sue-Chan, C. & Latham, G. P. (2004). The Relative Effectiveness of External, Peer, and Self-Coaches. *Applied Psychology, 53*(2), 260–278, doi: 10.1111/j.1464-0597.2004.00171.x.Swafford, J. (1998). Teachers supporting teachers through peer coaching. *Support for Learning, 13*(2), 54–58. doi: 10.1111/1467-9604.00058.

Thach, L.C. (2002). The impact of executive coaching and 360 feedback on leadership effectiveness. *Leadership and Organization Development Journal, 23*(4), 205–214.

Theis, F. (2008). E-Coaching – ein Marktüberblick. In H. Geißler (Hrsg.), *E-Coaching* (S. 24–31). Baltmannsweiler: Schneider Verlag.

Tracey, T. J. G. (2004). Levels of interpersonal complementarity: A simple representation. *Personality and Social Psychology Bulletin, 30,* 1211–1225. doi: 10.1177/0146167204264075.

Tractenberg, L., Streumer, J. & van Zolingen, S. (2002). Career counselling in the emerging post-industrial society. *International Journal for Educational and Vocational Guidance*, 2(2), 85–99. doi: 10.1023/A:1016001913952.

Tryon, G. S. & Winograd, G. (2011). Goal consensus and collaboration. *Psychotherapy*, 48, 50–57. doi: 10.1037/a0022061.

Turck, D., Faerber, Y. & Zielke, C. (2007). *Coaching als Instrument der Personal- und Organisationsentwicklung*. Stuttgart: Kohlhammer.

Vogelauer, W. (2004). *Methoden-ABC im Coaching* (3. Aufl.). Neuwied: Luchterhand.

Vogelauer, W. (2013a). Ganzheitliches und ressourcenorientiertes Coaching – Das Trigon-Coaching-Modell in Theorie und Praxis. In W. Vogelauer (Hrsg.), *Coaching-Praxis. Das Trigon-Modell: Konzept und Methoden* (S. 9–25). Weinheim/Basel: Beltz-Verlag.

Vogelauer, W. (2013b). Der optimale Coaching-Prozess: Die fünf Phasen des Trigon-Ansatzes. In W. Vogelauer (Hrsg.), *Coaching-Praxis. Das Trigon-Modell: Konzept und Methoden* (S. 26–38), Weinheim/Basel: Beltz-Verlag.

Vogelauer, W. (2013c). Ergebnisse der sechsten Coaching Befragung 2012. In W. Vorgelauer (Hrsg.), *Coaching-Praxis. Das Trigon-Modell: Konzept und Methoden* (S. 159–182), Weinheim/Basel: Beltz-Verlag.

Von Ameln, F. (2013). Psychodramatische Diagnostik im Coaching. In H. Möller & S. Kotte (Hrsg.), *Diagnostik im Coaching* (S. 33–48). Heidelberg: Springer.

Waddell, D. L. & Dunn, N. (2005). Peer Coaching: The Next Step in Staff Development. *The Journal of Continuing Education in Nursing*, 36(2), 84–90.

Waldl, R. (2004). Personenzentriertes Coaching. *Person*, 2, 164–171.

Wallner, I. (2004). Gruppencoaching für Führungskräfte. *OSC Organisationsberatung, Supervision, Coaching*, 11(3), 275–282.

Wasylyshyn, K. (2003). Executive Coaching: An Outcome Study. *Consulting Psychology Journal: Practice and Research*, 55(2), 94–105. doi: 10.1037/1061-4087.55.2.94.

Watzka, K. (2011). *Zielvereinbarungen in Unternehmen*). Wiesbaden: Gabler Verlag.

Webb, C. A., DeRubeis, R. J., Amsterdam, J. D., Shelton, R. C., Hollon, S. D. & Dimidjian, S. (2011). Two aspects of the therapeutic alliance: Differential relations with depressive symptom change. *Journal of Consulting and Clinical Psychology*, 79, 279–283.

Wehrle, M. (2012). *Die 500 besten Coaching-Fragen*. Bonn: managerSeminare.

Whitmore, J. (1992). *Coaching for performance*. London: Nicholas Brealey.

Will, T., Gessnitzer, S. & Kauffeld, S. (accepted for publication). You think you are an empathic coach? Maybe you should think again. The difference between perceptions of empathy vs. empathic behaviour after a person-centered coaching training. *Coaching: An International Journal of Theory, Research & Practice*. doi: 10.1080/17521882.2016.1143023.

Wimmer, A., Wimmer, J., Buchacher, W. & Kamp, G. (2012). *Das Beratungsgespräch. Skills und Tools für die Fachberatung.* Wien: Linde.

Wissenschaftlicher Beirat Psychotherapie (2014). *Abgeschlossene Gutachtenverfahren.* Zugriff am 05.12.2015 unter: http://www.wbpsychotherapie.de/page.asp?his=0.113.

Witherspoon, R. & White, R. P. (1996). Executive coaching: A continuum of roles. *Consulting Psychology Journal: Practice & Research, 48*(2), 124–133.

Wittchen, H.-U. & Hoyer, J. (Hrsg.). (2011). *Klinische Psychologie & Psychotherapie* (2., überarb. und erw. Aufl.). Heidelberg: Springer.

Stichwortverzeichnis

A

Abschlussphase 117, 178
Act4consulting/Act4teams 186–189
Aktives Zuhören 160, 188–189
Aktualisierungstendenz 47
Akzeptanz/unbedingte
 Wertschätzung 38, 48, 50, 56,
 212

B

Beratung/Inhaltsberatung/
 Prozessberatung 15, 19–23,
 27, 44, 46, 52, 57, 155, 190,
 201
Blended-Coaching 103

C

Coaching-Methodik 19

D

Developmental-Coaching 40, 43–44,
 61
Direktivität/Non-Direktivität/nicht-
 direktiv/non-direktiv 41, 43–44,
 110–115, 140, 153

E

Echtheit/Kongruenz 48–49
Eingangsdiagnostik 149
Einstiegs- oder Kontrakt-Phase 9,
 108, 172
E-Mail-Coaching 102
Emotionale Empathie 163–164
Empathie 48, 50, 152, 163–166
Entscheidungswaage 66, 68

F

Face-to-Face-Coaching 101–103

G

GROW-Modell 107, 119–121
Gruppen-Coaching 75, 80, 85–90,
 105, 182

K

Karriere-Coaching 92–93, 128, 178,
 194, 199, 205–206
Klientenzentrierter Ansatz 46–47
Kognitive Empathie 163–164
Konflikt-Coaching 29, 105
Konstruktivität 58
Kontraktdreieck 79
Kybernetik 2. Ordnung 53

235

L

Life-Coaching 58, 93
Lösungsliste 154
Lösungsorientierung/
  Lösungsorientierte offene Fragen/
  Lösungs- und
  ressourcenorientierter Ansatz
  57–58, 153

M

Mediation 15, 27–29, 44
Mentoring 24, 44, 94, 100, 213
Motivational Interviewing 46,
  64–65, 67, 69–71, 74

P

Paraphrasieren 102, 151, 160,
  162–166, 173, 186
Peer-Coaching 82, 92, 103, 105
Performance-Coaching 40
Person-Job-Fit 87, 128
Phase der Lösungsfindung und
  Intervention 15–16, 19, 22–23,
  25, 52, 60, 63, 75–76, 80, 84, 95,
  106, 116, 127, 151, 176, 179–181,
  196, 204, 214
Positive-Coaching-Psychologie/
  Positive Psychologie 62
Projekt-Coaching 85
Psychotherapie 15, 23, 26–27, 46,
  51, 184, 197

R

Reflecting Team 53–55
Reflexionsübungen 124
Ressourcenaktivierung 59, 184–185
Rollenspiele 171, 173–174, 205–207
Rückfallprophylaxe 116–117, 124

S

Schweigen 160–161, 173
Selbst-Coaching 81, 153, 179
Shadowing 147
Skalierungsfrage 157, 159
Skill-Coaching 61
Soziogramm 147–148
Supervision 15, 22–24, 27, 42, 44,
  46, 93, 173, 204–206, 212–213
System 22, 40, 52, 54–55, 133, 155
Systemische Fragen/Systemischer
  Ansatz 52, 55, 156

T

Tandem-Coaching 84
Team-Coaching 80, 84–85, 105
Telefon-Coaching 101, 103
Training 19, 30–31, 40, 42–44, 83,
  85, 103, 176–177, 179, 210
Trainingstransfer/Transfer-
  Coaching 30, 103

V

Visionen 110–112, 171, 173–174

W

Work-Life-Balance 144, 205–207
Wunderfrage 157, 159

Z

Zielklärungsphase 107, 109
Zielsetzungstheorie 110–116, 126
Zirkuläre Frage/Zirkularität 53,
  154–155, 157